精力与时间 Energy & Time

双重管理研习手册

崔莉莎◎著

中国铁道出版社有限公司
CHINA RAILWAY PUBLISHING HOUSE CO., LTD.

图书在版编目（CIP）数据

精力与时间双重管理研习手册／崔莉莎著．—北京：中国铁道出版社有限公司，2019.8（2019.11 重印）

ISBN 978-7-113-25821-4

Ⅰ．①精… Ⅱ．①崔… Ⅲ．①自我管理－手册②时间－管理－手册 Ⅳ．①C912.1-62 ②C935-62

中国版本图书馆 CIP 数据核字（2019）第 098813 号

书　　名：精力与时间双重管理研习手册
作　　者：崔莉莎

策　　划：巨　凤　　**读者热线电话：**010-63560056
责任编辑：苏　茜
责任印制：赵星辰　　**封面设计：**MXK DESIGN STUDIO

出版发行：中国铁道出版社有限公司（100054，北京市西城区右安门西街 8 号）
印　　刷：中煤（北京）印务有限公司
版　　次：2019 年 8 月第 1 版　2019 年 11 月第 3 次印刷
开　　本：700 mm×1 000 mm　1/16　**印张：**20.25　**字数：**315 千
书　　号：ISBN 978-7-113-25821-4
定　　价：69.80 元

运营资源的三个境界

赵　周

（拆书帮创始人，《这样读书就够了》作者）

读书稿时，结合我的经验，想起三个人的故事。

第一个人，是我自己。

很多年前，我花一个月工资买了自己的第一台笔记本电脑，型号是 Thinkpad T42，预装着刚发布不久的 Windows XP 操作系统。珍而重之地用了几年后，系统渐渐力不从心，开个机都要 2 ～ 3 分钟，等待启动一个 Word 的时间可以先去冲杯咖啡。作为理科生，在跟旧电脑斗智斗勇的过程中，我学会了删除 C 盘无用文件，学会了精简启动项，学会了在系统配置中禁用一些服务项，学会了没事右键点刷新释放内存……这些法子都有效，谁用谁知道。

后来我给它加了一根内存条。这才发现，其实，不那么锱铢较量，也可以用得很爽。

在现有资源的框架下，细密统筹、合理安排、充分利用，这是对的，是有必要的。但最好同步考虑怎样扩充资源。

我对很多讲时间管理的书的不满就在这里：细数罗列每个充分利用时间的技巧，隐含着一个意思：每个人可利用的时间只有这些。

事实上才不是呢。很多牛人的有效工作时间比普通人多一倍，因为他们的精力（尤其是其中的体力和脑力）能支持。

时间管理，是充分使用资源。

精力管理，是扩展可用资源。

崔律这本书的突破之一，就是把时间管理和精力管理，放在一起处理。

这不仅仅是汇总技巧的问题，背后是深刻的洞察。就像当年麦克斯韦发现电力和磁力本质是一回事，可以合并处理，极大推动了物理学的进展。

第二个人，叫关明生。

2001 年，阿里巴巴通过猎头挖来了一位 COO（首席运营官），就是 Savio，中文名关明生。他之前是 GE（通用电气）的高管，把 GE 的全套管理经验带了过来。用了两三年时间，Savio 帮助阿里巴巴确立了企业文化、规范了管理制度、实现了第一次盈利。

那时候，阿里巴巴给自己的定位是“做中国最大的 B2B 在线交易平台”，所以竞争对手是“中国供应商”和“广交会”。Savio 部署的销售团队，号称“阿里铁军”，跟“中国供应商”的销售团队一个单一个单地拼，艰苦卓绝，颇有成效。

2005 年后，Savio 卸任 COO，淡出对阿里巴巴的管理。

我有幸在职业生涯的早期，完整经历了这个阶段，所以对 Savio 有不亚于对马云的崇敬之情。对他的淡出，当时在情感上难以接受，现在在理智上完全理解。

如果说，阿里巴巴最初请来 Savio 是夯实和扩展资源，那么新阶段的阿里巴巴需要的是把资源匹配到更高回报的领域。阿里巴巴版图中 B2B 交易平台的重要性日渐走低，淘宝、支付宝、天猫、阿里云……带来了比 Savio 时代高千百倍的增长。2005 年之后，马云再也没提过把“中国供应商”当竞争对手。

Savio 为阿里巴巴打造的资源仍然在，但使用的境界不一样了。

我在读到书中精力管理中的“心力管理”章节时，想到了 Savio 的故事。

精力管理中的心力管理，是把自己提升到全新的高度来善用资源。

正能量与心能量、猜测与推理、积极语言与高能沟通、权利义务与“应该”、多维人生……这些理念已经远离了传统的时间管理领域，但可以把我们带到更高的境界，从而善用已有资源——把我们的时间与精力聚焦在哪些事上能带来多得多的回报。

第三个人，是崔律。

从律所合伙人，到拆书帮年度最佳拆书家，再到时间与精力管理的大咖，构建出卓有成效的“精时力”体系……我们看着她一步步走到现在。她只用了四年。

这四年，她收获的不只是新领域的声誉，更多是接受她帮助的人的感谢。

就像书中所说，她做选择从不是只看外部环境，而是深究内心，融合多维人生。

她不是因为拆书帮火而成为拆书家——其实拆书帮并不火，它一直是一小撮硬核学习爱好者的学习共同体——她是真的乐意帮助别人成长，实践“最好的学习方法是教会别人”。目前她带出了近30位徒弟，还一直在拆书帮帮内做评审、做分享，广受尊重。

她不是因为时间管理课题火而深耕这个课——其实这个领域已经著述颇多，课程纷乱——她是充分利用已有的资源，即法学专业背景，跟时间管理、精力管理的课题结合，并扩展境界、善用资源。有心的读者能在书中多处看出法学思维的体现，而她也确实用这本书和学员的反馈，证明了她在这个领域的洞察力、独创性和实践效果。

崔律本人的故事，体现了一个人若能打通运营资源的三个境界，并行发力，能带来多么不可思议的效果。

这三个境界是：充分使用资源，扩展可用资源，升级层面善用资源。

崔律帮助过的每一个人，都是证人，证明本书中所有方法“亲测有效”。

愿更多读到这本书的人，拆为己用，像崔律一样，助人达己，用生命影响生命。

作者序

爱成长的小伙伴们，大家好！

感恩遇见，感恩你打开这本书，希望这本书能帮你提升精力和时间管理能力，助你成长。

我是崔莉莎，江湖昵称“崔律美美哒”。熟悉我的小伙伴们都亲昵地称呼我“崔律”。这里的“律”，最初是因为我是一名律师。后来，小伙伴们听了我的课后给它赋予了新的解读——“自律”的律。这个新昵称，我很喜欢。

大家有没有烦恼过下列情形呢？

（1）工作事多，忙成陀螺，但效率不高，经常加班。重要的事一拖再拖，小事经常丢三落四，最后都变成“大事”。自己的时间被他人支配，缺乏掌控时间和时间规划的能力。

（2）一方面高呼“忙忙忙”，另一方面却又无意识或控制不住地浪费了大量的时间在追剧、刷手机、玩游戏上。眼睁睁看着时间一天天流逝，自己却没有相应的成长。时间都去哪儿了？

（3）晚上睡得晚，躺下迟迟睡不着，睡眠时间短，白天工作困乏没精神。吃饭点外卖，想养成运动的习惯，但又没动力。晚饭后想读书、写英语，又没精力……这种生活要持续到什么时候才是头儿？

（4）边做家务边听课，美其名曰“利用碎片化时间”学习；电脑上同时开着多个程序窗口，美其名曰“多任务并行”；忙于回复微信、QQ、邮箱等各种即时信息，感觉“自己特别能干”。然而，这种表面“能干”的另一面却是坐不住、无法专注、难以进行深度思考。大脑到底都干了些什么？

（5）做着不喜欢的工作，想着不自知的消极想法，说着无意识的负面话语。想问问：自己还能不能好了？

（6）老话说“一日之计在于晨”，牛人们都 4、5 点起床读书和写作，可自己却在床上赖到最后一刻，直到要上班迟到了才慌慌张张起床。又或者，虽然早起了，却忙于家庭琐事，早晨没有有效的产出。人和人的差距怎么这么大？

（7）同一时间入职，做着同样的业务，有的人 3 个月、5 个月就升职了，有的人 3 年、5 年还在原地踏步。有哪些方法能花更少的时间，做出更好的业绩，让自己更快的升职加薪呢？

这些问题是当今快节奏时代每个人都会遇到的，绝大多数是因时间和精力没有管理好。我也曾遇到过这些问题，但如今这些问题都被我解决了。

说起我的经历，可以用数个“**万万没想到**”和“**做什么，爱什么**”来讲述。

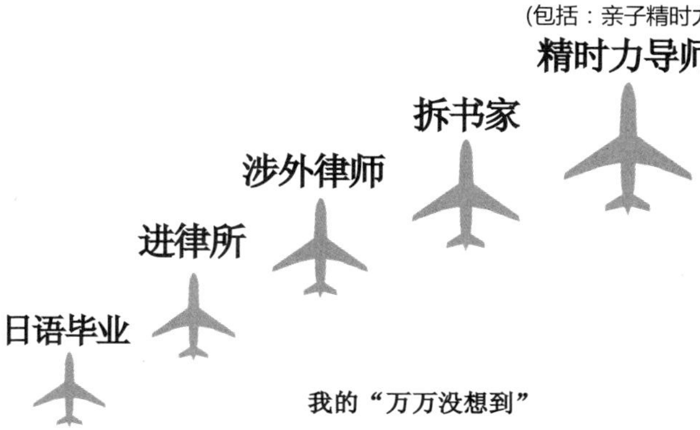

我的“万万没想到”

第 1 个“万万没想到”，出现在 18 岁高考后进入大学的时候。高考志愿是我自己填写的，抱着“**想去上海**”和“**想学财经**”这两个想法，我选择了**上海财经大学**。幸运的是，我被最想去的大学录取了。遗憾的是，没有进入我想去的专业（工商管理），**被调剂到了经贸日语专业。万万没想到，我是理科生却学了文科，并且爱上日语。同时，我在学校里辅修了工商管理，双学位毕业。**

第2个“万万没想到”，出现在大学毕业找工作的时候。

当时房地产行业很火，我应聘了某日资房地产企业。在面试到第三轮的时候，面试官是**一位女性高级合伙人**。她说，房地产行业并没有看起来那么光鲜亮丽，我才刚毕业，可以有更好的选择。她的一位老朋友是做日本业务的大律师，律师前景更好，**便把我推荐进了律师事务所。**

就这样，万万没想到，我以日语毕业生的身份进入了律师行业，而且在一家事务所里工作至今，已10余年。

第3个“万万没想到”，出现在刚工作不久。进入事务所时，我跟随的那位大律师（即我的老板兼老师）准备成立新的律师事务所。我的第一份业务是作为**行政助理**的身份，**负责新事务所的筹备工作**，比如装修、买电脑、买家具等。

半年后，新事务所开业。由于在筹备工作中做得还不错，我转任了**律师助理**。机缘之下，开始接触法律业务。感恩我的老师，以律所出资培养的方式，鼓励我报读了华东政法大学的在职研修生班，系统学习法律，并建议我报考司法考试。原本研究生学习需要3年，老师也预计我需要2年时间通过司法考试。没想到，我只用了1年时间，研究生课程还没有学完，**我边工作边学习，一次性以400+的高分通过了司法考试。**

就这样，万万没想到，我爱上法律，毕业后的两年时间里，我从一名行政助理华丽转型成了一名**涉外（日）律师**。

第4个“万万没想到”，出现在工作“七年之痒”之际。在不断成长之后，**我成了事务所的合伙人。**律师业务能力度过高速成长期，开始进入一段平稳发展期。我抬头向法律以外的世界看，偶然读到一篇朋友圈文章，介绍用“整理术”整理律师的工作笔记和办公室文件。

“整理术”来自于日本，原本是整理家里的衣服、杂物等。我觉得很有趣，出于职业习惯，买了一箱关于整理术的书籍。可苦于没有好的读书方法，阅读进展缓慢，于是又买了一箱关于“阅读术”（如何阅读）的书籍。其中有一本是拆书帮赵周老师的《这样读书就够了》（老版）。仅仅是阅读了书中的序言，我深深赞同赵周老师的理念。按图索骥，**参加了拆书帮的线下活动，那是我第一次走出法律世界，参加外面的活动**。

在活动现场，小伙伴们发放了最新版的《拆书家成长手册》，还剩一本。我当时是局外人，好奇手册里的内容，又不好意思借看，便**当场拿出100元购买了手册，就这样不小心成为了拆书家**（注：当时拆书帮运营体制还不完善，入会程序简单）。又因当时恰逢年底，在拆书活动结束后，一位小伙伴拉了一下我的衣袖，**希望我能以“顾问”的形式参加他们来年的工作计划会议**。我欣然接受，在那次会议中，我帮大家梳理活动流程，还提供了一些运营建议。后来，我被拉入微信运营群，**成为拆书帮上海喜乐分舵运营团队的一员**。

就这样，万万没想到，我开启了一个新世界，并爱上拆书与读书。我阅读了大量的各领域的书籍，包括情绪管理、沟通、笔记术、谈判力……自身的知识和能力得到了大幅提升，而且周围有了一群温暖的小伙伴，共同运营分舵、共同陪伴成长。与此同时，我在拆书帮里也获得了一些荣誉称号，如**2016年荣获全国“最佳拆书家”奖，2017年荣获全国“最佳写手”奖，2018年荣获全国“最佳主题专家”奖**。这些都是拆书帮历史中颁出的首个奖项。

第5个“万万没想到”，出现在2018年1月1日。到2017年底，我加入拆书帮已3年时间，当时，计划是卸任舵主职务，但运营团队极力挽留。

由于留任的缘故，我希望自己能开发一个新方向，与职场人成长更近一步。回顾我过去的经历，除了法律外，在十多年的计时收费的涉外律师工作经历中，**我擅长的便是精力和时间管理（我将其合称为“精时力”），遂决定做精时力方向**。在2018年荣获的全国“最佳主题专家”奖中，获奖主题便是精时力主题。因此，我有了第三个斜杠身份：精时力导师和咨询顾问。

乔布斯曾说过，我们的每一个经历就像一颗颗散落的珍珠。某一天当你回过头来看，发现它们被一条线给串起来，形成了一串熠熠发光的珍珠项链，这就是我们的人生。站在此时此刻回头看，我的经历真的被串起来了：

感恩日语的经历，让我开阔了视野。当有了与其他文化的对比之后，才更理解中国文化的美。同时，从日本文化的学习中，我养成了注重细节的好习惯。

感恩法律的经历，助我形成了良好的逻辑思维，让我养成了“以事实说话”“权利和义务思维”等对工作和生活都特别实用的法律思维习惯。

感恩律师的经历，助我养成了极强的精力和时间管理意识，助我形成了积极主动、流程化等诸多好习惯。

感恩拆书帮的经历，让我读了很多书，收获了很多温暖的小伙伴，度过了充实的业余时间，更助我了解到职场人学习的难点和痛点。

最后，感恩过去遇到的所有教过我、帮过我、支持我的导师、朋友和小伙伴们，有了大家，才有我。

这一切，汇总在一起，形成了今天的“**崔律精时力**”。

本书分三大部分 7 个主题，分别解决开篇提到的七类常见问题。它们分别是：时间管理左膀右臂、精力管理三驾马车、精时力进阶二重奏。

由于我个人经历的缘故，本书具备这些特色：

特色 1：说文解字

在法律中，注重思路清晰。**普通人用肉眼看世界，而法律人拿着放大镜看世界。**所以，本书中有很多对于概念的讲解。概念清晰之后，才能理解得更透彻，才能应用得更好。而要了解一个概念，说文解字般地究其本意是很好的认知方法。

特色 2：“小讲堂”等趣味阅读

本书的主题是精时力，但它背后来自于我对法律、日语以及读书的认知和理解。俗话说，**知其然并知其所以然**，在书中精心设计了“小讲堂”“小剧场”和“小贴士”。将精时力方法背后的法律思维、日语文化等使用“**小讲堂**”讲述，将友情提示、小妙招等采用“**小贴士**”的形式，将与知识点相关的趣味话题做成“**小剧场**”。希望能让大家的阅读更加丰富、有趣。

特色 3：注重实用和实践

本书中的做法来自我多年计时收费的律师执业生涯中的实战经验，并经过了线上和线下课程的讲授和学习者们的检验，实用有效。

这是一本工具书。所谓工具，大家常见的有锤子、钳子、螺丝刀等，平时被收纳在工具箱里。想想看，当它们躺在工具箱里时，能起到作用吗？不能！只有当它们被人们使用时，才会发挥出效果。

有句话说，“**即使有人告诉你下期中奖彩票的号码，你也得先去买一张彩票。**”这本书里提供了落地有效的精时力管理理念、方法和工具（相当于告知中奖号码），大家只需要行动起来，就能“中奖”。

为便于读者实践，我对每节内容设置了学习日志模板。大家实践后，可将日志提交至指定平台（例如，**在简书中，搜索作者“崔律美美哒”，再找到“崔律精时力交流群”**）中，我定期为大家答疑解惑。具体的日志模板与提交方法请扫描下方二维码，**关注我的微信订阅号“一缕藕丝牵大象”，输入“精时力手册学习日志”**。如有疑问，可联系我的个人邮箱：cuils139@winglaws.com。期待与大家有更多的交流。

订阅号名称：一缕藕丝牵大象
微信号：cuilvmeimeida

本书得以面世，得益于很多人的支持，感恩于心。感恩我的法律老师陶云明老师，感恩拆书帮及帮主赵周老师，感恩上海喜乐分舵的小伙伴们，感恩支持我、信任我和喜欢我的精时力小伙伴们，感恩中国铁道出版社和编辑 Sophie。

本书内容源于我的 100 天精时力训练营，书中的“学习者实践”即来自大家的学习日志。我每天早晨 7:00 直播，小伙伴们每天学一节、实践一节，并提交日志打卡。大家学习得非常认真。由于篇幅关系，本书只能摘取极少部分日志，未能全部展示小伙伴们的优秀日志和课程中的进步，望大家理解。

最后，感恩近几年读的这些书。它们极大拓展了我的视野和知识面，同时助力我的人生。

我们说好要陪伴一辈子！

崔莉莎

2019 年 3 月

目录

第二部分　精力管理三驾马车

第三部分 精时力进阶二重奏

引言

重新认识精力与时间管理

时间管理是个老话题，似乎每个人都能随口说上两句。可是，大家真的认识“时间”吗？

第一，你拥有的时间，远比你想象得多！

当人们在说“**我没时间**”的时候，它的完整表述是“**我没时间（去做XXX）**”。**时间本身不能带来价值，只有人们把时间用于某项活动时才会产出价值，这段时间才有意义。**

所以，当人们在说“**我缺时间**”的时候，其实说的是“我缺少**有效的时间**”。请思考，我们每天的有效时间有多少呢？大部分人都会认为是工作的8小时。那么有什么方法能增加有效时间呢？

我们看组数据：

（1）休息日天数

依照《全国年节及纪念日放假办法》的规定，全体公民放假的节日有（一）新年，放假1天（1月1日）；（二）春节，放假3天（农历正月初一、初二、初三）；（三）清明节，放假1天（农历清明当日）；（四）劳动节，放假1天（5月1日）；（五）端午节，放假1天（农历端午当日）；（六）中秋节，放假1天（农历中秋当日）；

（七）国庆节，放假 3 天（10 月 1 日、2 日、3 日）。共计 11 天。

因此，一年 365 天中，每年的休息日为 104 天的双休日和 11 天的法定休假日，**共计 115 天**，而工作日只有 250 天。换言之，**一年之中，2/3 是工作日，1/3 是休息日**。休息日的天数不少吧！

（2）每天的可支配时间

每天在工作之余，除了生活事务（如睡觉、用餐）时间以外，我们还有很多个人时间，比如早晨和晚饭后。如下图：

	周一	周二	周三	周四	周五	周六	周日
6:00							
7:00	1H	1H	1H	1H	1H	1H	1H
8:00							
9:00-11:00			工作时间			3H	3H
12:00							
13:00-17:00			工作时间			5H	5H
18:00							
19:00							
20:00							
21:00	1H	1H	1H	1H	1H	1H	1H
22:00							
23:00							

我们姑且按**每天 2 小时可自由支配时间**（见上图早晨和晚上的深色部分）来计算：2 小时 / 天 ×365 天 =730 小时。按工作日每天 8 小时来计算，约为 91 个工作日。

换言之，每天拿出 2 小时高效利用，相当于每年多出了 91 个工作日。

（3）两者合计

115+91=206 工作日

大家意识到了吗？

按每天 8 小时计算，**每年的业余时间达 206 天，而工作日只有 250 天！**只差不足 20%（如下图）。

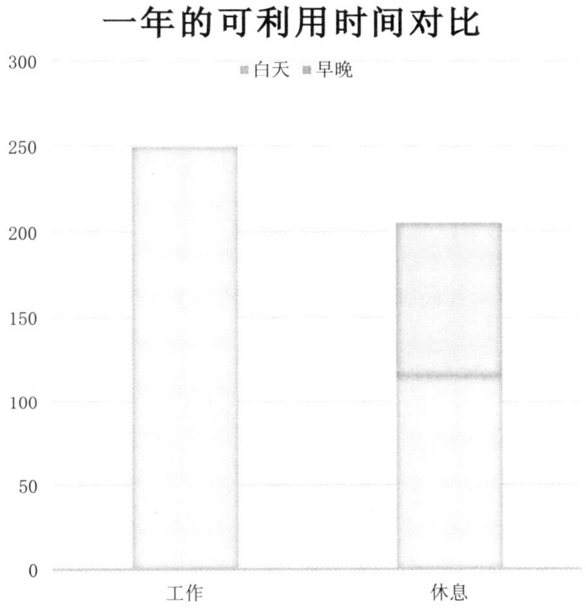

我们每年已拥有的**可使用**的业余时间长得惊人！只要把这些业余时间和工作时间一样**高效利用**，那么**一年几乎能当两年用**。

当然，业余时间的高效利用绝对不是全部用来加班。用这些时间，我们可以活出丰富多彩的人生！**在“时间”这件事上，业余时间和工作时间一样平等与宝贵，没有哪一分钟是“无用的”**。本书便是要助大家发现更多的可用时间，助大家管理好每年 365 天，每天 24 小时。

第二，时间是二维的，不仅有数量（即时长），还有质量（即精力）。

通过前面的推算，我们每天的有效时间能从 8 小时扩大至 10 小时或 12 小时。于是，有人说“要是不用睡觉就好了”。还有人说，“一天 24 小时不够用，要是一天有 48 小时就好了”。

醒醒吧，目前的每天含吃饭睡觉在内的 24 小时绝对够用！换句话说，哪怕给我们一天 48 小时也白搭。为什么呢？因为我们的精力不够。

举个例子，年初时你定了一个小目标：每天晚饭后 1 小时学英语。晚饭后，你已经坐到书桌前，但却因为白天工作太累，精力跟不上，完全学不进去。这就是**有时间却无精力**的最常见表现。

前文所述大家目前未能高效利用业余时间的原因，一方面是没有意识到业余时间的重要性，有思维的误区；另一方面是在业余时间里精力不够了。外在表象就是人们下班后、在周末的时候，累得什么都不想做，只想躺着玩手机。

因此，**我们不仅要学时间管理，更需要学精力管理！**甚至可以说，想要管理好时间，必须管理好精力。

比如，以睡眠为例，夜晚睡眠是我们每天精力的最重要来源。通宵熬一个晚上，第二天的工作状态如何，大家想必都心知肚明。所以，每天我们需要保证夜晚足够的睡眠时间。同时，与其睡 8 个小时，不如睡 7.5 小时的效果更佳，这便是精力管理的内容。

再比如，晚饭后想读书、想学习，但没精力怎么办呢？傍晚小睡 20 分钟就可以了。作为斜杠青年，经常晚上讲课、备课，要确保充沛的精力，我都会在傍晚时小睡片刻。这样，晚饭后的时间相当于我半天的工作时间，两者不仅在时间长度上相同，在时间质量上也几乎相同。这也是精力管理的内容。

综上，人们想要充分高效利用每天 24 小时，要产出更有价值的成果，就必须要管理好自己的精力和时间。**精力和时间不分家（我合称为“精时力”）**，两者相辅相成，才能成就精彩、高效的一生。

最后，如同没有人生来会开车，所有的老司机们都经过了驾校里笨拙的学习和数万公里的驾驶实践，精时力也是如此，需要后天的学习和大量的刻意练习。前期可能要多花些时间，但磨刀不误砍柴工，学成之后定能助大家事半功倍。那么，接下来，开启我们的精时力学习之旅。

第一部分　时间管理左膀右臂

第 1 章　日清单

成功人士有忙碌的日程表，我们有充实的日清单！

【本章重点提示】

日清单设定在本书的第一章，因为它能快速地提升大家的时间管理效率。

本章的核心点：

（1）（工具）高效 Todo App 的基础操作用法；

（2）（方法）日清单的做法；

（3）（理念）规划时间，掌控时间。我的时间，我做主。

1-1 今天开始日清单

从今天开始，让日清单成为我们的左膀！

大家平时使用哪些时间管理工具呢？是待办事项清单，还是日程表？这些都是很经典的工具，但大家在用的过程中一定也感到它们存有诸多不便之处。

在本章，主要介绍我使用的高效时间管理秘密武器：日清单。正是得益于它的助力，我的斜杠生活忙而不乱，在同样的 24 小时里比普通人更高效地完成了更多的事。凡学习过的小伙伴们纷纷表示效率提升非常明显，完全离不开它。

01 何为“日清单”

我们逐字分解来看，“日”指一天、每天，是一个时间单位。通常意义上的“日”是 24 小时，而在本章中的“一日”特指除睡觉以外的清醒时间，即从早晨醒来至晚上入睡前的时间。

“清单”，作为名词，指记载有关项目的明细单。我很喜欢清单，它小巧便捷却“威力”巨大，本书第 7 章有专门关于“清单化”的主题。另外，“清”字用作动词时，含有清理、结束的意思。

鉴于此，我命名为“日清单”，为它赋予三层意义：

第一，“日 + 清单”，指一日之内计划要做的所有事项的明细单，侧重于规划。

第二，“日清 + 单”，指一日内已完成事项的明细单，日事日清，侧重于执行与完成。

第三，“日清单”是“日程表”和“待办事项清单”两者优势的结合。

在智能手机普及之前，我用纸笔或电脑做日清单。有了智能手机后，我用手机 App 做日清单。左图为某君 2018 年 7 月 2 日的日清单样式。

日清单的基本做法

（1）对一天的清醒时间进行安排和分配。

关于一天的开始，上图示例中，这位小伙伴有早起学习的习惯，以 7:00 听我的精时力课程开始，开启了新的一天。如果大家在早晨起床用餐后，直接去上班的话，也可以从 9:00 开始安排任务。

另外，晚上时间也要安排。人们常误以为时间管理是只管理工作 8 小时。实际上，日清单是每一天所有清醒时间的规划和见证，它包括工作、生活、学习等所有方面。因此，日清单是对所有任务的管理。

（2）日清单中每个任务都有具体的开始时间，但没有标记结束时间。

既然日清单是对一天时间的规划，那么，原则上，下一个任务的开始时间，就是上一个任务的结束时间。以上图中 9:00 制作 A 文件为例。11:00 处理邮件，这意味着制作 A 文件所需时间是从 9:00 至 11:00 的两个小时。

【小讲堂】“空”任务

如果一天中的任务安排不满，或某段时间特意留白不安排任务的话，大家会怎么做？任其空着吗？

我建议大家，一定要添加**名称为“空”的任务**。例如，上图中 17:30~18:00 是没有任务的时间段，就写一个名字为“空”的任务。**注意：千万不能因为没事做，便不做任何标识。**

原因 1：如果不标识出来的话，这段时间就变成了时间黑洞，被磨叽或浪费了。

原因 2：当后面有新任务时，可以将新任务直接替代“空”，便捷。

原因 3：即使到时真的没有任务可做，那么可以自行安排学习、增进关系（例如，问候下好久没联系的朋友、和父母打个电话），甚至可以安排休闲娱乐……这些都是对这段时间的有计划地使用。

【学习者实践】

一池红莲 | 医美 HR：

今日下班前 1 个小时——“空”的时间，临时切入与新领导的聊天，让自己又多了一次学习的机会。

【小讲堂】蔡加尼克记忆效应

有一个著名的**蔡加尼克记忆效应，是指我们对于尚未处理完的事情，比已处理完成的事情印象更加深刻。**因为当任务未完成的时候，我们自动呈现出一种紧张状态。随着任务的完成，这种紧张感消失。

这个现象是德国心理学家蔡加尼克在餐厅里发现的。20 世纪 20 年代的餐厅还没有配备电脑结账系统，顾客点单和加单全靠服务员人工记录。蔡加尼克发现，在结账之前，某桌加了几瓶啤酒、几个新菜，服务员无须翻记录，大脑能记忆地非常清晰；可一旦这桌客人买单，再询问该服务员时，他已经忘记了这桌客人点过哪些菜品。这种现象也被称作服务生效应。

很多人在高考之前对知识点倒背如流，一旦高考结束，统统都还给了老师，也是类似的道理。对于没完成的任务，我们容易“牵肠挂肚”，导致焦虑、压力、甚至晚上失眠。

为了克服这种现象，研究人员又做了另外的实验。结果发现：**我们不需要真正完成任务，只要为这项未完成的任务制作一个清晰的实施计划，就可以减轻压力，释放大脑的紧张感。**

日清单的做法符合这个原理。如今，在快节奏的时代，每天有大量的信息涌入，每天都有处理不完的任务，很多人总是处在焦虑之中。而当我们把未完成的任务与将要处理的任务记入日清单后，它让我们的头脑从追踪未完成工作的职责中解放出来，释放了压力，缓解了焦虑，能让我们把大脑有限的精力用在其他有价值的任务上。

举我的例子。我的睡眠质量一向很好，躺下就睡。可是，有一晚，我在床上躺了几分钟后没有睡着。因为当晚讲课讲到很晚，大脑还有些兴奋，不自觉地便会想未来几天的日程安排。当时恰逢年底忙碌，接下来有很多讲课、出差、年会……满满的日程，隐隐有点焦虑。

于是，我索性爬起来，打开日清单，详细安排了未来 10 天的日清单。因日程性任务早已确定了，主要是把备课等准备性任务见缝插针地安排进去。完成后，我大大地松了一口气——我平时是 100% 完成日清单的，这意味着只要我能把任务安排进日清单，这些任务就能完成。所以，再次躺下后马上就睡着了。

02 日清单 VS 待办事项清单

有人看了日清单的样式后说：“这不就是待办事项清单吗？”

不，日清单并不是大家常见的待办事项清单，我们来看两者的对比图：

待办事项清单又称 To-do List，就是把将要处理的事一条条罗列出来。大家一定有过突然想起来还有某件事忘记做了的经历吧。大脑不是电脑，出现遗忘和遗漏是不可避免的。但只要我们能把待办事项从大脑中迁移出来，记录在纸上或其他载体上，便能大大减少遗漏的概率。这是待办事项清单的优势。所以，刚开始用待办清单时，大家会觉得这个工具好用。

但是，用了一段时间之后，99% 的人都放弃了。因为在实践中，待办事项清单存在很多劣势：

（1）大部分的待办事项清单都没有附时间。即使偶尔有，一般也是截止期限。比如，今天下班前完成 A 文件，或者 7 月 31 日提交 B 文件。假如现在是上午 9:00，刚到公司，这时我们往往觉得离下班还有大把的时间。同样的，假如现在是 7 月 1 日，我们往往觉得离月底还很远，时间有很多。而真正等到临近截止期限时，却发现来不及处理，于是不得不加班处理……聚焦截止期限的做法，让我们深受其“害”。

（2）待办事项清单一般默认按照记录的先后顺序显示，而这个顺序却不是实际处理的先后顺序。例如，早晨到公司里打开待办事项清单后，按上面左边图排在第 1 项显示的是健身卡到期续费。很明显不适合马上处理。于是，继续看第 2 项、再看第 3 项……这相当于每次使用时，都要重新做判断、做选择，浪费时间。

（3）基于惰性，每次从待办事项清单中做选择时，我们总会选择那些容易做的、轻松的事，比如寄快递、打电话。而那些有难度的任务，比如写年度总结报告，深深地扎根在清单里，一再被推后。还有那些不紧急的事也是如此。比如2014年写下的“我要带爸妈去国外旅游”，4年时间过去了，孩子都大了，依然未能成行。

（4）我们完成待办事项的速度，也就是打钩删除的速度，永远赶不上新增事项的速度。举个例子，一天下来，我们可能做完了5个轻松的小任务，却增加了10个新任务。用不了多久，待办事项清单中就会有几十项、上百项的事项。当看到长长的清单时，备感压力，索性眼不见为净，便弃用了。

日清单在保留了待办事项优势的基础上，弥补了待办事项的劣势，并且将之转化为优势：

（1）与待办事项清单中没有期限或只有截止期限的思维方式相反，**日清单中的所有任务附有开始的时间点**。比如，7月1日9:00做A文件，7月15日15:00开始做B文件。这种思维方式，让我们更有紧张感，执行的力度更强，轻松战胜拖延。

（2）日清单按实际处理的先后顺序显示，依次推进任务的执行，无须每次重新思考与判断。

（3）重要任务、复杂任务排序在前，能被有效及时处理。

（4）有条不紊，养成良好的时间管理习惯。

（5）日事日清，铸就自信。

（6）搭配精力管理，效果增倍……

日清单的更多有利之处，相信大家在今后的实践中会深有体会。

【学习者实践】

匿名梦梦：

今天一下午的时间完成了两个非常重要的任务，都是需要走出舒适区的，完成任务后自己都感到惊奇，这都要归功于日清单的作用啊。

03 日清单 VS 日程表

因为日清单中每项任务都附有开始时间点，于是，又有人想：“这不就是日程表吗？”

不，日清单也不是日程表。

众所周知，明星、总裁、企业家等成功人士们都有日程表，下面左图是网上流传的某企业家的一日行程单（即日程表）。他们的口头禅是“我要查看下日程表，再回复你”。

日程表

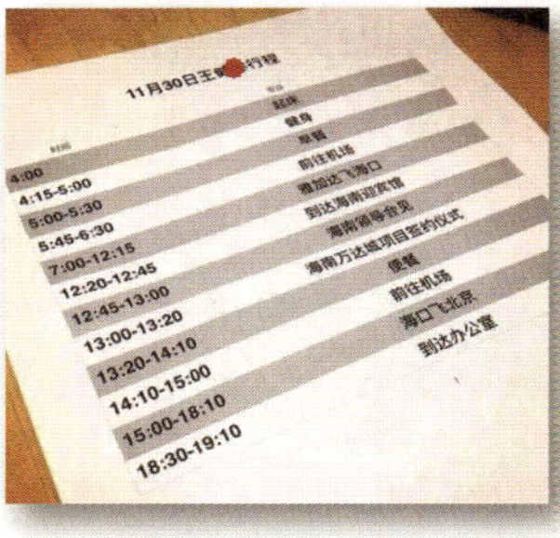

VS

日清单

为什么成功人士们需要日程表呢？道理很简单，会议、出差各种日程太多。日程表曾被誉为最高效的时间管理做法。因它最大化地提前规划好了时间，尽可能地高效安排每一分钟，避免浪费。

我们是普通人，没有那么多的日程安排。所以，很多人是没有日程表的。

但其实，我们也很忙，工作、家庭、学习……每天也有大小各种事务要去处理。**借鉴成功人士的高效做法，他们有日程表，我们可以有日清单**。两者的对比如下：

日程表 VS 日清单

	日程表	日清单
相同	1、都是对一天内待办事项的规划与安排 2、形式相同：时间点+事项 3、每件事项的时间不冲突、无重叠	
不同	通常只记载硬时间（即日程）	记载硬时间+软时间
	成功人士都有忙碌的日程表	普通人可以有充实的日清单

【小讲堂】日程 VS 任务 VS 待办事项

在时间管理书籍中，经常出现日程、任务、待办事项这三个概念，但鲜少有人对它们进行定义和区分。再加上，经典的时间管理书籍多是外文翻译书，译者在翻译时又加入了自己对文字的理解。这些因素导致人们不能准确地进行识别和区分，常常把三个概念混淆，那么自然不能很好地应用。

在本书中，我对这三者的定义如下：

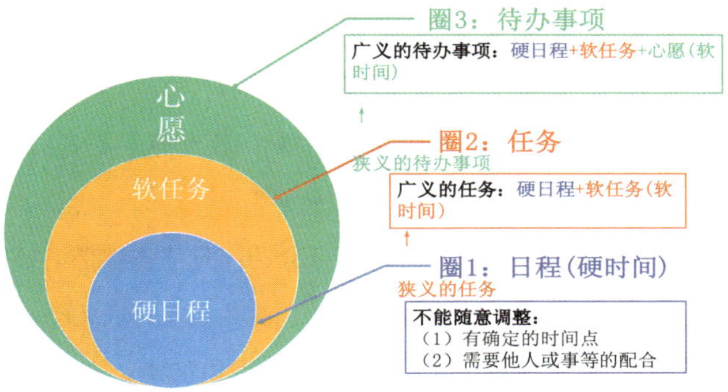

“日程”是指必须于固定时间点去做的事项。

它同时具有两个条件：（1）有确定的时间点：于某年某月某日某时某刻；（2）这件事不是我们一个人能完成的，需要其他人或事等的配合才能共同完成。例如，1月3日下午15:00约了客户A，这是个日程（需要客户配合）；1月4日上午8:00要乘飞机，这也是日程（需要航空公司配合）。

日程是我们与他人的约定。所以，如果想变动日程的话，需要与对方协商或者需要对方的配合。例如，和客户 A 商量确定新时间；改签或取消行程时需要符合航空公司规定。如果单方取消或迟到的话，要承担相应后果。

鉴于此，日程属于“硬时间”，即不能自己任意调整时间，在本书中亦称为“硬日程”。

“任务”是指基于职责、义务或承诺等需要去做的事项。

广义上讲，硬日程属于任务，任务包括硬日程。例如，和客户开会，这是硬日程，也是任务。

除硬日程以外的任务，是狭义上的任务，常见的例子是 7 月 7 日之前提交某报告。狭义任务的特点是：（1）时间上更有弹性。任务可能有期间或期限，但不像硬日程那样固定在一个时间点；（2）任务不一定需要他人或事等的配合，大多可由一个人完成。例如，写报告、做文件，自己可在电脑上完成。与硬日程相比，**狭义的任务更容易一个人调整时间，属于“软时间”。在本书中将狭义的任务称为“软任务”。**

综上，**广义的任务（以下简称“任务”）包括硬日程和软任务。**

“待办事项”是指等待处理、将来去处理的事项。

广义上讲，硬日程、软任务都属于待办事项，因为都是要在将来去办理的。除硬日程和软任务以外的待办事项，是狭义的待办事项。

我把狭义任务（软任务）和狭义待办事项区分为：**凡任务都是必须去做的，而狭义的待办事项则未必必须做，只能说将来有可能做。**最具代表的狭义待办事项是梦想或愿望，例如想去环球旅行、想学画画。为示区分，**在本书中将狭义待办事项称为“心愿”。**

如果说软任务相当于一日三餐的话，心愿便是餐后甜点。一日三餐不吃会饿死，但甜点可有可无。自然，心愿也属于“软时间”。

举个吃日料的例子，助大家更好理解这三个概念：

- 本周日（7 月 8 日）晚 18:00，和好友吃日料——硬日程（硬时间）。
- 本周内（7 月 8 日前），约好友去吃日料晚餐——软任务（软时间）。
- 如果本周有空的话，约好友去吃一次日料吧——心愿（软时间）。

要做好时间管理，需要根据这三类活动的特点，采取不同的管理方式。其中，日清单主要用来管理广义的任务（即硬日程和软任务）。

【学习者实践】

李佳 | 寿险规划师：

理解了硬时间和软时间的应用，就不会在因为有些事情没有在规定时间内完成而内疚了。

有事先记录，让自己大脑清空，就可以专注做当下的事情，而不是做着这个还想着那个。

日清单能有效地管理任务，我举个自己用日清单的小例子：

有一次我受邀作为发言嘉宾去参加某大会。后来，主办方临时增加一个拆书环节，请嘉宾在发言完毕后，现场带一次拆书。拆书时，需要人手一份书籍原文的打印材料（在拆书帮内叫作“拆页”）。它先由嘉宾制作电子版文件，然后发给主办方安排打印。

接到这个邀请后，我马上查阅了日清单并回复“当天晚上发送拆页”。然后，我立刻把“21:00 制作拆页”这个任务写入日清单，并于当晚按时发给了主办方。对方收到后很感动，反馈如下：

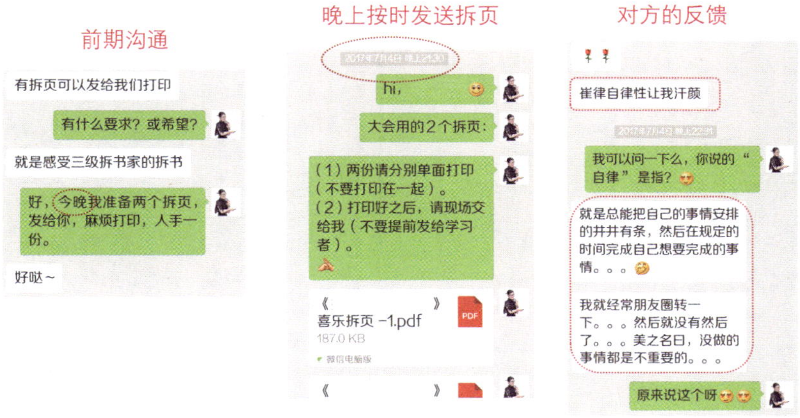

一般，大会的发言嘉宾们事务繁忙，常常直到大会开始前夕才能做好发言PPT。而我在收到邀请后，迅速给出了最短交付时间，并按照约定完成了交付，离不开日清单的功劳。日清单为我赢得很多的信任和信誉。希望日清单也成为大家的助力！

【学习者实践】

康云 | 创业者：

通过本周的学习，我的进步是能够把控自己的时间，让自己更高效地去做事情，把时间掌控在自己的手里。自己有很严重的拖延症，一瓶洗发水早就用没了，老是忘记去买，现在我发现我会把事情提前放到日清单中，让自己更加有预见性了！

Yura | 程序员：

我使用日清单的收获：

（1）本周，我用日清单克服了拖延，完成了2项拖了N周的任务，很爽。

（2）我发现近2年来，内心所有的不舒服都是来自于欲望与现实不符合，自己好像被时间、被人群推着走。以后，我的时间要由我做主。

（3）使用日清单可以提升工作的质量和速度，不断提升自己。

1-2 用高效 Todo App 制作日清单

手机与 App 都是我们的仆人，为我们所用！

前一节中大家学到了日清单及其优势。在“道术器用”四个层次里，用日清单管理时间，属于“术”，即方法；而使用什么方式来制作日清单，则属于“器”，即工具。本节解锁用手机 App 来制作日清单。

01 用手机 App 辅助管理时间

目前做时间管理的工具有两大类，一类是用传统的纸笔或电脑，一类是现代的手机 App。

当提起用 App，有人产生退缩之意，担心太复杂而学不会，或者担心要花很长时间学习。这点完全无须顾虑。本书中推荐的 App 都是简单易上手的，只要 5 分钟便能掌握 80% 的功能。

之所以要推荐 App，是因为灵活地使用手机 App 是时代发展的大趋势，如同用电脑打字代替纸笔书写一样，手机 App 已经融合了电脑的很多功能，每个人都要学会应用。老话说“活到老，学到老”，学的不仅是知识，还有工具。

当然也有人担心在用手机时，容易被其他程序诱惑，管不住自己，不小心转去刷手机朋友圈了。这点也请放心，随着本书的学习和实践，大家会懂得更多正确利用时间的方法，也会体会到有更多比刷手机更有趣更意义的事要去做，自然就没兴趣再刷手机了。在我的课程中大部分学习者都不自觉地戒掉了刷手机。

手机 App 在做时间管理时具有以下优势：

- 手机被我们随身携带，方便随时记录；
- 手机、电脑跨平台共享，还可以多人共享，提高沟通效率；
- 与纸笔记录相比，更方便修改和调整；
- App 功能强大，版本升级，不断推陈出新；
- 很多 App 自带统计功能，节省时间。

特别说明的是：本书中，我推荐的 App 都是我自用多年，亲身实践有效。而且，经过课程中的讲解，被小伙伴们证实具有普适性以后，才和大家分享的。

俗话说，工欲善其事必先利其器，手机 App 是“器”。**我推荐 App 的目的是，让它们作为我们的利器，助力我们更好地管理时间与精力。这个过程中，核心在于我们每个人，而不是 App。我们来驾驭手机，而不是被手机所支配。**

所有 App 在截至本书写作之前均为免费版，我讲解使用的都是免费功能。所有 App 的用法均是我自行摸索并原创的，与 App 开发方无任何关联，我也未参与任何商业推广。

此外，请大家注意的是，任何 App 都有关闭运营、停止更新等风险。大家可以按照本书讲解的方法，举一反三应用到其他 App 里。App 是工具，我们会根据自己的使用习惯来更换。但不论怎么更换，其背后的时间管理方法和理念是不变的，依然适用本书的内容。

【学习者实践】

匿名方：

原来早起刷“头条”和各种群，变成现在听崔律的精时力课程，帮助大脑进补，查看日清单帮助大脑清空。感觉自己能够 control（控制）时间，而不是被时间 control（控制）。

02 高效 Todo App 与时间轴

下面以高效 Todo App 为例，展开讲解日清单的具体做法。

请在手机的“应用商店”中搜索“高效 Todo”App（图标如右图），有安卓版与 ios 版，下载后注册账号。注册后可以使用同步功能。日后若更换手机的话，只要登录账号，便可找到之前的旧数据。

高效Todo

高效率　慢生活

注册成功后，首界面默认显示的是四象限，我们要更换为“时间轴形式”显示。因为我们度过的每一分钟、每一天都是**线性向前推进**的。例如，2018 年从 1 月 1 日早晨醒来，经过中午、下午，到晚上睡觉；然后 1 月 2 日早晨、中午、晚上……日复一日。**时间轴的显示贴合我们的作息规律，可以无缝隙地嵌入到我们的时间管理中。**

这种时间轴的显示方式在时间管理 App 中并不多见。目前大多数的清单或待办事项类 App 都是并列式，每个任务都是独立的，任务之间缺少链接。而时间轴如同一条线，把一颗颗珍珠（任务）串起来，形成一条项链。这条项链就是我们的时间，我们的人生。**时间轴能带给我们极强的时间意识。**

关于时间轴形式显示的具体做法如下：

（1）安卓手机的 App 操作步骤

① 点击左上角的头像（刚注册时是空白的）；

② 弹出左侧栏之后，点击最右下角的齿轮图标，即“设置”；

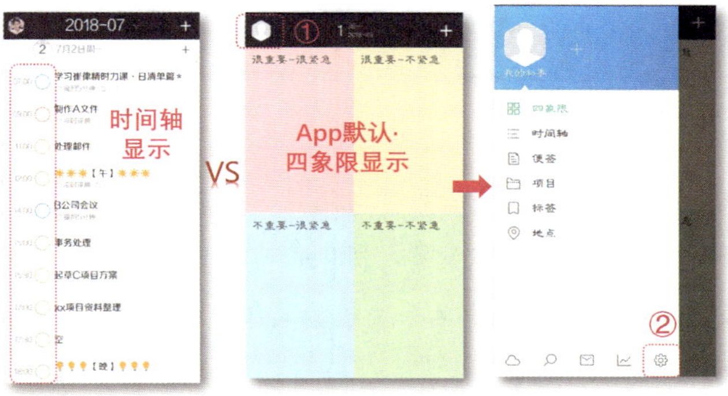

③ 从“设置”里点击“系统设置”；

④ 从“系统设置”中，找到“主界面”，选择“时间轴形式”；

⑤ 返回到主界面，这时显示的便是时间轴的形式（因尚未设置任务，所以界面是空白的）。

（2）苹果手机的 App 操作步骤

① 点击左上角的头像；

② 弹出左侧栏之后，选择第 2 位的“时间轴”。

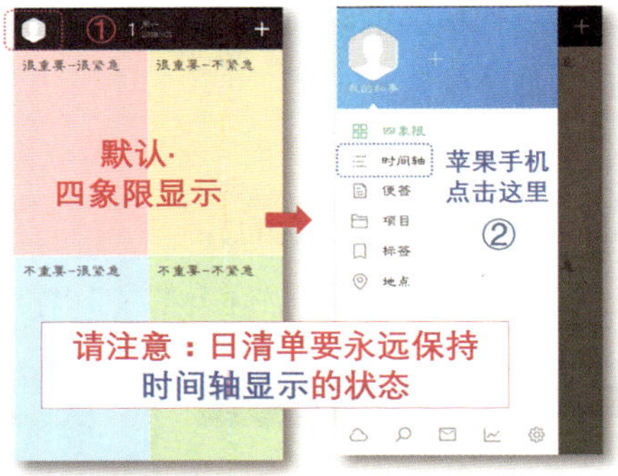

【小贴士】

安卓手机在系统设置中一次性设置好“时间轴”形式后，永久都是时间轴显示。而苹果手机因为并非是更改系统设置，所以每次需要手动选择“时间轴”形式。我向 App 开发方咨询过，对方说苹果手机的系统设置功能正在研发中，日后也会增加该功能。

接下来，本书中将以安卓手机的界面为例进行讲解。苹果手机的操作大同小异，不再做详细介绍。

03 添加新任务与基本功能

如前一节所述，日清单是用来管理广义的任务的。因此，我们把在高效 Todo 中添加新事项的操作，称作为添加新“任务”。

下面以添加名为“【午】”的重复任务为例，介绍在高效 Todo 中添加新任务的做法：

① 点击主界面右上角的任意“+”号，打开一个添加新任务的界面；

② 在第一行文字输入“【午】”——这是任务名称；

③ 在第二行四个颜色圆圈中，选择最后的绿色圆圈——不重要不紧急（这时文字栏的背景由红色变成绿色）；

④ 点击在第三行时间，弹出日期与时间的新界面；

⑤ 日期保持不变，将开始时间调整为 12:00，结束时间无须设置；

【小贴士】

时间管理的核心是高效、简捷。在设置时，只做最必要的操作步骤。非必要的步骤，能省则省。因此，省略设置结束时间，让其默认显示即可。

⑥ 点击时间下方的“重复：不重复”，出现新界面；

⑦ 在“设置重复”新界面中，选择“每天”以及“一直重复”；

⑧ 点击“确定”，回到“设置时间”界面，这时，最后一栏中出现了“重复：每天重复，一直重复”的字样；

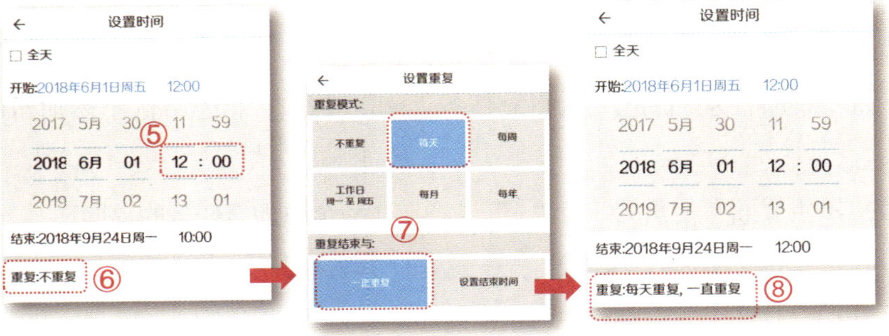

⑨ 点击右下角的“完成”，回到主界面，在提醒一栏，默认是“准时提醒”，暂无须更改，最后，点击右下角的“√”；

⑩ 这时，在时间轴界面中便出现了很多的“【午】”的重复任务。

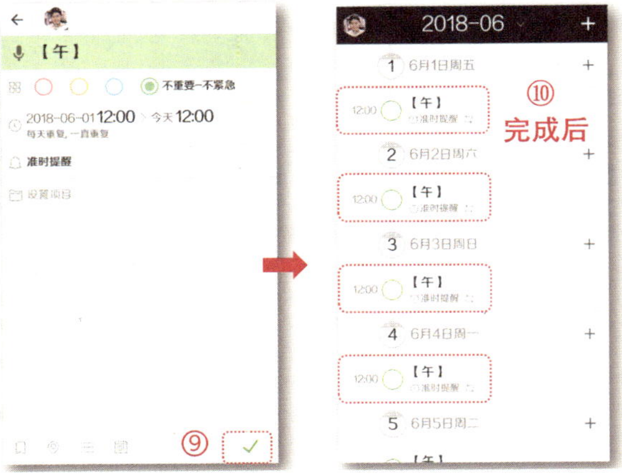

接下来，请参照上述做法，自行设定满足下列条件的任务：

- 任务名称：【晚】；
- 颜色：绿色；

- 时间为 18:00；
- 每日重复；
- 不提醒。

上述任务设置完成后的主界面显示如右图：

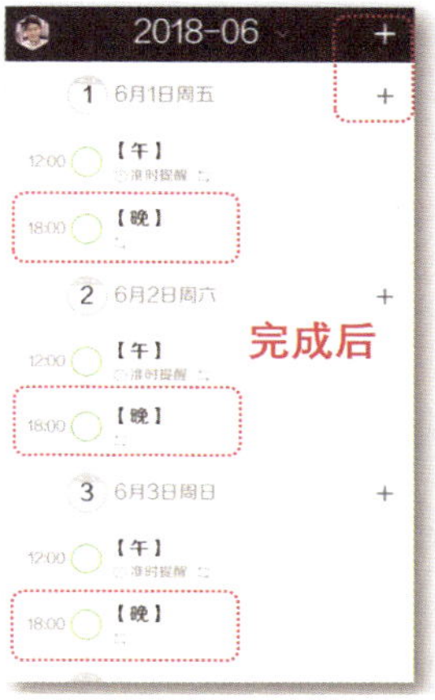

下面，对在高效 Todo 中添加新任务时用到的常见功能，详解如下：

（1）添加

高效 Todo 中有两类“+”按钮可添加新任务：

一类是最上面的固定任务栏中的“+”按钮，字号略大。点击它添加新任务时，**默认日期在“今天”。**另一类是时间轴中每个日期后面都有“+”按钮，字号略小。点击它添加新任务时，**默认日期在该指定日期。**

不论选择哪个“+”，在添加新任务的界面中都是可以调整日期的，整体差别不大，有时会有整点和半点（例：9:00 vs 9:30）的些微差异。

【小贴士】

上述的 12:00“【午】”和 18:00“【晚】”任务，是作为示例讲解 App 操作用法。若大家午休和下班时间与此不一致的，可根据自己的实际情况，重新自行设置。另外，尽管设置了“【午】”任务，如果某中午和客户午餐的话，仍然可在日清单中增加一个“12:00，客户午餐”的新任务。

（2）提醒

“提醒”的方式可选择声音或震动提醒（操作见下图）。选用声音时，建议多花两分钟时间，挑选一款自己喜欢的铃声（可使用手机里的其他音乐）作为提醒音。（注：苹果系统暂无这项功能）

这个铃声日后会经常响起，而且有时响起时是提醒我们去处理不愿意做的任务。如果能有一个悦耳的铃声，会让我们身心愉悦，减少执行的阻力。我选的是一支很短很优雅的钢琴曲。像短信提示音一样，短短几秒即可，无须太长。

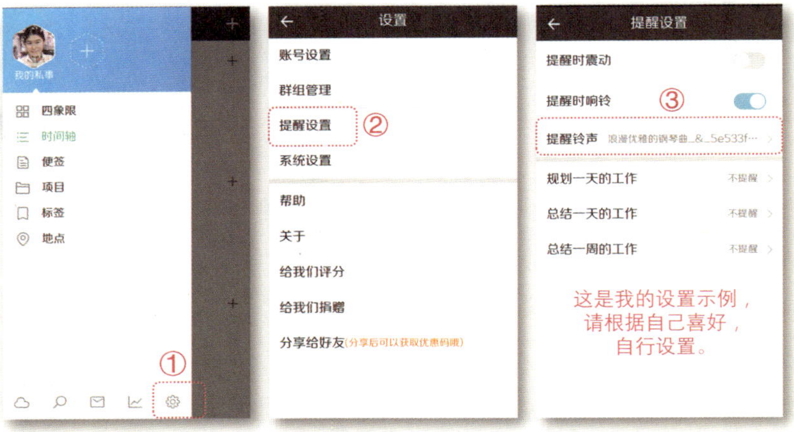

提醒的目的是避免我们错过时间。根据任务不同，提醒的时间点可以选择准时提醒或自定义提前多少时间提醒，见下图左。凡带有提醒的任务，在时间轴中显示时会出现一个小闹钟，见下图右。

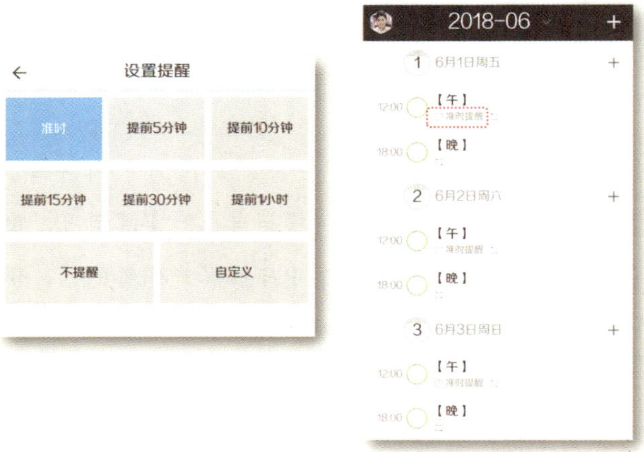

我平时的习惯：

① 我工作起来容易专注，常错过午餐时间。所以，设置了 12:00 午餐的准时提醒。而下班时无须提醒，完成任务便可下班。

② 对于硬日程，必须要提醒。例如开会，通常设置提前 5 分钟提醒。这 5 分钟

里要停下手里正在做的事，然后整理资料等为会议做准备。

③ 出门时要携带某个物品的话，我会设置一个提醒任务。例如，下午 14:00 我受邀去做分享，谨慎起见，我会自带翻页笔。这时便设置一个 13:00“出门时带翻页笔”的提醒任务，提醒我出门时做物品确认。

④ 属于软时间的任务，一般无须提醒。除非有特殊情况。

【小贴士】

有小伙伴在初使用高效 Todo 时，发现时间到点但 App 并未提醒。原因有可能在手机中没有给它开放通知的权限，也可能被电池管家、杀毒软件等拦截，需要自行查找下原因。

我使用的是小米手机，权限设置路径是：安全中心→应用管理→权限→应用权限管理→高效 Todo。每个手机的路径不同，可咨询手机制造商。

【小讲堂】便捷桌面工具

日清单是每天必用软件，建议使用手机的“桌面工具”，把它放在桌面上，以便时时查看。下面是 7 月底时我手机的 4 个主界面，前两个是程序界面，第 3 个界面是高效 Todo App 的快捷界面，第 4 个界面是日历类 App 的快捷界面。

在高效 Todo 界面中可以显示“今天”“明天”的日清单，以及“以前”未完成

的任务。右上角的“+”按钮，可以快速添加新任务，一键完成。

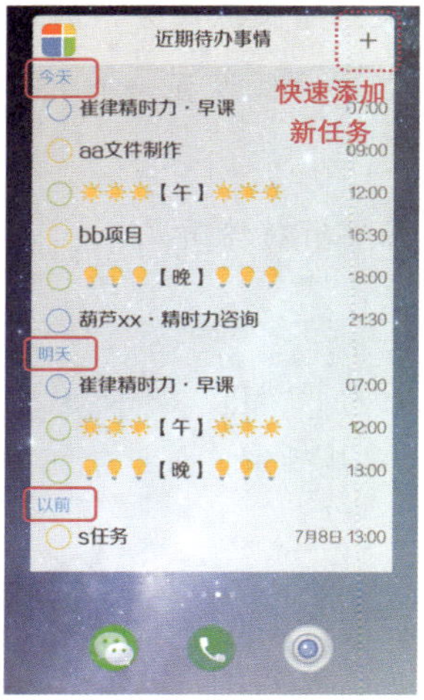

关于桌面工具的设置方法，手机不同，设置方法不同。以小米手机为例，高效Todo桌面工具的添加做法如下图。其他手机的设置方式请咨询手机厂家。

苹果手机的桌面工具在主界面的左侧。在左侧栏中滑到最底部时，点击“编辑”按钮，添加高效Todo程序。然后高效Todo便出现在左侧栏里了（见下图）。

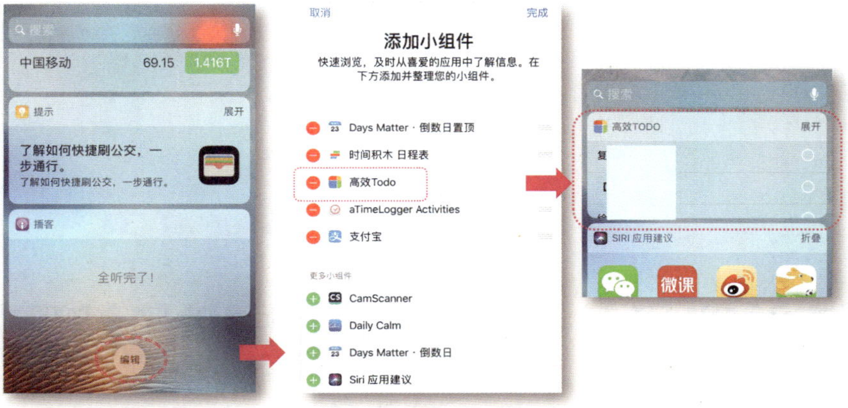

【学习者实践】

范丹燕 | 全职妈妈：

解决拖延症：我想买一套餐具，但有选择恐惧症，纠结了一个月到底买哪个？今天把它列到日清单上就非常顺利地完成了，也不会因没买到其他认为好看的餐具而遗憾了。

多余出来的时间：因为事情都尽早完成了，晚上七点多发现没事情了就带孩子出去看了个电影。

让自己时间看得见：最近做全职妈妈，觉得时间不知道去哪儿了，每天变得越来越懒，这个方式能帮助我完成不太紧急的事情，不会被我认为反正有时间就拖着。

给未来备忘：把未来某天要做的事情提前写进去了，就不会在心里想着了，以前记在本子上，可到时还是会忘。

手机工具化使用：今天才真正意义上把手机当一个工具来使用了，原来手机有这么多功能！颠覆了我对手机的认知。

1-3 日清单必备：一日三分法与四色管理法

一日三分，让时间翻倍！
四种颜色管理任务，每天过多彩生活！

前一节大家轻松学会了高效 Todo App 的基础操作。请注意：我们学习的重心不在于 App 的操作，而在于其背后的时间管理理念与方法。如同乐高积木，同样的积木块，有的人只能拼出普通的平房，而有的人却能搭建出气势磅礴的城堡。差别不在积木块的组装用法，而在于头脑中的想法。做好时间管理，不仅要用好的工具，更需要具备好的时间管理思维和理念。

接下来讲解如何用它来制作真正有效的日清单。本节解锁的是一日三分法与四色管理法。

01 一日三分法

在前一节中设置了每天“【午】”和“【晚】”的循环任务，是出于两个目的：

（1）高效 Todo 中，若某一天内尚未添加任何任务的话，这一天的日期是不会出现在时间轴界面中（请回想刚注册时的空白界面）。因此，通过每天的重复任务，显示出所有的日期，更便于安排任务。

（2）“【午】”和“【晚】”在一天的日清单中起到分割线的作用。通过这两个任务将一天之中除了睡觉之外的清醒时间分成**三个时间块**：上午（早晨醒来 ~12:00）、下午（12:00~18:00）和晚上（18:00~ 睡觉前）。**我将其命名为“一日三分法”。**

仅仅是把一天分成三块，做法简单却能数倍提升时间利用效率，相当于让我们的时间翻倍。

【小贴士】

大家留意到了吗？通常，任务名称只用文字即可，而“【午】”和“【晚】”这两个任务特意使用了“【 】”，为的是突出其作为“分割线”的作用。在我的课程中，小伙伴们用手机输入的图标玩出了很多新创意，如下图：

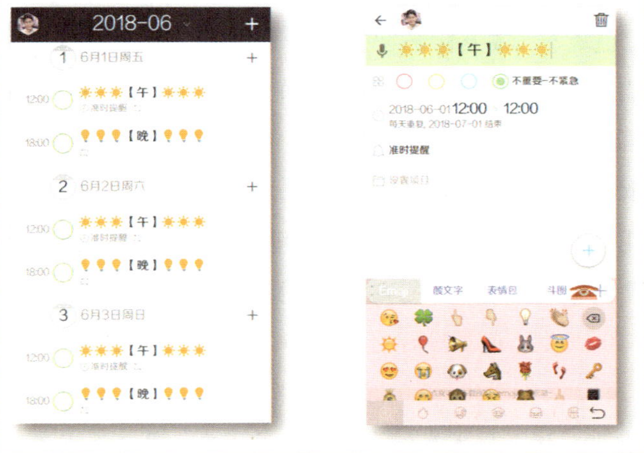

一日三分法的用法和益处如下：

（1）高效安排任务，延长了每天的时长

现在有两种做法可选择：一个是安排 10 个小时的任务，另一个是安排 3 个小时的任务。哪个更容易做到高效呢？

自然是后者。若只要高效安排 3 个小时，成年人基本都能做到。但未必人人都能很好地掌控 10 个小时，它需要更高的时间管理能力。见下图：

如同项目可以分解，**时间也可以拆解，一日三分就是把一天的时间拆解成三份。**这样，每块时间只有 3~5 小时。我们可以一小块一小块地安排任务，既有利于把任务安排的更合理、更紧凑，减少浪费，又有利于快速发现空余的时间，插入新任务。

同时，如引言中所述，每天我们有大量的业余时间可以利用起来。一日三分法让这种意识显像化，它明明白白地提醒你：不论是周末，还是晚饭后，都有一个个的时间块，在静待你的安排。

长时间使用一日三分法后，我们看待时间的单位会从 1 天缩短至 1/3 天。

举我的例子。在写到本节时是端午节小长假。一般人看来，我们休息的是“三天”。而使用三分法后，我看到的是“9 个时间段”。三天小长假里，我第 1 天的 9:00~17:00 以及第 2 天的 9:00~12:00 在外讲课的，第 3 天在家写书。

在一般人看来，这个周末我似乎只休息了半天（第 2 天下午）。而在我看来，我却休息了整整一天，分别是：第 1 天晚上、第 2 天下午、第 2 天晚上。其实，平常的周末我一般只休息 1 个时间块，因小长假所以稍微放纵了一下自己，感觉自己竟然休息了一整天，特别奢侈和幸福。

同样的时间，在使用三分法后，带给我们的感受却有很大不同。我们**先做到把时间单位从 1 天缩短至按 1/3 天，以形成更强的时间观念。**日后，随时不断地学习和精进，再继续慢慢缩短时间单位。

（2）缓解焦虑，提升执行力

对比前一页的两张图，同样都是 7 项任务。左图是一般的日清单显示，右图是采用一日三分法的日清单显示。大家的直观感受是什么？

上左图中，密密麻麻的任务罗列在一起，看起来“很多”的样子。想象一下，当我们早晨打开日清单，看到一天要做这么多的任务，心里一定会产生隐隐的抗拒吧。用小伙伴自己的话说：“妈呀，还是刷个朋友圈压压惊吧……”

而上右图中，**仅仅因为加入了分割线，我们能轻松地辨识出**：“上午只要完成 3 件，下午只要完成 3 件，晚上只要完成 1 件就可以了”。这样想来，是不是感觉浑身轻松了很多，更有信心完成日清单了呢？

焦虑会带来拖延，造成低效。在本书中很多不起眼的小做法都能帮大家缓解焦虑，过上有条不紊的生活。

【小贴士】

在执行日清单时，每完成一个任务都要打钩，“【午】”和“【晚】”也是要打钩的。小伙伴们反馈说，每次打钩都给自己带来成就感，提升了行动和执行的意愿，很有效果。

在使用日清单的初期，为了强化执行力，若每个时间块里的任务都按期完成的话，可以及时地在午餐和晚餐时奖励下自己，诸如加个鸡腿或者来个小甜点。

三分后的日清单如同植物大战僵尸游戏的通关地图，整个地图被分成是三个大关卡。每个关卡里又有数个打怪小任务。当打败一个个怪物，通过三个关卡，恭喜你可以通关升级了。

【学习者实践】

flowers：

按照一日三分法，分别在三个区间内制定了计划，并且据此执行。在一天结束时，所有的任务都打钩完成了，超有成就感！

（3）富有仪式感，减少拖拉磨蹭

时间节点很重要，相信每个人都有体会。比如，临近下班时若还有一点工作的尾巴没有完成的话，大家会抓紧把它完成，因为下班时间就是一个时间节点。再比如，周末、月底、年底，这些都是节点。

通常，在人们的潜意识中，以“一天”为时间单位，以“下班”为时间节点。而一日三分法中，增加了“【午】”，意味着增加了一个时间节点。当上午磨蹭到11:00，看到“【午】”的任务时，我们更可能想的是：“距离中午吃饭还有1个小时。可要抓紧咯，下午还有其他任务等着我呢”。于是，在11:00~12:00期间提升专注，提高效率。

人们意识中的“下班”其实并不是指下班时间，准确地说是指离开公司的时间。举个例子，若18:00下班时间已到，但工作尚未结束的话，人们常选择加班。这时，下班时间是待定的，被无限延长的。而在一日三分法中，增加了“【晚】”，它在提醒我们“下班时间已经到了。如果继续加班的话，等于占用了业余时间”。相当于增加了第二个时间节点。

小伙伴们戏言说：“【午】”提醒吃午饭，“【晚】”提醒不加班。

（4）重视业余时间，分块安排任务

至此，大家已经理解到了一日三分法的诸多好处。那么，大家在安排这三个时间块时，是一视同仁地平等对待吗？若是的话，那太可惜了。因为这样只做到了1+1+1=3。

大家要有一个意识：**在不同的时间块，安排不同性质的任务，让 1+1+1 ＞ 3。**根据每个人的实际情况不同，有多种不同的搭配和组合。举两个应用例子：

例子 1：

- 上午为未来工作；
- 下午为当下工作；
- 晚上为成长 / 家庭。

很多人之所以学时间管理，是因为时间不够用。越是忙碌的人，越容易陷入疲于解决手头工作的泥潭中。于是，大家一直在低头走路，却忘记抬头看天。

只要抬起头，便会发现，手里的工作全都是“当下”的工作。那么，“未来”在哪儿呢？你有为“未来”做打算、做准备、做计划吗？尤其是团队领导者，不仅要考虑个人的职业未来，更要考虑整个团队甚至公司的未来。为此，不妨上午为“未来”工作，下午为“当下”工作。职务越高，思考和规划的时间应越多。

再说晚上时间，千万不要仅仅当作白天时间的延续，一味地加班。晚饭后，可以用于辅助工作或提升个人基本能力，诸如阅读专业书籍、学习专业知识，参加行业交流会，也可以阅读沟通、团队管理等书籍，参加各种沙龙活动等。

如果你已婚，那么你的时间分配中千万不要忽视分配给爱人的时间；如果你有孩子的话，那么更需要在家庭方面安排更多的时间，尤其在孩子小的时候。年轻人常有的错误想法是：趁年轻努力工作，等日后有钱有闲了，再陪伴家人。殊不知，对家人的陪伴，尤其是对孩子的陪伴，是需要尽早“投资”时间的（注意，不是投入金钱，而是投入时间）。因为当爱人对你失望的时候，当孩子长大开始叛逆的时候，时光无法倒流，哪怕再花 10 倍的时间也补不回来。

有了一日三分法，大家会发现，下班离开公司后，工作结束了，但一天并没有结束。尚有晚上时段等你去安排、去享受。**我们的人生是多维度的，不是只有工作。我们是活生生的人，不是工作机器人。**

我们的人生是多维的，日清单里需要有多领域的任务。

【学习者实践】

佩璇 | 绘本馆馆长：

实行一日三分法后，把晚上 6 点半后的时间全部用来陪伴家人和孩子，这样就把工作和生活很好地划分开了。之前工作和生活傻傻分不清楚的情况明显减少。

例子 2：

如今斜杠青年盛行，常有人问我“崔律是如何平衡各种斜杠身份的”？

我的高效秘诀是在不同的时间块，处理不同身份的任务。作为斜杠青年，我目前有三个身份：律师、拆书家和精时力导师。

以本书写作期间为例，我的时间块安排规则是：

- 上午：讲精时力早课（早晨 5:00~7:00 备课，7:00~7:30 讲课），本书写作（8:00~12:00）；
- 下午：律师工作（13:00~18:00）；
- 晚上：做发言 PPT、拆书帮分舵管理事务、线上会议或讲课等（19:00~22:00）。

除非有特殊情况，我一般按照这个规则来处理。比如，我会告诉拆书帮的小伙伴们，有关拆书事宜，尽量在晚上找我。徒弟发来的文件，我也会留到晚上回复和处理。

这样做的另一个原因是：不同的身份要用到不同的思维方式。一日三分是一种仪式感，能助我切换不同的身份，使用不同的思维方式。既能平衡不同身份的任务，同时能让我对每天可处理的任务做到心中有数。

当然，任何事物都没有绝对地“完美”。比如，根据需要，我有时也会在上午时间处理法律工作，有时也会在晚上处理。这时，无须太过苛责自己和他人。

另外，随着每个月或每个阶段的目标不同，三个时间块的分配不是一成不变的。例如，在本书写完之后，上午的时间块我会安排其他任务。

【学习者实践】

梁乐乐 | 行政人员：

在日清单中，加入了除了工作以外的其他任务，包括育儿、生活的事项，让自己在学习、生活、工作这 3 方面切换，尤其是每一次画 √ 都特别有成就感。

今天有一个任务是开车去市里和朋友谈合同，堵车的时间通常不可控，实际上确实也是因为堵车耽误了 1.5 个小时，通常这种情况我会特别烦躁。但是因为提前对堵车这件事情有预期，并且在堵车之后的任务设置当中自己做了适当的调整，所以在耽误了 1.5 个小时后也能顺利完成自己当天的蓝色目标，特别开心。

02 四色管理法

除了前文所述的时间轴显示功能外，高效 Todo 还有一大优势：用四种颜色分类管理任务。

现代职场人都知道“重要紧急四象限”原理（见右图），但每天实际使用的人却少之又少。为什么呢？因为我们难以区分哪些是重要不紧急、哪些又是紧急不重要的。本节中分享我的四象限归类规则。

在高效 Todo App 中，打开一个新增任务的界面，第一行“输入待办任务”对话框中默认显示的背景色是红色。因为系统默认选择的是下面四象限中的第 1 个红色圆圈。若点击第 2 个橙色圆圈的话，对话框的背景色会呈现橙色，以此类推。

每次添加一个新任务时，必须选择相应的颜色，就意味着必须对新任务进行分类。

我的归类规则：

第一，按第 1-1 节所述，任务分两大类：硬日程与软任务。硬日程因为涉及他人的时间，比较特殊，要优先安排硬日程。四个颜色中，我用蓝色表示硬日程，其他三色都是软任务。

蓝色：不重要，很紧急

——它用来表示“硬日程”。硬日程对时间的要求最高，不能拖延、不能错过，甚至也不能提前。为便于记忆，请联想天空蓝、商务蓝，特别理性，不能任性。

第二，其余三种颜色的软任务中，从重要程度上来说，依次是红色＞橙色＞绿色。

具体如下：

先看红色：很重要，很紧急

——它排在四色之首，代表“头等大事”，是很重要的任务。一旦使用红色，意味着不睡觉也要在今日内完成的任务。为便于记忆，可以联想亮红灯或足球比赛中的罚红牌，要引起足够的重视。

再看橙色：很重要，不紧急

——它在重要程度上次于红色。在一天的日清单中，大多数的任务应是橙色，通常是我们一个人在电脑前即可完成的任务。例如，写报告、写文案、回邮件。橙色≈常规任务。为便于记忆，可以联想亮黄灯或足球比赛中的罚黄牌，属于警示，提醒留意。

最后看绿色：不重要，不紧急

——我们的工作生活中有很多“事务或杂务”，不重要不紧急，但也必须做。诸如，打印、寄快递、生活账单缴费。为便于记忆，可以联想草地、树木，没有攻击性，平和的颜色，比较轻松。

举两个例子，说明四颜色的具体用法。

例子 1：购物

假如要添加一个“21:00 网上购物”的任务，该用什么颜色呢？

① 蓝色，不符合。因为一个人购物，可自行调整时间，不属于硬日程。除非是限时秒杀抢购。

② 红色，不符合。因为购物通常都算不上“头等大事”。

③ 剩下是橙色还是绿色呢？

如果只是随便看看，逛逛淘宝，俗话都说“女孩子的衣柜里永远少一件衣服”，则可以用绿色，表示事务不重要不紧急。

可若周末有朋友过生日，需要为他挑选一个生日礼物的话，则可以用橙色，表示重要，不能拖延。

综上可见，即使是同样的事，根据不同的情况，颜色选择有所不同。

例子 2：午睡

假如要添加一个“13:00 午睡”的任务，用什么颜色好呢？

按我个人的习惯，会设置成蓝色，即把它当作硬日程，到点就睡。

当然，大家也可以根据自己的喜好，设置成其他的颜色。学习者实践情况如下：

- 有人设置为橙色，因为：午休很重要，下午才能精力充沛。
- 有人设置为绿色，因为：睡觉就是给人放松和充电的。联想到绿色的草地、宽阔的草原，放松无压。

上述颜色都可以，没有对和错。职场人的学习重在实践，重在解决问题，不像学校考试那样有且只有一个标准答案。只要能帮助我们更好地入睡，获得精力修复，那么它的目的就实现了。

【学习者实践】

喜小喜 | 国企职员：

过去我习惯把自己当成上了发条的陀螺，一天下来会很累。我也不喜欢自己这个状态。如今我一定会增加绿色，我把绿色当作自己空的状态，这时就是放空、随意，哪怕只是发呆，让自己安静一些。

03 常见的颜色使用误区

（1）错误用法：滥用红色

初学者使用日清单时，**最容易出现的第 1 个大问题是红色任务太多**。下图是一位初学者某君的日清单，一天内有 7 件事，很多红色。因为某君觉得每一件事对他而言都既重要又紧急。

我们想象下，这样的话，人会是什么状态呢？对，很焦虑。就像在四处灭火，疲于奔命。他本人也证实说，这段时间压力很大，白天精神高度紧绷，晚上睡眠质量也很差。

红色 VS 橙色

如前所述，红色指“头等大事”。具体有哪些呢？**比如，和我们的年目标、月目标相关联的要事。再比如，二八法则中产出高价值的那 20% 的工作。**

二八法则又名 80/20 定律、帕累托法则，它告诉我们，所有的工作任务中 80% 的价值都是由 20% 的工作产生的，而剩下的 80% 的工作只产生了 20% 的价值。具体的数字比例可能会有或多或少的变化，但大部分情况下基本符合 80/20。

翻阅我的日清单，一年之中用红色任务大约只有 10 多项。例如，最近用红色的任务只有“出版写作”。

当然，不同的性格，对红色任务的用法有所不同，建议如下：

- 如果你平时比较自律，对日清单的完成率较高的话，建议你和我一样，偶尔使用红色即可。
- 如果你平时喜欢松散，或者有习惯性的拖延，可以采用**“每天三件要事”**的做法，即把你每天必须要完成的三件重要的事（日程除外）用红色表示，这样能确保每天最低的任务完成量。

切记，红色任务容易带来紧张和焦虑，仅在必要时才使用。通常可以多使用橙色。

红色 VS 蓝色

举个例子，假如明天上午 10 点会议，要签署 1 亿元的大单，自然是一件超重要的事。这时用红色还是蓝色呢？

我建议用蓝色。

你可以这样想“即使是 1 个亿，那又怎么样呢？！”**它只是个硬日程——到了那个时间点，去做那件事，就可以了。**仅仅是将它从红色改成蓝色，你的内心就能平静很多，晚上就能睡个好觉。

当然，如此重要的事，我们需要提前做好充足的准备，比如准备好会谈的内容、穿的衣服、携带的文件……这些准备工作可以作为橙色任务一项项添加到日清单里，如此就更踏实了。

总之，对于硬日程，不论有多重要，都要用蓝色标记，以缓解焦虑。

【学习者实践】

冰雪 | 学生：

蓝色为我减压。

今天收获太大了，发现了自己的思维漏洞。我发现我之前的日清单几乎没有蓝色和绿色，仅有的绿色是每天会重复的午 / 晚饭时间，所有的事情在我看来都是重要的。对，这叫分不清主次，给自己带来不少压力。今天突然惊觉，其实我的好多事情都属于蓝色硬日程，紧急但是并没有那么重要，按时处理就行了，不必增加准备和担心的情绪，给自己减压了不少，哈哈，开心。

（2）错误用法：单色日清单

除了红色的过度使用外，大家容易出现的**第 2 个问题是制作出单色日清单，例如：“全橙”或者“全绿”**（如下页图）。

单色日清单的问题在于：一眼看过去，不能马上识别各任务的重要紧急程度。尤其是在当天时间不够用，需要重新排序或临时挑选优先任务的时候（注意：通常应按顺序处理，紧急情况除外）。

（3）**正确做法：彩色日清单**

一份好的日清单是彩色的，代表着我们的彩色生活。

先回到某君的情形，他接受了我的建议，减少红色，并使用彩色以后，他说焦虑被缓解了很多，似乎一天尽在掌握之中，感觉自己游刃有余，效率更高。

再对比下全橙、全绿的单色日清单与彩色的日清单，如下图。

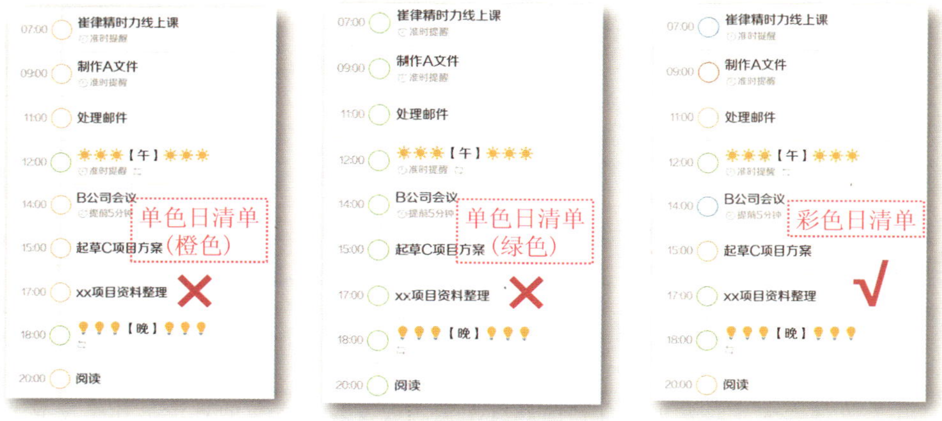

假如现在 13:50，时间不够完成全部任务，根据彩色日清单，可以迅速判断出优先级顺序：

（1）蓝色硬日程肯定不能随意自行调整（除非和对方协商调整），所以 14:00 按时和 B 公司开会。

（2）开会之后，按照先红色后橙色的顺序，依次处理。其中，红色是今天必须完成的。

（3）处理了红色和橙色任务之后还有剩余时间的，再做绿色任务。若今天没有时间的话，绿色任务就不做了，要么删除，要么延后处理。

【学习者实践】

Enya 鸳鸯 | 产品经理：

原来 App 也有大学问。

以前从没想到一款 App 也可以用出花儿来，直到听了崔律的课。选择一款时间管理 App 时，她非常认真，会使用很多款同类 App，进行多维度的比较，最终选择最适合的一款，作为自己心爱的❤。选择之后还会把它的功能用到极致。

李登伟 | 海外石油人：

对于四色的应用，红色的部分是必须要做的。不是要尽力，而是一定要做到。这周我经历了人生的低谷，面对重大问题的无力感和挫折，身心遭受巨大的挑战。即使这样，我也在学习、打卡，并应用所学的把投入产出放在红色区域，去死磕任务。

1-4 日清单做法：近瞄远估

近瞄，用日清单掌控每一天！
远估，留出时间余量，在安全线内跳舞！

至此，大家已经掌握了日清单的三个基本用法：时间轴、一日三分法与四色管理法。接下来，本节解锁完整日清单的制作方法，我取名为“近瞄远估”。

“近瞄”的对象是时间（即一整天），指详细制作近一天完整的日清单。

“远估”的对象是单个任务，指对于执行时间较远的任务，先预估一个日期和时间点，写入日清单内。然后，在临近该日期时，再通过“近瞄”最终确定真正的执行时间。远估与近瞄两者搭配使用。

中国自古有很多关于做计划的谚语，诸如“凡事预则立，不预则废”“谋定而后动，则无往而不胜”。西方时间管理大师博恩·崔西说：“每拿出一分钟制订计划，在行动时将会节省出相当于制订计划 10 倍的时间。所以，每天只要拿出 10~12 分钟来制订计划，就能节省出将近两小时的时间 (约为 100~120 分钟)。”

每天 10 分钟的规划是否真的能节省出 2 小时，可能因人而异。**但做规划能提升效率，这点毋庸置疑。**如果没有规划，做事完全凭感觉，或者走一步看一步，那么我们就会陷入被环境、被他人、被工作所支配的境地。并且，重要的事情会被那些简单又容易的小事和紧急的事情所取代，最后碌碌而无为。我们自己不做主，便会被他人做主。

日清单的本质是提前对时间的利用做规划。

请看下面的 5 个例子：

① 微信里，客户发来一条信息，想约你在 7 月 5 日 14:00 开会讨论某个项目。你回复说“好的”。

② 公司里，你正在写某文件，突然想起来：“关于 × 项目，需要和张总请示一个问题”。可张总正在开会。于是，你想着，等他开会结束后去问吧。

③ 家里，你正在做饭，发现酱油用光了。于是，你想着，明天下班路上经过便利店时买瓶酱油。

④ 本月月底健身卡到期需要续费。于是，你想着，去健身房前要带好信用卡。

⑤ TM 演讲俱乐部邀请你于 7 月 21 日（星期六）去做分享。而这天你已收到了另一个俱乐部的口头邀请，但尚未收到书面邀请函。因此，7 月 21 日能否去 TM 俱乐部分享，尚不能确定。

或许，读到这里的此时此刻，你脑海中也突然闪现了数件新的待办事项。

那么，大家平时是如何处理这些待办事项呢？

很多人什么都不做，因为他们很信任自己的大脑，他们的想法是：“这点小事，我记住了”。

结果会怎样呢？可能是：

- 2 小时后你看到张总从会议室出来，感觉似乎有什么事想向他请示，却怎么也想不起来是什么事；
- 第一天下班路上忘记买酱油，到家后才想起来。第二天继续忘，如此日复一日……

这些例子一再说明，靠大脑记忆其实是不靠谱的。尤其信息爆炸的时代，信息多到你的大脑根本来不及处理和记忆。大脑的功能是用来思考。

01 随时随地添加新任务

时间管理中，最基本的做法是：**不要依赖大脑，而是使用工具，来收集和管理所有的待办事项。**

本书中的工具主要是日清单。**日清单作为大脑“外挂”，是我们的“第一秘书”。**通过它来管理，既能防止遗忘，不耽误；又不占用大脑空间，把释放出来的大脑用于思考和处理更有价值的工作。

当你脑海中闪现某个待办事项，或者从外部接收到任何新任务的时候，请立即把它列入日清单。有三个注意事项：

（1）“立即”的意思是马上，一分钟不耽误。

例子①：微信里，客户发来一条信息，想约你在7月5日14:00开会讨论某个项目。你回复说“好的”。

→（日清单示例）7月5日 14:00 和A公司开会。

注意：当你回复“好的”之后，紧接着下一个动作就是把它加入日清单里。

更好的做法是：在你回复“好的”之前，是先查阅过日清单或日历，确认过这个时间点是可行的。那么，在查阅之际，当看到这个时间点尚无安排、准备答应客户的时候，可以先把它加入日清单，然后再回复说“好的”。

【小贴士】

如果手机不在身边，或者不方便马上列入日清单（比如在会议中），那么，可以先写在便签上。待条件允许后，第一时间把便签中的事项整理到日清单。

（2）“三分钟原则”：如果你突然想起来的某件待办事项，只要3分钟便能完成，而且不会打断现有手头工作的话，可以马上把它处理掉，而无须列入日清单。

举个例子，假如你正在工作，突然想起来要打一个电话。根据不同的情形：

- 如果是工作电话，且不影响手里的事（比如你正在用微信进行日常联络），那么马上打电话。
- 虽然是工作电话，但你正在起草一个重要报告，不愿思路被打断，那就把打电话列入日清单。
- 如果当下打电话的时机不合适（比如突然想起来今天是老妈生日），先列入日清单，下班后给妈妈打电话（见右图）。

【小贴士】
关于纪念日等重要节日，建议在每月的月初，一次性列入日清单中，简单又方便。

（3）在加入日清单时，除了选择颜色外，还要为新任务选择具体的日期和开始时间点——这是日清单最大的特点。

毫无疑问，硬日程的日程和时间点是确定的，例如上述例子①，可以轻松列入日清单。

日清单的难点在于软任务的添加。尽管软任务没有确定的执行时间点，但综合考虑后，我们依然可以为它们安排一个合适的日期和时间点。

对于日期不确定的任务，比如可明天做、可后天做，甚至计划在下个月才做的任务，详见本节后文远估的做法。对于日期确定的情况下，如何设置时间点呢？示例如下：

例子②：突然想起来："关于 × 项目，需要和张总请示一个问题"。

→（日清单示例）今天 16:00 向张总请示 ×× 事。

说明：时间设定在 16:00，这是预计张总会议结束时间。另一方面，若考虑到今天可能还有其他事情也要与张总确认的话，可以把时间定在 17:30，即临近下班时间，批量处理一并将问题向张总确认，以免不断地打扰张总。

例子③：家里酱油用光了，下班路上路过便利店时买酱油。

→（日清单示例）18:30 回家路上买酱油（可设置铃声提醒）。

说明：时间设定在 18:30，因为 18:00 下班，18:30 正好是下班路过便利店的时间。反之，如果把买酱油设定在 17:00，显然不合理。

【学习者实践】

匿名 X：

非常感谢崔律将日清单带入我的生活，今天是三天小长假后恢复上班、上学第一天，闺女学校要求带各种物品去学校，我在得知需要带物品通知的第一时间就将相关事项记录在高效 Todo App 中了，所以昨天晚上就提前将物品准备好了。今天按照老师要求将所有物品全部带到学校了。而孩子同学的妈妈说本子都不知道被扔到哪里去了……

02 用近瞄制作次日的日清单

制作日清单，就像拼图游戏。前述随时随地添加新任务的做法，相当于我们取了一个个的碎片，摆放在背景板上。最终我们需要把所有的碎片拼成一张完整的图像，这张整图便相当于一整天的完整日清单。

近瞄，使用的是日清单的第一层含义“日＋清单”，即要规划出一天（晚上睡觉时间除外）所有任务。具体步骤如下：

步骤一：下班前后做日清单 0.8 版本

我优先建议在下班路上制作次日的日清单。因为：

① 趁大脑对当日工作的记忆新鲜，把相关附随事项、待办事项妥善安排到次日，可防遗漏。如果等到第二天才做日清单的话，很多小事或许已经不记得了。

② 当日工作结束的仪式感。因为我们安排的是次日的日清单，意味着当天的工作已经结束了。缓解下工作中的紧张或焦虑情绪，不要把工作中的情绪带出公司。

③ 做日清单并不像背英语单词那样耗脑力，一点点精力就足够。同时，也能减少刷手机浪费时间。

④ 大家有遇到过晚上睡梦中突然冒出一个工作上的好点子的情形吧。提前做好日清单后，晚上时间大脑自动在后台运行“酝酿”。

如有当天没有未完成的任务的，一并调整至次日或日后的日清单里。

【小贴士】

如果下班开车的话，无法在路上做日清单，则建议在下班离开公司（电脑关机）前的 10 分钟左右完成。

步骤二：上班前后做日清单 1.0 版本

如上所述，下班时制订的日清单是 0.8 版本，意味着它还不完善。等到次日上班时需要完善至 1.0 版本。需要两个步骤：

（1）上班路上浏览和微调日清单

想想看，我们在早晨醒来后，吃饭、出门，到达公司后打开电脑就能立刻状态全开地投入工作吗？大部分人都做不到。这个时候，**我们的身体在公司，可是大脑可能还在路上。**

大脑需要一个过渡，从非工作状态过渡到工作状态。这就是为什么很多人到公司后要磨叽一段时间后才能开始工作的背后原因。浏览和微调日清单，是一种有效的过渡方法。不费劲，大脑也不容易产生抗拒。

这样，当身体到达公司时，大脑也同时到达了公司。电脑开机，便能进入工作状态了。

【小贴士】

如果开车上班的话，无法在路上做日清单，建议在出门前花 1~2 分钟先浏览一下当天的日清单即可，无须微调。这样在上班路上，大脑可以继续后台“酝酿”，有助于快速进入工作状态。

（2）到公司后查收新信息，快速增补日清单

每天到公司后，打开邮箱和微信，我们总是能收到一些新信息、新任务。因此，到达公司后的 10 分钟内，先浏览和汇总所有的新信息，再据此调整当天的日清单。

这时有两个注意事项：第一，这段时间里轻易不要回复邮件，除非是 3 分钟能回复的简短邮件，否则你会陷入不停回复邮件的沼泽，没一两小时根本出不来；第二，除非是对方明确要求当天必须回复的任务，否则一律放在日后的日清单中（原理在后文详述）。

最后，再做一次全天的浏览和确认后，便完成了当日的 1.0 版本日清单。然后，你便可以按照日清单时间轴显示的顺序，一项项打钩处理任务了。

【小讲堂】**邮件与日清单的配合**

在早晨浏览完邮件后，有如下几种处理方式：

A．用 3 分钟快速回复。

B．用星号或标签标记邮件，表示等待处理。

B-1．如果处理某封邮件需要较长时间的，例如，客户委托你制作一份文件，需要 1 小时。那么这个任务要添加在日清单中。示例：10:00“回复 ×× 客户邮件 / 制作 ×× 客户文件”。

B-2．如果不需要太长时间的，比如 10~20 分钟即可。则无须把每个邮件都逐一列在日清单里，只要留出一整块时间合并处理即可。示例：10:00~11:00 或 10:00~12:00“处理邮件”，意指在这 1~2 个小时是集中处理邮件的时间。

【学习者实践】

匿名阳光：

我平时一直都是用大脑在记录需要做的事情，因为怕忘记所以会不断提醒自己，有时会忘记一些不重要的小事情，那时会懊恼地说那些工作很忙的人难道有两个脑吗？现在尝试了几天制作日清单发现，并不需要刻意地去记，只要随时看一下还有没有没完成的就好。

03 用远估添加不确定的任务

在本节开篇的 5 个例子中，前文已讲述了 3 个例子，接下来用后两个例子讲解“远估”的做法。

例子④：本月月底健身卡到期要续费，去健身房前要带好信用卡。

例子⑤：TM 演讲俱乐部邀请你于 7 月 21 日（星期六）去做分享。但这天你尚不能确定。

（1）远估只有截止期限的任务

看例子④：本月月底健身卡到期要续费，去健身房前要带好信用卡。

因平时去健身房时只带换洗衣物，所以办理续费的当日出门时需带好信用卡。为此，需要在日清单中增加一个任务：出门时带信用卡（健身卡续费）。

这个任务只有截止期限：月底。可选择的日期很长，尚不确定哪天去（续费）。这时，有两种处理方法：

背景：假设今天是 7 月初，每星期五晚上去健身，本月的日历图如右图：

做法 A：下次去健身时续费。

最近一次的健身是本星期五，即 7 月 6 日续费。

→（日清单示例）7 月 6 日（星期五）19:00，出门时带信用卡（健身卡续费）

做法 B：临近月底时再续费。

本月最后一个星期五是 7 月 27 日，离截止日（7 月 31 日）太近了。万一 27 日那天有事或出差没去的话，还需要在周末特意去一趟。为此，要留一些时间余量，则可以在倒数第 2 周的星期五，即 7 月 20 日续费。

→（日清单示例）7 月 20 日（星期五）19:00，出门时带信用卡（健身卡续费）

上述两种做法，乍一看，6 日和 20 日似乎并没有太大差别。其实，**背后体现的是两种不同的思维方式和行为习惯。**

选择做法 A“在 6 日缴费”的人，属于**行动派**，遇事第一时间立刻处理，快速行动，做事不拖延，也不愿拖沓。

选择做法 B“在 20 日缴费”的人，属于**完美狂，喜欢在合适的时机做合适的事。**

【小贴士】

与健身卡续费类似的事情有很多，诸如信用卡还款、缴水电费等。行动派的小伙伴在收到账单后，会立刻完成还款与缴费，按三分钟原则都无须列入日清单。而完美狂的小伙伴，会把行动日期定在最后缴费日的前 3 日，或者每月一次集中缴费。现实中大部分人是行动派和完美狂两者的结合体，即针对不同的任务，做出不同的反应。

（2）远估不确定做与否的任务

看例子⑤：TM 演讲俱乐部邀请你于 7 月 21 日（星期六）去做分享。但这天你尚不能确定。

于是，你和对方约好下周内再联系。

然后呢？对于这样的任务，大家会怎样处理呢？还是不处理呢？

如果我们不做任何处理，一味等待对方主动再次联系的话，便是消极被动的做法。若对方记得，则下周会如期来确认；若对方不记得，恰巧我们也不记得的话，那么这件事可能就错过了。**消极被动总是有害无利，高效能人士的第一个原则便是积极主动。**

可以在日清单中这样处理：

第一步：添加问号任务：

→（日清单示例）7 月 21 日（星期六）14:00 ？ TM 演讲俱乐部分享（精时力）

请注意，任务的前面有个“？”，代表“尚不确定”的意思。

第二步：添加前置任务：

→（日清单示例）7 月 7 日（星期六）13:00，确定是否 7/21 去 TM 演讲俱乐部分享

注意：凡是添加带问号任务的，在它的前面一定要增加一个确认的前置任务。

这样，我们既不必担心遗漏或错过任务，又不必时刻把这个待定的事项放在大脑里。如其他相关方在约定期间内没有主动来联络的话，在 7 月 7 日我们可以主动与相关方联系并回复，以最终确定 7 月 21 日的具体日程。

对于上述“问号任务 + 前置任务”的做法，我命名为“？ +1”。

【学习者实践】

小芳 | 资深项目管理工程师：

远瞄和近估，使思维严谨又延伸，看到眼前又规划未来，拉长思维的长度，想得更远一些。

【小讲堂】“未来有大把时间”的假象

在远估时，特别值得注意的是，我们总是习惯性的预期未来会有更多宽裕的时

间，然而实际上却并非如此。常见的情形是，“将来我会有更多的时间陪家人”“将来我有更多的时间去旅游”……结果如何，想必大家都深有体会。

在一项实验中，研究人员向实验对象发放礼券，凭券可到一家高级茶餐厅免费领取一份蛋糕套装。第一组礼券的有效期是三周，第二组礼券的有效期是三个月。大家猜测哪组人员兑换的比例更高呢？在收到礼券的时候，第二组对自己会去兑换的信心比第一组要高出很多，因为感觉自己拥有的时间更长，更有可能去兑换。而结果却令人大跌眼镜，第一组人员实际兑奖的概率却是第二组的 5 倍。

还有一项研究表明，在一个城市里住了一年或更长时间的居民，看到的标志性建筑比在这个城市逗留两星期的游客要少得多。比如，我常住上海，总想着“日后有大把是时间可以去游览东方明珠”，然而 10 多年过去了，从来没去过。可是，来上海几日游的游客们几乎都游览过。

因此，当我们遇到较远截止期限的任务时，千万不要因为“未来有很多时间”而掉以轻心，要么化身“行动派”尽快处理。要么化身“完美狂”，但一定要留出足够的时间余量。

【小讲堂】时间余量

我很喜欢一个日语单词：“余裕”，意思是富余、从容。它不是指金钱上的富裕，而更多侧重于“余”。我认为，“余”最重要体现在时间余量上。有充裕的时间，才更从容。

很多人喜欢“临阵磨枪”，因为感觉在临近截止期限时，自己的专注力突然爆发。事实上，这样做非常危险的。

截止期限的英文是 deadline，字面意思是“死亡线”。据说，起源于美国南北战争时期的南部政府的联军在战俘集中营内画的一条线，**战俘越线者死，这条线被称作“死亡线”**。依靠最后的时间进行冲刺，相当于在死亡线的边缘上跳舞，一不小心可能就会越线。

我建议大家**养成在截止期限前留出时间余量的习惯，而且最好是两道余量。即，给自己画两条安全线，让自己在安全线内跳舞。**

举个例子，上司安排给你一个新任务，截止期限在本星期五，假设处理该任务需要4小时。那么，你会把它列入星期五的日清单吗？那样太危险了。

可以这样做：

首先，我们**给自己定一个安全的目标期限**：本星期三（这是第1道安全线）。

其次，把该任务列入本星期一的日清单中（这是第2道安全线）。

按照日事日清的原则，意味着通常会在星期一内完成该任务。退一步讲，万一星期一因故没有完成的（第2道安全线没守住），可以顺延至星期二。但无论如何，在星期三前一定能完成。

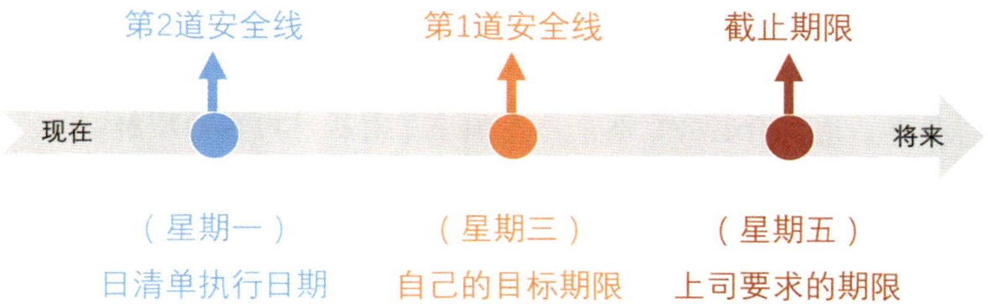

接下来，问题来了。假如在星期三完成了任务，那么你准备在什么时间交付给上司呢？根据情况不同，交付日期有所不同：

- 如果任务的性质紧急，越早提交越好的，那么可以在星期三完成后立即交付。
- 如果任务不紧急的，可以**“酿”**一下之后，在星期四 / 五交付。

我是北方人，小时候看妈妈揉面，把面团揉完后放在一旁静置，让面醒一下。其实就是让其发酵，口感更佳。在南方，酿酒也有类似的静置做法，我称作**“酿”**一下。

在工作完成后，“放”几日，“酿”一下，我们可能会突然冒出新想法，尤其是需要创造力的工作。以诉讼案为例，在诉讼方案确定后，通常我会过几日再发给客户。这几日里，有时会发现不同寻常的突破口（大脑运作原理在第4章脑力管理中详述）。

谨记，对我们而言，任何任务的最终日期都不应是他人给出的截止期限，而是我们自己定下的安全期限（目标期限）。至于预留多长时间的余量比较合适呢？根据不同的工作内容和习惯，因人而异。

综上所述，两道时间余量，不仅能助我们战胜拖延，能确保在截止期限前完成，还能再“酿”一下，让任务完成的质量更高。从不逾期，在他人眼中你便是一个值得信赖的人。

【学习者实践】

君婷 | 律师：

将这两天学到的内容我都教给了老公，好处多多。

其一，让老公也逐步地学习好的方法，更好的规划自己繁忙的日程；

其二，夫妻都能合理的规划工作和生活，也有利于家庭幸福；

其三，我自己通过教老公、朋友，也加深了对所学内容的理解。

向日葵 | 公司职员：

通过这几日的学习，我对时间和精力的概念有了更清晰的认识。时间和精力是需要规划的，甚至有时需要精细地规划。

1-5 日清单玩法：刷日清单

碎片时间里，刷完日清单之后再刷朋友圈！

在前一节中我们用近瞄远估法制作出了日清单。然后它就是固定不变的吗？当然不是，随着时间的推移，日清单也需要及时更新，我们可以像刷微信一样去“刷”日清单。

该如何“刷”呢？本节中解锁刷日清单的新技能。

日清单制定的越具体，排序越合理，时间利用效率自然越高。每刷一次日清单，都能让日清单更完善。因此，如果大家有碎片时间的，请刷完日清单之后，再刷朋友圈。

这里的“刷”有两层含义：刷新和添加。我们从纵向和横向两条线，分别看（见右图）：

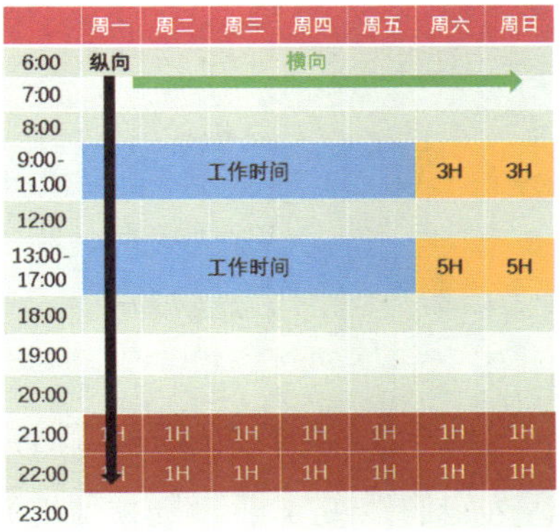

01 纵向按时间轴，刷新当日的日清单

① 每做完一件任务后，刷日清单：打钩该任务，查看下一项任务。

前文讲过，要做到把事务从大脑中赶出来，解放大脑。如何验证大家是否做到了呢？只需问自己一个问题：下一项任务是什么？

如果你能脱口而答，说明你依然在用大脑记忆待办事项。如果只有通过查看日清单后，才能知道下一个任务的，才是真正解放了大脑。我属于后者，不看日清单的话，从来记不住下面的任务是做什么。

老话说：用人不疑。用日清单，也要充分信任它。把我们的日程和任务全交给第一秘书“日清单”。这样，我们能远离焦虑。

② 休息时，常刷日清单：检视日清单中任务的实际进度。

如实际完成情况与规划有不一致地方，查找原因，及时调整。要么调整日清单的任务，要么调整自己的工作节奏（比如，加快节奏）。

当实际进度滞后于日清单计划时，要优先调整工作节奏。比如若是因自己磨蹭拖拉的，那么要提升效率，尽快赶上进度。

如因某些原因，客观上无法完成日清单的，可据此需重新调整当日剩下的日清单任务。这时，相当于**日清单的 1.1 版本**。下图是中午时做的调整：

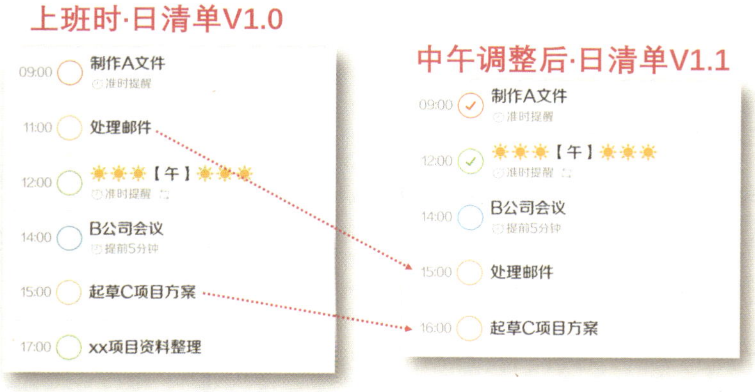

请注意，尽管可以随时调整日清单，尽管日清单里很多是软任务，但千万不要因为它们“软”，而随随便便地调整。**请把日清单按照日程表的标准，尽量按计划**

完成各项任务。否则，如果放任自己随意修改日清单，不但失去了日清单的优势，也无助于我们的时间管理能力和工作能力的提升。

【学习者实践】

Rommel | 留学生：

早上和中午听了两遍课程，理解和思考更多了。

只要有空闲，就在刷日清单，修正今天的，补充明天的。让大脑从简单的记忆工作中解放出来，逐渐戒掉刷朋友圈的习惯。

02 横向按周或项目，刷新日清单

（1）碎片时间里，近瞄制作近一周的日清单。

在前一节中，我们学会了用近瞄制作近1天的日清单。随着日清单使用的熟练，日后还可以近瞄一周的日清单，即“周清单”。

“周”这个时间单位在时间管理中很重要。每个人的人生都包括工作、家庭和朋友等多个领域。我们很难在一天内兼顾到各个领域，但把视线拉长，在一周内是有可能照顾到各个领域的。例如，在工作日里我们的重心在工作上，很少陪伴家人。那么，在周末时可以把重心放在家庭，全身心的陪伴。因此，可以把一周作为一个整体，来安排周清单。

举我的例子。基于一日三分法，以晚上时间为例，每周有7个晚上，哪些是备课、哪些是讲课、哪些是会议、哪些是朋友聚会……这些都会在一周开始之前被安排完毕。正因此，我一般不接受无预约的晚餐邀请。因为它不仅会打乱我当晚的安排，还有可能打乱一周晚上的节奏。

（2）碎片时间里，将项目分解成任务，添加到日清单。

举我的例子，出版写作是个大项目。在刚启动时，我正好去外地出差，从当地火车站到酒店的出租车路上，大约有20分钟路程，正好够我把出版写作的章节拆分，安排进每一天的日清单里。这也属于刷日清单。

（3）碎片时间里，添加连锁任务。

其实，我们需要处理的具体任务远比想象的要多很多。因为有些任务在表面上是看不见的，比如连锁任务。

前面 1-1 节我提到一个例子，在睡前制作未来 10 天日清单，实际上是将讲课、出差等硬日程带来的备课、准备工作等连锁任务，添加到日清单里。

连锁任务的用法详见下文。

03 添加连锁任务

一个硬日程往往不是孤立地，会带来很多附属任务，或者需要多个任务组合才能完成。例如，一次外地出差，会带来会议准备、路线确认、购票、出差物品整理、出差后报告、出差费用报销等多个附随任务。

此类由一个硬日程带来的多任务，我命名为“连锁任务”。

任何一个硬日程的活动，基本可分为事前、事中、事后三个部分。硬日程属于事中，自然得到了我们的诸多关注。而不起眼的事前准备也很重要，预则立，往往决定成败。事后收尾常常被我们忽略，有时也因此功亏一篑。

事前←【硬日程（即主要任务）】→事后

下面我用体验轮滑的约会例子来讲解连锁任务的应用方法。老子说，治大国，若烹小鲜。同理，若我们能妥善安排一场小约会，也能安排好一个大的工作项目。

首先，假如你和心仪的女生在微信聊天中约好 7 月 7 日（星期六）去体验轮滑。毫无疑问，第一个动作需要马上列入日清单：

→（日清单示例）7 月 7 日（星期六）14:00，约会体验轮滑

其次，添加连锁任务。我们既可以在列完前面的硬日程后紧接着添加，也可以在碎片化时间刷日清单的时候再添加。本次约会的连锁任务如下：

（1）事前连锁任务

① 体验轮滑，意味着是初学者，需要预约教练。同时，需要询问下注意事项。比如，女孩子穿裙子可不可以，高跟鞋可不可以……

→（日清单示例）7 月 1 日 12:00，电话预约轮滑，询问注意事项

② 尽管已预约，但生活中大家一定遇到过商家出错的情况。比如，有的商家把预约信息随便一记，找不到了。或者，店员之间没有交接好，出现预约冲突。这虽是商家的问题，但会影响到约会，尤其是当你正在追心仪的女生的时候。为了确保约会顺利进行，在硬日程的前两天要再次确认。

→（日清单示例）7 月 6 日 12:00，确认轮滑预约。

【小贴士】

与其在发生火灾后进行补救或后悔，不如事先防患于未然。没有“火灾”的和平日子才是最好的日子。

③ 既然是约会，准备一份见面小礼物吧。

→（日清单示例）7 月 1 日 20:00，购买礼物（约会用）。

（2）事后连锁任务

在轮滑结束后，共进晚餐，最好在轮滑场所附近。

→（日清单示例）7 月 7 日 18:00，约会晚餐。

（3）其他

其实，伴随着晚餐的硬日程的添加，又多出一个事先连锁任务：

→（日清单示例）7 月 1 日 21:00，选晚餐餐厅并预约。

全部的连锁任务如右图：

连锁任务

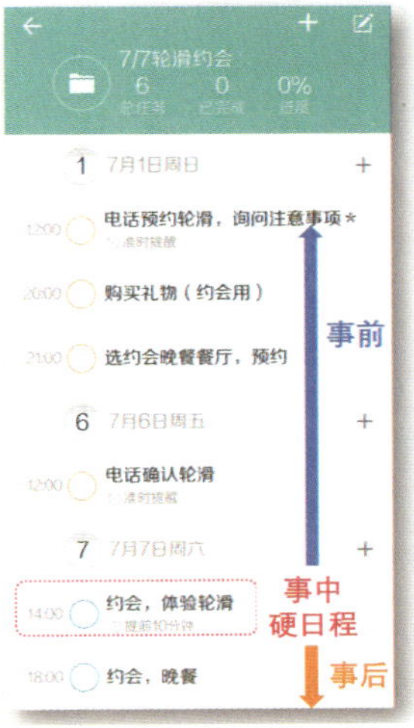

【学习者实践】

Aileen | 质量管理工程师：

添加工作日程的时候，之前会刻意去思考日程前的准备工作，再把它添加到日清单里，今天会刻意去从日程活动的事前、事中、事后这个角度去思考，**发现常常忽略了事后**，即使有时能想起来个别事项，它常常以待办事项占用大脑的内存。所

以今天特别把事后这部分添加到日清单里，主动给大脑放松。

牛慧芳 | 教师：

听完崔律的课程，正好要回太原见分舵的小伙伴，我也将“买小礼物”加入自己的待办清单中，以前都不会刻意去做。越来越认同崔律提出的观点，精时力是要打造高效、幸福的人生。上崔律的课能让我成长为更有温度的人。谢谢崔律，爱你，么么哒。

蒹葭 | 中学地理教师：

按崔律留的课后作业，回听了前面学过的内容。

关于在安卓手机桌面中加入高效Todo桌面工具这个点，之前我没理解，所以没设置好。今天重温课程后，按步骤操作成功。发现竟有这么多的好玩又实用的功能，比如我曾经有任务没有打钩，于是便显示出来了。

经过这件事，我对“温故而知新”，又有了进一步的理解，日后自己要定期“温故”。

1-6 日清单执行：新任务，明天做

日事日清，100% 完成当天的日清单！

前几节中大家学到了如何制作日清单，属于日清单的第一层用法：规划。

日清单的第二层用法是执行。在过去的几天里，大家是否能 100% 完成当天的日清单，实现日事日清呢？

小伙伴们大多会摇摇头：理想很丰满，现实很骨感，每天总有几个未打钩完成的任务。常见的有两类原因：

（1）柿子挑软的捏。大家总喜欢挑选容易做的任务，剩下难做的任务。

（2）每天总是有新任务插入，打乱原有安排。

本节中解锁执行的新技能，助大家将理想变成现实。

01 按时间轴顺序打钩

阻碍我们日事日清的第一个因素是：柿子挑软的捏。

在使用日清单的初期，大家一定有这样的经历吧：

- 明明手头有几件很重要的，足以标记为红色的任务要去完成。可是，因为畏难或有不快情绪等，它一直停留在你的大脑里，而迟迟未出现在日清单里。

- 原本日清单中 9:30 要处理一个红色任务。然而，到 9:30 的时候，你“很自然”地跳过了这个任务，选择了一件原本应该在下午处理的橙色任务。到下午 13:00 的时候，你觉得有些困乏，于是，“很自然”地选择一件原本计划在傍晚处理的绿色任务。一天下来，你总是在不停地挑选任务去做，无视日清单中的顺序。

在上述情形中，**日清单被活生生地用成了“待办事项清单”，造成避重就轻的局面。**其背后的原因在于，对于橙色或绿色任务，我们能熟练地完成，轻松地打钩，从中获得极大的成就感和满足感。而对于红色任务，则一直在逃避去面对。

注意：我们按一日三分法在不同的时间块安排不同性质的任务，用近瞄制作了日清单 V0.8、V1.0，在碎片时间刷日清单，以及后文中结合精力管理巧妙排序……这一切都是为了确保我们在日清单中事先安排的任务及其顺序是最合理、最高效的。**因此，原则上在执行日清单时，应按照时间轴中显示的任务顺序，依次完成。这时，把自己当作机器人，遇到红色任务，则处理红色任务；遇到橙色任务，则处理橙色任务。这样，才能最大化地发挥日清单的效用。**

当然，要做到这点需要自律和刻意练习。如果刚开始做不到的话，不妨给自己一个小惩罚。例如，当遇到一个不想做的任务出现“想跳过”的念头时，就去做俯卧撑或面壁深蹲，直到你愿意面对这个任务为止。既锻炼身体，又提高专注力，还能增强自控力，大大提升执行力。

【小贴士】

如果一个任务因太大而造成拖延的话，则需要进行项目分解。

【学习者实践】

Hym | 建筑师：

以前在工作中自己往往是行动派，在生活中却容易拖延，今后生活中也尽量成为行动派；

每天听课，打卡，减少了刷手机微信的时间；

列入日清单的任务逐一完成，不再是头脑中模糊的印象，不会有遗忘。

02 新任务，明天做

阻碍我们日事日清的第二个因素是：新任务。

想想看，假如你正在超市排队付款，正常情况下，前面的人一个接一个完成付款，一定会轮到你。可是，如果不停地有人插队，而且总是插在你前面，会是什么情形呢？那就是收银员不停地在收款结账，却总也轮不到你。新任务就是那些插队的人。

新任务的来源很广。例如，上司临时安排你制作一份文件；客户向你提出一个新的要求；同事走过来，说想花几分钟想和你讨论某个项目；下属向你请示一个决定；家人给你打电话让你去做某事；朋友在微信中拜托你帮一个忙……当出现新任务时，一般人都会说“好的”，然后接下新任务。这种反应如同被碰触的含羞草，完全是无意识地。

它带来的后果是：我们陷入了不停地应付新任务的境地。而且，由于不停地被打断，导致任务都处于“半成品”的状态，不能按期交付，于是又遭到了一轮来自各方的“催促”。在这种情形下，我们像被提线的木偶一样，哪件任务最新、哪件任务最紧，我们便倒向哪方。

但是，换个场景想象一下，假如我们当时不是在办公桌前写报告，而是在飞机上或在会议室开会。那么，我们还会抽出 30 分钟时间做新任务吗？当然不会。

我们要习惯性地把日清单中的红色任务与橙色任务看作和硬日程一样的“坚不可摧”。除非必要，不能中断。只有把当下的任务打钩完成之后，再接新任务。

注意：新任务≠紧急任务！

我们把真正需要马上处理的紧急任务，称作“火灾”。一旦遇到火灾，当然需要灭火，立刻行动。然而，事实上，生活中并没有那么多“火灾”，火灾毕竟是小概率事件。

当遇见一件新任务时，不要立刻处理。先问自己：这个新任务是火灾吗？若是的话，立刻处理；若不是的话，明天做。当然，这里的“明天”是个约数，可能是明天、后天、大后天。若紧急的话，也可能是当天下午，但绝对不是“当下”或“马上”。

在实践之后，大家会发现，新任务其实并没有想象中那么紧急，**绝大部分新任务都是可以明天做的**。很多时候不是对方着急，而是我们误以为对方很着急。大家也会惊讶地发现，每天干扰我们的新任务竟然有那么多，而且那么频繁。

另外，不论是否为火灾，**遇到新任务时，都要先列入日清单**。因为仅仅是在列入日清单时，为它选择颜色、选择日期和时间点的这个动作，都会让我们从应激反应中冷却下来。我们可以冷静地为新任务选择一个合适的处理时间，可能是明天或许是后天。而今天呢，自然是按原日清单计划执行。

在时间管理中，我很喜欢用一个英文词组“my pace”（我的节奏），它意味着“我的时间，我做主”。**“新任务，明天做”的本质是推迟处理**。它有很多好处：

- 确保我们今天的工作节奏不被打乱。
- 以我们最舒服的状态处理任务，助我们摆脱焦虑，内心平静；
- 减少干扰，是提升每日工作完成量最有效的方式；
- 让我们有更多的缓冲时间去思考。不仅在任务结束后需要“酿”，在动手处理任务之前也可以“酿”一下，提高任务完成质量；
- 或许我们可以和后面的新任务合并批量处理，节省时间。

03 推迟处理的沟通技巧

当理解新任务≠紧急任务的原理后，相信大家都会认同推迟处理的做法。在现实中，**推迟处理的难点在于沟通**。

因为新任务来自他人。有时，我们不能马上判断它是否是“火灾”。有时，虽然我们已意识到这不是“火灾”，但对方不见得有这个意识。当我们推迟处理时，为避免他人误以为我们在拖延，为避免他人因为我们的推迟处理而感到不愉快，为了保持良好的职场关系，我们可以这样做：

（1）假如我们正在专心做一件橙色任务，同事走过来表示想谈谈某项目。这时，我们可以说：“我很愿意和你讨论，不巧我手里正好在处理一件要事 / 急事。在××时间点（例如，30或60分钟后，或者午餐后、休息时间等）我去找你，我们再讨论，可以吗？”

有时，同事的说辞很具有迷惑性。他们的开场白是“我可以耽误你两分钟吗？”。注意，**“两分钟”是在汉语表达中是个约数。**我们并不清楚谈话会持续多久，对方可能也没想过真正需要多少时间。这时，我们可以进一步询问对方：“大约需要多少时间？5分钟够吗？”这个问题可以引发对方的思考。然后，根据对方的回答以及所谈内容的重要程度，若3~5分钟能迅速搞定的话，我们可以站起身来，和他**站着聊几句**，当下解决。若需要很长时间的话，如前所示，另约时间。

（2）假如上司或客户要求我们制作一份文件，但没有说明期限。这时，我们可以马上询问“截止期限是什么时候？”或者直接问“本星期五完成，可以吗？”

注意，**当我们在主动给出“完成期限”的时候，不仅考虑自己，还要考虑对方，要尽量提供一个让双方都满意的双赢期限。同时，不要忘记，这个期限应该是在我们的安全线之后的期限。**也就是说，若我们预计在本星期三前可完成的话，则可询问本周四或本星期五完成是否可行。不论何时何事，我们都要严守承诺，并尽可能地提前交付。

（3）假如我们确实接到了一个很紧急需要马上处理的任务，而手里正在处理另一件紧急任务，如果它们都来自同一人或关联人员，比如，都来自我们的客户。这时，可以把排序的任务交给对方，询问对方：“我目前正在做A任务，和新的B任务相比，哪个更优先？”如果来自不同的人，不妨试试让更高一级的上司来出面协调或让他来排序优先级。

【小讲堂】日清单的留白

尽管原则上新任务明天做，但有例外：

第1类：如果上司或客户是个急性子，经常安排紧急任务的，或者是刚踏入职场的年轻人很难掌控自己的工作时间，接新任务是常态。

第2类：虽然普通人偶尔才碰到一场火灾，但有一类人经常遇到火灾，便是“消防员”。在职场中，也有类似“消防员”的角色。举个例子，我有个徒弟是银行系统的IT运营维护人员，24小时待命，当系统出现问题时，需要立即紧急“灭火”。

对于上述情况，建议每天的日清单不要安排地过满。根据自己的情况，安排到50%或70%即可。其余时间做留白，这些时间就是留给他人“放火”的。

我们可以在日清单中设置一个名为“机动”的任务。“机动”的时间点不限（一般在临近下班时候垫底）、时长不限（1小时或2小时均可）、频率不限（1天1个或2个都可），自由设置。

【学习者实践】

逯晓风 | 机关工作人员：

上午在处理任务的时候，突然有同事来沟通，希望我和他一起去做另一个耗时半小时左右的常规任务。我用了今天的方法，告诉他：我手头上的工作大概在10点半或是11点完成，我完成之后就去找你。他没有任何异议地接受了我的建议。

荣荣 | 社区项目工作者：

今天收到一个安排下周团建活动的任务，我回复：“好的，我先想一下流程，明天咱们讨论确认下来可以吗？”上司愉快地答应。

Hym | 建筑师：

平时忙碌的时候同事来问问题不好意思拒绝，学习了推迟沟通的处理技巧，对于不太会拒绝的自己是非常有帮助的。

1-7 升级版日清单

日清单是主线，串起我们的时间和精力管理！

至此，大家已经学到了日清单的基本常用做法，时间管理效率比之前有了很大的提升。本节继续升级。

看个例子，右图是 A 君和 B 君的日清单，日清单中的整体任务相同，两人的工作能力也大致相同。然而，在一天结束后，A 君完成 90%，而 B 君只完成 60%。请思考，A 君比 B 君的完成率更高的诀窍在哪里？再思考，如何让 A 君的完成率从 90% 提升到 100% 呢？

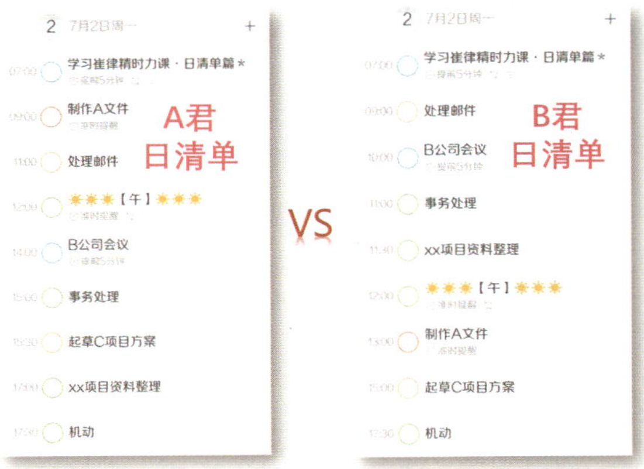

日清单有大学问。**好的日清单，不仅要求有时间管理的能力，还要配合精力管理和时间记录的能力。**本节中揭开精力管理和时间记录这两项新技能的神秘面纱。

01 结合精力管理，巧排序

上图中，A 君比 B 君的完成率更高的诀窍在于日清单的排序。A 君的日清单中考虑到了自己的精力状况，以及每个任务所需要的精力。

在安排每天的日清单时，把任务与人的精力状态相匹配。关于精力的具体波动情况，本书后面有更多章节进行详述。本节中，基于一日三分法，简略了解下三个时间块的不同精力状况。

第一，通常而言，上午、下午和晚上的精力状况是依次下降的，红色、橙色、蓝色、绿色任务所需的精力也是依次下降的。因此，上午是一天之中精力值最高的时间段，要安排尽量重要任务、复杂任务，如红色任务。简称为“**上午精力高，排要事**”。

鉴于此，A 君日清单中 9:00 安排红色任务是正确的，而 B 君日清单中将红色任务安排在 13:00，效率会更差。此外，B 君日清单中，在上午精力高的时候，安排了许多需要低精力的绿色任务，这是杀鸡用牛刀，大材小用。

第二，诸如会议类的**硬日程一般安排在下午**。但若该日程非常重要，需要消耗高精力（比如进行高强度的谈判）的话，可以安排在上午。

第三，晚上的精力低，尽量安排轻松的事。

总之，一天的任务安排通常是头重脚轻。

综上，阻碍我们日事日清的第三个因素是：排序不到位，或者说精力管理不到位。结合精力管理做日清单，才能效率更高。

02 结合时间记录，准确预估时长

A 君的日清单之所以只完成了 90%，没能做到 100%，是因为原计划 9:00~11:00 两个小时完成的 A 任务，实际花了 3 个小时，导致最后有个任务未能完成。**在安排日清单的任务时，除了考虑精力外，还需考虑每个任务的时长。**

如前文所述，日清单本质上是日程表。看一个日程表的例子：假如我们已预定 12:00 的航班，飞行时长 2 小时。那么，如果有司机师傅接机的话，我们会请他

14:00 到机场。假如从机场到某客户需路程 1 小时的话，可最早安排 15:00 的会议。若预计会议开 2 小时，那么可安排 17:00 晚餐。

同理，我们在设置日清单的每个任务时，如果预估时长过短，则可能完不成当日的日清单；反之，若预估的时间过长，则当天的时间有剩余。这些都不是最高效的日清单。

我们要做到的是尽量**准确地预估**每个任务所需的时长。

【小贴士】

有时，尽管我们做出了准确地预估，但因为偶发事件，比如当天牙疼影响了工作。这时，无须自责或太在意，冷静应对即可。

侯世达定律（Hofstadter's law）说，做事所花费的时间总是比我们预期的要长，哪怕我们的预期中考虑了侯世达定律。

那么，如何准确预估时长呢？

我们需要解锁一个新技能：时间记录，具体在**本书下一章中具体讲解**。

日清单是本书的主线，串联着本书所有的时间和精力管理方法。请让日清单成为大家的得力助手！

【小讲堂】**一份高效的日清单是怎样的？**

所列任务不能太少——会造成时间多余或浪费（“时间土豪”除外）。

所列任务不能太多——完不成，会焦虑。

因此，任务数量上，高效的日清单应该是恰好能完成的。而且，最好是在现有能力的基础上稍微伸伸手、垫垫脚能完成的，这样才能更大发挥你的能力。

在任务质量上，应该是与年目标、月目标等密切相关、人生各维度没有严重偏科的。

03 日清单与日历的双 App 组合

有企业邀请我讲课，如果对方问：“崔律，7 月 7 日您有空来讲课吗？”这时，我只要翻阅 7 月 7 日的日清单，查看是否有空，即可回答。

可是，如果对方问我："崔律，7 月份想邀请您来在讲课，不知您哪天有空？"这时怎么办呢？若对方邀请我在周末去讲，我姑且能翻阅 7 月份的 8 个休息日的日清单。可若对方请我在工作日去讲课呢？难道我要翻阅完 7 月份 21 个工作日的日清单吗？这显然不现实。

这时，我们需要一个能随时提供全部硬日程的"第二秘书"。对此，我的解决办法是增加一个日历类 App，单独管理硬日程。即**将日清单类 App 和日历类 App（以下简称"双 App"）组合使用。**

【小贴士】

对于因职位或者工作性质原因需要经常出差、出席会议等，有很多的硬日程的人，建议使用双 App。而如果硬日程少的话，用一个日清单类 App 就足够。

日历类 App 有很多款，我没有特别推荐。**仅有一个基本要求，必须能显示月视图，如下面左图，可以一目了然看到当月的日程安排。**而下面右图中，只有点击某个日期（如 2 月 2 日）时，才在下面显示出当日的安排，不能一下把控全月的日程，建议不要使用。

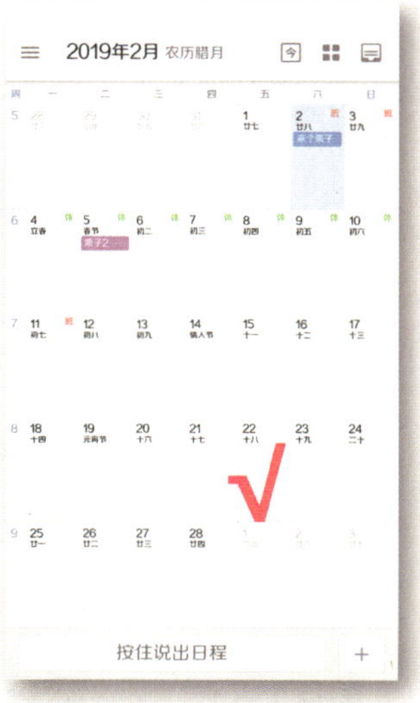

把硬日程用日历类 App 单独管理的原因是：

（1）软任务的时间弹性可自行调整，而硬日程不可冲突。所以，**当遇到硬日程邀请时，通过日历类 App 更便于查看已有日程，确定新日程，高效便捷。**

（2）日清单的时间轴显示，优势是便于把握近期的具体时间安排，能显示细节。而日历类 App 可以显示近一个月的硬日程安排。**见木又见林，两者优势互补。**

（3）如前所述，硬日程带来连锁任务。**在碎片时间里，可以根据日历类 App 中的硬日程，添加连锁任务到日清单。**

（4）硬日程越多，连锁任务越多，意味着越忙碌。通过一个月的硬日程安排，可基本了解本月的忙碌情况，以判断接受或拒绝新任务。

【小贴士】

当使用双 App 时，对于硬日程，建议第一步先记入日历类 App 中。然后，在近瞄日清单时，或用碎片化时间刷日清单时，将日历中的硬日程再次录入日清单。

目前，高效 Todo 尚不能将日历类 App 中的硬日程直接导入日清单里，需要手动录入。在本书写作时，向开发方咨询后，对方说日后可能会增加日历事项的导入功能。

其实，正因为需要手动重复录入的 BUG，我曾经想弃用高效 Todo。但是，一来，没有找到更好的替代 App；二来，作为解决方案，我在碎片时间里把硬日程添加到日清单中的时候，可以同时添加连锁任务。于是，重复手动录入的小问题便可忽略不计了。

【学习者实践】

福人儿……gaogao | 中学政治老师：

通过这几天打卡实践下来，感觉就是一个刻意练习的过程，我的自律性越来越高，对于时间每一小时每半小时的花费去向都掌握在心，对时间有了掌控感。

打卡这几天每天都过得好充实，因为列了日清单就要完成它，当我一项一项地完成后有种打怪兽的感觉，一级一级往上闯，感觉自己很厉害，棒棒哒。

小芳 | 资深项目管理工程师：

渐渐的依赖上了日清单，爱上每天有小秘书的生活。

喜小喜 | 国企职员：

以前我做的都是待办事项清单，都会选容易的任务，现在，会按时间安排来做，对有难度的事情拖延被治愈啦。

做事情越来越专注，关心自己的事情，做完就结束，很开心。

选择日清单中要列什么事项的时候，正是选择自己的人生和生活，从中越来越清楚自己想要的是什么。

发现并爱上自己现在做的每件事，发现自己也越来越美。

张晶 | 全职妈妈：

通过崔律的精时力管理课程学习后，我觉得：只要我认真做好，我的孩子会看着妈妈能够很好地管理时间精力，对他们以后自己的时间精力安排也会有很大帮助。

更多高效 Todo App 与日清单的高级功能，请扫描下方二维码，关注崔律的订阅号“一缕藕丝牵大象”，输入“日清单”，获得更多内容。

订阅号名称：一缕藕丝牵大象
微信号：cuilvmeimeida

第2章 时间记录

不做时间记录、缺乏时间意识的时间管理，是无根之木、空中楼阁！

【本章重点提示】

时间记录是时间管理的基础，是时间管理的必备技能。

本章的核心点：

（1）（工具）aTimeLogger App的基础操作用法；

（2）（方法）时间记录与统计带来的巨大益处；

（3）（理念）长时间记录时间，养成时间意识。

2-1 今天开始时间记录

从今天开始，让时间记录成为我们的右臂！

日清单与时间记录，是我的时间管理的左膀右臂。前一章中大家学到了日清单，本章解锁时间记录。

每当提到“时间管理”，大家可能马上会联想到“利用碎片化时间”“要事第一”等具体的技巧。实际上，要真正发挥这些技巧的功效，必须具备一个重要前提：时间意识。有时间意识的人，才会真的珍惜每一分钟，才会真的希望更高效利用每一分钟，才会真的想尽办法尝试最大化发挥每一分钟的价值。

若没有时间意识，再高明的时间管理技巧都会流于形式。没有时间意识，学习再多的时间管理技巧都是无根之木、空中楼阁。而时间记录是形成时间意识的最好方式。

01 记录 10+ 年的收获

我的本职工作是律师，主要做涉外（日）商事法律业务，我们采用国外律师事务所的收费方式——计时收费。大家在欧美律政类电视剧中可能看到这样的情形：

客户到达会议室后，律师“啪”的一下按下闹钟，开始计时，直到客户结束会议。

现实中，不像电视剧中那样夸张地在会议室摆放一个闹钟，但我们确实是会记录时间的。每个月的月初，律所的财务人员会将上个月内每位律师为某客户所花的所有时间统计出来，乘以小时单价金额，计算得出该客户的当月律师费金额（律师费＝所花时间 × 小时单价），然后寄账单给客户。

例如，我的每小时单价是 1 800 元。就是说，若客户和我打了 10 分钟的电话，便会收到 300 元律师费的账单。

自毕业那天起，我进了律师事务所，便同时开始了时间记录，至今记录了 10+ 年。它带来三个很明显的效果：

（1）我的时间意识很强，对时间特别敏感。准确来讲，对每一分钟都很敏感。因为我们在做时间记录时，是以“分钟”为单位记录的。

（2）我熟知自己每小时能做多少事，每件事通常需要多少时间。

（3）对前两者有了充分认识的基础上，更不断致力于精进精力和时间管理。

之前未做过时间记录的人，很难真正理解这三点背后的意思。讲个我的例子：

有一天我在地铁站，遇到扶梯停运，正在维修保养。这个场景正好可作为讲课的素材放入 PPT 课件里，于是，我便拿出手机拍了一张照（照片如右图）。刚拍完，正准备离开。没想到，一位工作人员拦住了我。他说不允许拍照，想要抢走我的手机，要把手机里的照片删除。

事情发生得很突然，我当时一头雾水，完全没搞懂是什么状况。只下意识地说：“你凭什么不让我拍照，有哪条法律规定不允许我拍照！拍照是我的自由！手机是我的财产！”（这是法律思维）

那位工作人员说：“我们正在保养电梯，你瞎拍什么？你们这些年轻人拍照后，乱传到网上去……”这时，我才注意到，他穿着维修制服，是扶梯维修公司的员工。搞明白状况的我，哭笑不得。对方不依不饶，而且态度很恶劣，一定要我交出手机。我自然不同意。他便说要报警，作势要打 110。

我心里想着："报警我不怕，我相信上海警方完全有能力处理这点小事。"于是，我很认真地告诉对方：**"好，你可以报警！但是，我要正式提醒你，从现在开始，我花费的每一分钟造成的损失，由你来赔偿！"**

说完后，我转念一想："不对，要等警察来，还要花时间向警察说明情况。三五分钟不见得能搞定，指不定要花多长时间呢。**我才不愿意把时间浪费在这样无聊的事情上！**"想到这儿，便不想再理会对方，转身就走。

不知道是哪句话吓到了这位工作人员——猜测可能是"现在开始，我花费每一分钟造成的损失，由你来赔偿！"这句话——总之，那名工作人员没有再阻拦我，我便顺利离开了。

这个例子便是常年时间记录带给我的时间意识，以及我对时间无比珍惜的思维习惯的体现。

我称自己是精时力的"实战派"，与之相对应的便是"学院派"。区别在于实战派的人强调践行，每个细胞都对"时间"都有着强烈的认知，而学院派的人更多的是书本上的技巧，纸上学来终觉浅。

大家想做实战派还是学院派呢？

【学习者实践】

丹平 | 图书编辑：

今天印象最深刻的点是"在时间管理中，最重要的是先有时间意识，时间的意识需要慢慢养成。"经过前面日清单的学习实践，我的时间意识已经加强了很多。

特别感谢崔律为我们带来这么精彩的课程，这个课程像一个杠杆，撬动了我整个工作、生活的改变。

我也坚信，我会在这100天中实现一个初步的蜕变，养成自律的好习惯。加油！

02 名人与时间记录

尽管时间记录有诸多好处，我曾认为它只适合计时收费的工作，不适合普通人。直到我读了两本书，改变了我的想法。

第一本书是《奇特的一生》。近几年时间记录突然“火热”起来，多起源于这本书。书中的主人翁叫作柳比歇夫（本书中我们亲切地称呼其为“柳翁”），他是苏联百科全书式的昆虫学家、哲学家、数学家。一生出版了 70 余部学术著作，从分散分析、生物分类学到昆虫学等。各种各样的论文和专著，在当时，即使以专业作家而论，也是个庞大的数字。简言之，柳翁是一位超级高产的大斜杠。

那么，柳翁是如何做到的呢？他用什么方法做到的呢？俄罗斯作家格拉宁对此非常好奇，遂开始研究柳翁生前的日记和文档，著成《奇特的一生》，介绍了柳翁的时间统计法。

“时间统计法”是柳翁在 26 岁时独创的方法，记录每个事件的花销时间。根据这份时间开销记录，通过统计和分析，以此来消除时间浪费、改进工作方法、计划未来事务，从而提高对时间的利用效率。他不断完善这一统计方法，并一直沿用了 56 年直到逝世。正是得益于这种时间统计法，在柳翁的最后几十年（他 82 岁去世），他的工作精力和思维效率有增无减，这种方法让柳翁获得了成功。

第二本书是被誉为“现代管理之父”的彼得·德鲁克的经典著作《卓有成效的管理者》。在书中，德鲁克先生认为想要实现卓越成效，有五个原则（如下）。这其中，有两个原则是与时间管理有关的，而且居首位的也是关于时间管理。因为他认为，时间是最稀缺的一项资源。

卓有成效管理五原则：

① 掌控时间；

② 对外界贡献；

③ 发挥人的长处；

④ 要事优先；

⑤ 有效决策。

在掌控时间原则之中，德鲁克先生也强烈推荐了时间记录。注意，德鲁克先生的这本著作面世于1966年，当时人们还乘坐着绿皮火车，可以慢悠悠地生活，时间已经不够用。如今快节奏的时代，时间更稀缺。

事实上，尽管时间记录的方法成效显著，却未能引起人们足够的重视。哪怕现在看起来很“热”，也只不过是在“概念”上的流行——人人都在谈论，却没有几个人是能真正长期践行下去的。背后的原因有：

原因一：缺乏正确的记录方法指导，缺少便利的工具。

《奇特的一生》书中揭示了时间记录的伟大结果，却没有揭示记录的过程。很多人在读过该书之后，为之感动，曾尝试过做时间记录。但用电脑来记录的话，太烦琐；用手机App来记录的话，方法不得当。总之，一段时间后，都不了了之了。

记录时间，等于养成一个新习惯。若缺乏指导方法的话，时间记录的短期效果与反馈并不明显，特别容易在习惯养成的初期即告失败。即使渡过初期，日后需要较强的自律才能长年累月的坚持下来。直到它成为我们身体的一部分，这需要很长的时间。

本章中为大家提供了具体的工具和详细的方法。

原因二：很多人不自觉地抗拒时间记录，其实是来自内心的“逃避”，不愿面对、不敢面对真实的时间花销。

如同写日记，如果这一天过得很糟糕，我们自然抵触写日记；反之，如果这一天过得很精彩，我们便会兴致勃勃地去记录下精彩的时刻，想和所有人分享。很多人潜意识里清楚自己每天浪费了太多时间，不愿做记录，不过是不愿面对浪费时间的巨大数字罢了。

鲁迅先生说：“真正的勇士，敢于直面惨淡的人生。”直面现实，正视自己在时间管理中做得不足的地方，这是迈出的第一步。

原因三：人们总是高估自己，过度相信自己的记忆，抱着“即使不记录，我也能知道时间去哪儿”的侥幸心理。

对此，《卓有成效的管理者》书中记载如下：

有些管理者常自诩其记忆力很强，我有时请他们把自己使用时间的过程凭记忆做一下估计，并且写下来。然后，我把他们这份东西暂时保存起来。与此同时，我又请他们随时记录他们实际耗用的时间。几个星期或几个月之后，再把他们原来的估计拿出来，跟他们实际的记录相对照，却发现两者之间相去甚远。

某公司的董事长，十分肯定地对我说他的时间大致分成三个部分：1/3 用于与公司高级管理人员研讨业务；1/3 用于接待重要客户；其余 1/3 则用于参加各种社会活动。但是，等实际记录了六个星期之后，跟他原来的估计比较，结果发现在上述三个方面，他几乎没花什么时间。原来，他所说的三类工作，只不过是他认为“应该”花时间的工作而已。因此他的记忆告诉他已将时间用在这三方面了。六个星期的实际记录，显示他的时间大部分都花在了调度工作上，例如处理他自己认识的顾客的订单，打电话给工厂催货。顾客的订单，本来可以顺利处理的，由于他的干预，反而弄得不能准时交货。这份时间记录是由他的秘书记下来的，当秘书把记录送给他看时，他简直一点儿都不能相信。后来他的秘书又确实地做了几次记录，他才相信自己的估计靠不住，开始相信那份记录的真实性。

有效的管理者知道，如果要管理好自己的时间，首先应该了解自己的时间实际上是怎么耗用的。

大量的研究已表明，我们的记忆是很“不靠谱”的，容易被修改。有时是由于时间久远而出现的遗忘、模糊和偏差。譬如，10 年前的事情我们记得多少，寥寥无几吧；有时是由于我们自己，例如大脑根据我们的内心喜好，擅自对记忆进行了篡改；有时是由于外部因素，例如精明的律师在盘问证人时，通过刻意引导会让证人的记忆与事实出现偏差……

不依靠“记忆”，而是以更客观、更公正的数据，“证明”事实的发生，并如实再现事实——这就是“记录”所起到的巨大作用。

【学习者实践】

荣荣 | 社区项目工作者：

时间记录可以助力讲事实而非感受。

在沟通中不带评价地表达事实，这个对自己来说是一个知道但做不到的知识。时间记录让我看到了实际情况和自己内心以为的情况之间的落差。**有一种“时间记录上的生活是我现在过的生活吗”的错觉**，对我的触动是：不以事实为依据的感受真的不靠谱。

03 时间记录基本原则

大家学精时力，不是为了花拳绣腿，而是真的希望自己有更多的进步。那么，就要一步步稳扎稳打。除了公开授课，我也开设了精时力的一对一咨询顾问服务。作为咨询的第一步，我都会建议他们先做时间记录，据此才能做进一步的分析和改善。**时间记录一定要记起来！**

目前，很多讲师都有介绍时间记录，有很多不同的做法。例如：

- 有人认为，只要以 30 分钟为一个时间块进行记录即可，无须记录每一分钟；
- 有人认为，只需要记录 7 天，能找出浪费的时间都去哪儿即可；
- 有人认为，每隔 3 个月记录一次即可，无须每天记录；
- 有人认为，只要每天晚上睡觉时，凭记忆回顾当日的时间支出，一次性补记录即可……

根据我 10+ 年的时间记录经验，并借鉴柳翁 50+ 年的时间记录经验，我对时间记录所持的观点是：

（1）时间管理初阶者可以按 30 分钟的时间块进行记录，**但最后一定是要按分钟来记录的。**

（2）刚开始学习时间记录的时候，如有遗漏，可以在当天补记录。**但最后一定是要养成随时地及时记录时间的习惯，杜绝补记录。**

（3）**时间记录是一辈子的事。生命不息，记录不止。**并不是只有年轻的时候，只有在忙碌的时候，才需要管理时间。人生的每个阶段都可以活出精彩。

一旦开始做时间记录，它便是我们身体的一部分，见证我们今后发生的一切。

【学习者实践】

张晶 | 全职妈妈：

对自己的每分每秒都记录的话，的确是不敢怠慢时间了，觉得浪费时间都是暴殄天物。

2-2 用 aTimeLogger App 做时间记录

慢下来，一点一滴地记录与进步！

前一节中大家了解了时间记录的必要性。那么，该如何记录呢？相较于用电脑或纸笔记录，用手机 App 更便捷、更高效。本节中解锁时间记录 App 的基础操作。

01 时间记录 App

10 多年前，我开始记录时间时，使用的是最传统的 EXCEL。后来随着 iPhone 4 智能手机的使用，我开始用手机 App 记录时间，使用的第一个时间记录软件便是全英文版的 aTimeLogger。

早期版本的 aTimeLogger 问题比较多。后来，当国内也出现时间记录 App 后，我弃用了 aTimeLogger。兜兜转转尝试了各种国内 App 后，我发现 aTimeLogger 出了中文版，而且性能有了很大的升级。于是，我又回归了 aTimeLogger，并一直使用至今。

截至本书写作之时，**在安卓系统中，aTimeLogger 的名称没有变化。但在苹果系统中，名称已变更为"timetrack"（免费版）**，另有付费版本（注：虽有两个名称，为便于讲解，以下统一称为"aTimeLogger"）。我的一贯主张是新手先用免费版，等养成使用的习惯，并且确定免费版功能不能满足要求后，再使用付费版。所以，本书中的功能介绍均为免费版。

安卓版

苹果版
（免费版）

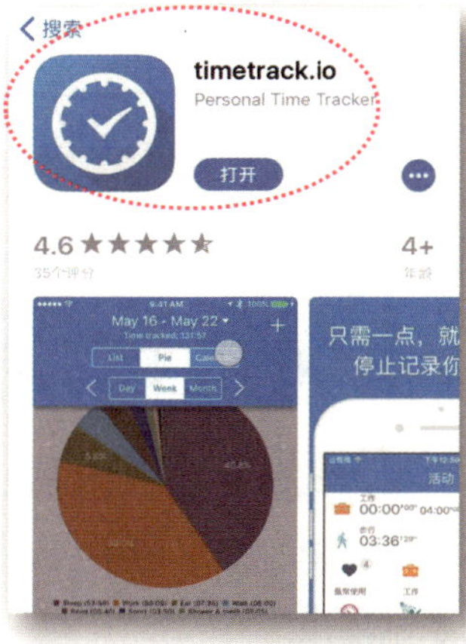

不论是手动记录还是用 App，记录时间都包括三大要点：

（1）设置类别；

（2）计时；

（3）统计与分析。

本章里，以安卓版 aTimeLogger App 为例讲解操作用法。接下来，介绍第一大要点：类别的设置。

【学习者实践】

smj | 科研人员：

手机上预装并尝试了 ATimeLogger，感觉有点计时器的感觉。

今天开会，领导又开始长篇大论，看着时间一点点累加，竟然用了将近半个小时，**真想把手机的截屏发给他，让他看看浪费了大家多少时间，**那样的话我会不会被贬啊，呵呵。看来，我有必要让他听听崔律的精时力课了。

02 aTimeLogger App 基础操作

在手机应用商店中，下载 App 首次进入后，初始界面显示的是系统默认类别。任何一个类别都由名称、颜色和图标三个部分组成。

（1）修改默认类别

以“工作”为例，默认图标是橙色的男士商务包。我们要把它修改成自己喜欢的图标和颜色。

我对工作的认知是蓝色。其次，我的事务所在上海外滩的高层，黄浦江两岸高楼林立。于是，我选择一个有数栋大楼的图标代表“工作”。具体操作如下：

（提醒：第 1 步是点击首行第三个按钮“类别”，在这里修改和添加类别。）

【小贴士】

关于图标，安卓版有分组，苹果 IOS 版有搜索功能，都可以助我们快速找到心仪的图标（见下页图示）。

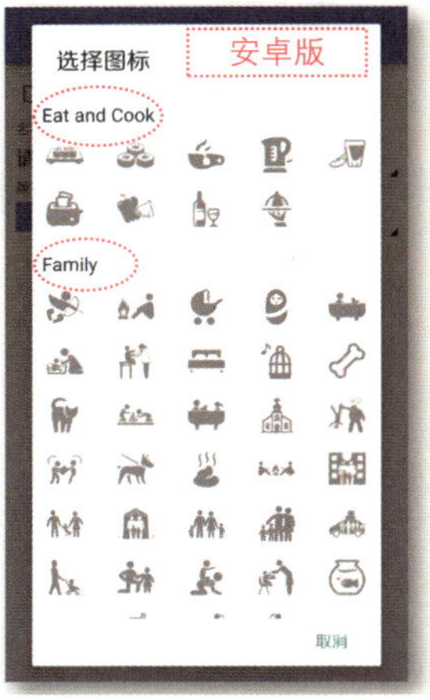

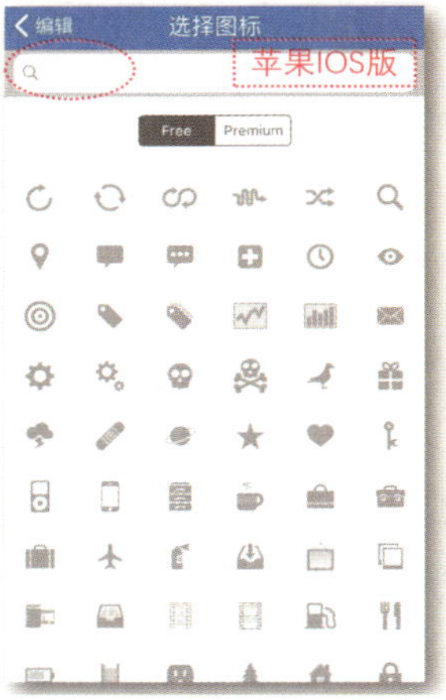

我建议大家刚开始设置时，可以花一点时间去选择喜欢的图标和颜色。为什么呢？

想想看，时间记录是需要长期坚持的事，日后它会每时每刻陪伴我们。哪怕现在花 5 分钟时间才找到自己心仪的图标和颜色，也是值得的。因为单看 5 分钟的时间很长，可假如“工作”这个类别我们要用 20 年的话，平均下来每年分摊才 15 秒，是不是很合算呢？

时间记录在初期确实有些单调，我们更要苦中作乐，寻找些乐趣。大家可以把 App 想象成自己养的一只小宠物，当我们在这个 App 里花了心思和时间之后，会对它产生感情，就不会觉得时间记录枯燥无趣了。

另外，无须占用大块的时间，只要用碎片化时间即可，比如在通勤路上，调整图标和颜色即可。切忌追求快、追求完美，一步到位。我们可以用几天的时间，慢慢地把它设置完毕。

【小贴士】

小伙伴问“日清单中的绿色表示放松，我在日清单中用绿色表示睡眠。那么是否可以把 aTimeLogger App 中的睡眠也用绿色表示呢？”

回答是：可以。颜色的喜好，因人而异。有人喜欢用黑色，有人喜欢用绿色，完全 OK。但有一个基本原则，日清单和时间记录的用色规则请保持一致，避免出现认知冲突。

（2）添加新类别

尽管有默认类别，但大家一定还想添加自己的新类别。

下图以添加一个名为“讲课”的新类别为例，说明操作步骤：

（3）调整类别顺序

在“类别”栏目中，长按某个类别，可上下拖动，调整顺序。调整的目的是把近似的类别放到一起。或者，把常用的类别、重要的类别放在前面等。可以根据自己的喜好，自由设置。设置完成后，可点击第一个按钮“活动”，查看最终的显示情况。

（4）设置“群组”：大类＋小类

当设置完类别之后，会发现有些类别很相近，可以合并成一个更大的类别。合并用到的功能是“群组”。下图以添加一个名为“日常”的新群组为例，说明操作步骤：

（提醒：只能新设群组，不能将已有类别修改成群组。）

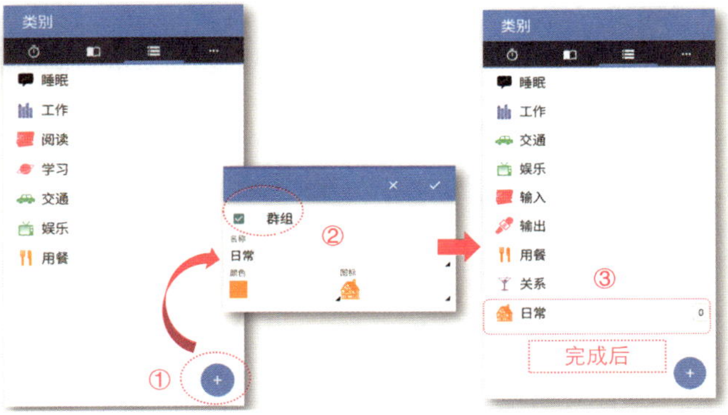

设置完新的群组后，可以把相近的类别纳入该群组之内。

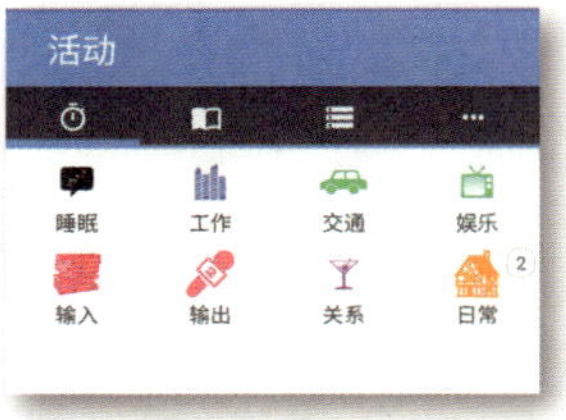

为便于区分，我将出现在“活动”首页的类别叫作“大类”，大类里包含的类别叫作“小类”（链接：大类如同日清单中的项目，小类如同日清单中的任务）。例如，右图中共有 8 个大类。

至此，aTimeLogger App 中类别设置的操作步骤已全部讲完。

03 合理设置类别

如同日清单，App 的操作本身不难，难点在于如何做到“合理地”设置类别。

（1）类别数量要恰当

实践中，有的小伙伴把类别设置的很细化。例如，从早晨醒来到出门前的这段时间，设置了“洗漱”“做饭”“吃早餐”“化妆”“换衣服”等数十个类别，甚至设置了“洗手间”这样的小类，导致需要频繁记录。而且，由于类别过多，导致在记录时不能马上找到相应的类别。时间一久自然就坚持不下去了。

也有的小伙伴把类别设置的过于粗糙，例如，只设置了“工作”“学习”“睡眠”“生活”……几个类别。一天记录下来，只见“睡眠 8 小时，工作 8 小时，生活 6 小时，学习 2 小时”。这样的记录太粗，难以进一步统计和分析。

我建议大家在“活动”首页显示的类别不要超过 3 行。每行是 4 个，即不要超过 12 大类。每个大类中不要超过 6 个小类。即不要超过“12 大类 ×6 小类”。

如果大家和我一样是斜杠青年的话，所用类别可能会超出上述范围。建议，刚开始时采用上述规则。随着时间记录的熟练，日后再逐渐增加类别。

（2）结合年度关键词设置类别

请回顾年初定下的计划，大家打算今年在哪些领域实现哪些目标呢？这些领域和目标便可以作为大类。常见的领域有：工作、家庭、个人成长、休闲娱乐等。常见的目标有：通过某个考试，完成某个项目，出版某本书籍等。

为什么要这样做呢？因为**我们的关注在哪里，我们的时间就会花在哪里。反之也成立，看我们的时间实际上花在哪里，就知道我们的关注在哪里。**举个例子，如果有人说自己很重视家庭，但是每周在“家庭”类别中所花时间只有 1 小时，显然是口不对心。

通过对年度关键词的时间记录与检视，便于我们把握时间的去处，并及时调整。

【学习者实践】

丹平 | 图书编辑：

在根据崔律的人生金字塔模型关键字修改 aTimeLogger 上的类别时，发现自己在家庭方面的类别较少，只有 1 个，于是增加了家庭休闲、出游这一项，也是提醒自己要多注意家庭关系，适当增加投入的时间，不能只关注自己。

回想自己过去制定的目标，几乎都是个人成长方面的，忽略了事业、家庭关系等其他维度。今后要把这两块儿慢慢补充起来。

（3）结合统计的目的，调整类别

比如，对于近期想重点监测的类别，可以从小类升级为大类（即转移到“活动”首页），以示引起提醒注意。例如，本月里，出版写作是我最重要的事，我便把它从小类升级到大类（见右图），提醒自己每天要在出版写作上多花时间。再例如，有的小伙伴为了减少刷手机的时间浪费，则可以会把“刷手机”单独升级为大类。

【学习者实践】

周颖 | 公务员：

今天命名学习的时候，觉得“学习”这个词没有成长有鼓励性，于是把学习类别改成了“学习成长”，受此启发，把原先两个字的词都改成了四个字，更有动力、更有感性色彩。比如：工作—工作进步；学习—学习成长；家庭—家庭温馨；锻炼—锻炼健康；关系—关系温暖；日常—日常平静；娱乐—娱乐放松；修复—修复能量；理财—理财基础。

原先在记录日常的时间，总会感觉很烦躁，想着洗漱、交通这些怎么浪费了这么多时间，今天记录的时候看到日常平静，真的整个人都感到很平静。

（4）设置兜底小类

时间记录是对全天 24 小时、全年 365 天的记录，因此要求我们设置的类别必须能覆盖生活中出现的全部事件。

生活中有些偶尔才发生的，比如“看病”，我们可能一年也去不了一次医院。这样的事无须单独列类别，只要在“生活”中设置一个兜底类别，诸如“偶发”便足够了。

【小讲堂】兜底条款

“兜底类别”来自于法律中的“兜底条款”。即，制定法律或起草合同的时候，将已有条款没有包括的，或者难以包括的，或者目前预测不到的，都包括在这个条款中。举个例子：

《中华人民共和国合同法》

第四十二条【缔约过失】当事人在订立合同过程中有下列情形之一，给对方造成损失的，应当承担损害赔偿责任：

（一）假借订立合同，恶意进行磋商；

（二）故意隐瞒与订立合同有关的重要事实或者提供虚假情况；

（三）有其他违背诚实信用原则的行为。

上述第（三）款的“其他”就是一个“兜底条款”。如果一个情形既不属于第（一）款，也不属于第（二）款，那么就可以落入第（三）款的情形。

【学习者实践】

奕潼 smile | 钢琴老师：

增加了英语打卡项目。原本是打算把英语打卡和学习放在一起的，但是听完课觉得自己 2018 年的目标可以单独列出来，这样就能更清楚自己花了多少时间在这个目标上，更有针对性。

郭郭 | 会计：

听完课后，再一次思考本年度自己的生活工作重心，将“学习”更改为“自我提升”并设为大类，把“阅读”“听微课”“专业知识”作为小类加入其中，以细化记录学习用时；设置“日常生活”为大类，将“吃饭”“睡觉”“家务”三小类放入其中，以保持主界面的简洁明了。

在调整大类、小类的过程中，不断地在思考自己今年的生活工作重心在哪里？**我想让自己变得更好，想通过学习来实现自我提升，因此按学习形式及内容做了细分，以便统计时间。**

Fanny | 互联网广告工作者：

周日将接下来一周的日清单安排好，为每天的早餐、晚餐、琐碎的事情、上班、运动、读书、学习等均安排了相应的时间。接下来，正好借助 aTimeLogger 来做记录，检验安排的合理性，并做调整。

2-3 随时随地记录

时间记录是“米”，请广积“粮”！

前一节中大家学到了时间记录的第一大要点：设置统计的类别。本节中解锁时间记录的第二大要点：计时，即记录时间。有人主张每天晚上睡觉前补记一天的时间去向，那么那份时间记录几乎就失效了。所以，我们要为计时加上个定语：“及时计时（记录）”。

01 计时操作

任何一件事所花的时间包括两个点：开始时间点和结束时间点。

于是，便有两种计时方法：

（1）在所有任务的开始时记录。因为，后一个任务的开始时间点便是前一个任务的结束时间点。以下页左图为例，记录的时间点分别是 10:20、12:20、13:20……

（2）在所有新任务的结束时记录。因为，前一个任务的结束时间点便是后一个任务的开始时间点。以下页左图为例，记录的时间点分别是 12:20、13:20、13:50……

因此，在 aTimeLogger App 中便有两种操作方法。以左图中“备课”为例，说明如下：

（1）开始时计时的做法

在启动“备课”这项任务之际，从“活动”栏中找到“备课”类别（下图中，“备课”属于“分享”大类之下的小类）。然后点击“备课”，即出现“计时”的显示。待当前任务结束后，点击“■”（结束）按钮，结束计时。

在活动开始时计时

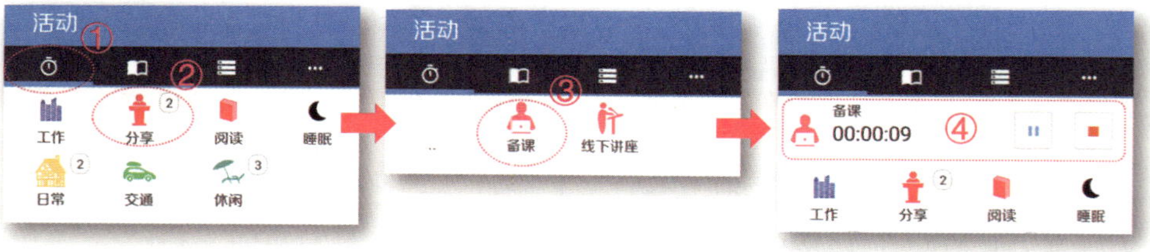

（2）结束时计时的做法

与上述做法相反，不是在任务启动时，而是在任务结束的时候，才在 App 中添加记录。步骤是：点击主菜单的第 2 个按钮（类似一本打开书籍的图标），选择右下角的“+”按钮，即可添加新记录。提示：系统默认的开始时间是前一条记录的结束时间。

在活动结束时计时

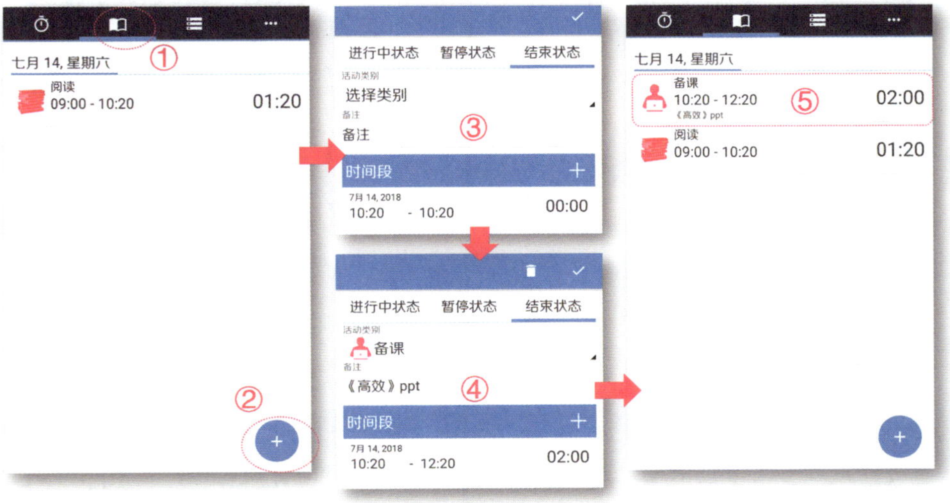

这两种做法各有优势，大家可自行选择。

【小讲堂】时间记录的备注与修改

在每条时间记录中，都有“备注”一栏。我们可以把这段时间的关键词，写在“备注”栏中，这对后期统计非常关键。例如：9:00~10:00，**属于“工作”大类中的“业务”小类，备注可写“制作 A 报告”。**如果不写备注，一周 / 一月后可能完全想不起来那段时间我们到底做了什么业务。

若选择在开始时计时的话，那么在“设置”中勾选“在开始活动前评论”。这样，每次开启新活动时，会弹出备注栏。例如，我开启“阅读”任务时，会弹出界面如下页图。反之，若选择在结束时计时的话，那么在“设置”中勾选“在活动结束时评论”。原理相同。

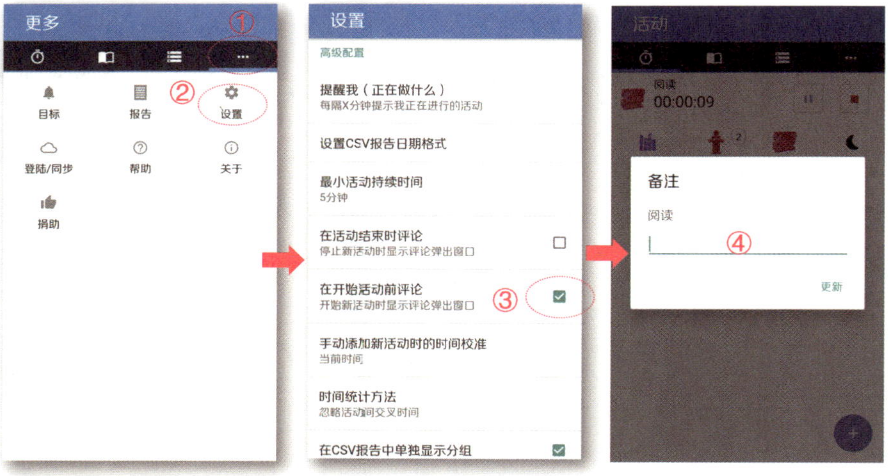

另外，万一某条记录忘记开始或结束，导致记录时间有误的话，在 App 中是可以修改的。下面以修改“备课”的结束时间为例，下图做法 1 是点击“+/-”，出现加减 1 分钟或 5 分钟按钮；做法 2 是点击时间，出现时钟样式，拖动时钟指针。两种做法任选。

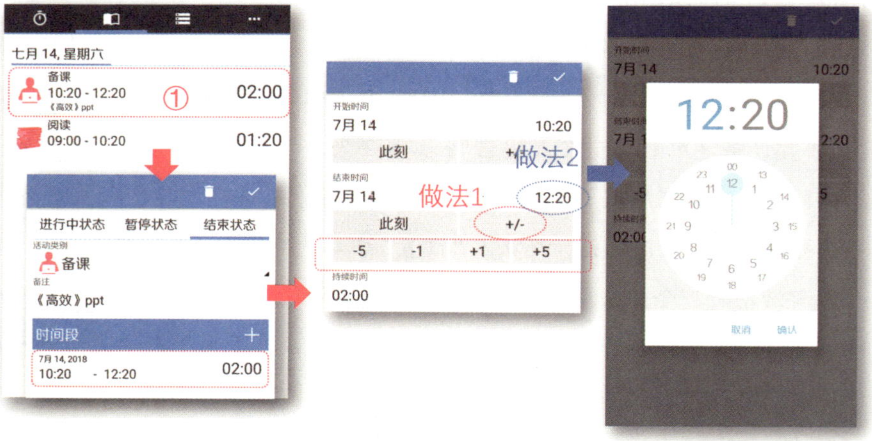

要注意，尽管可以修改，但当下及时修改是最便捷的。若中间隔了几条时间记录，或者修改几天前的记录的话，会有些麻烦。因此，还是要遵守记录的规则：**及时记录是原则，时间修改只是例外和补充。**

【学习者实践】

Annie | 保险经纪人：

认识时间和精力需要仪式感，只有在心里把它当回事，才能真正和时间做朋友，**你不负时间，时间便不会负你。**

以为的和实际发生的总会有偏差，就像总以为自己很忙很累是因为工作时间过长一样，实际统计出来的时间占比中，工作时间并不是最大的那块。所以要用数据和事实说话，才能做出客观分析，而不是感觉，感觉这事，的确常常不靠谱。

当自己要去做一件事情的时候，就要赋予这件事情以意义，触动自己，才能从心里愿意，持久坚持下去。

02 记满每天 24 小时

（1）记满 24 小时

时间记录只要记录工作时间就好？还是只记录清醒时间？还是要记满一天 24 小时呢？

当我们在提出这个的时候，其实等于在问“我们想改善哪些时间？”或者说“我们的时间管理是想管理哪些时间？”

我认为，大家之所以学习精时力，是需要改善全天 24 小时的每一分钟。本书前文已述，工作时间、业余时间乃至睡眠时间是平等的，都是我们人生的一部分，都值得我们珍惜、高效利用。不但如此，在这个“工作不再是自我实现的唯一方式”的时代，注重下班后的时间，对年轻人而言更为重要。

所以，记录全天 24 小时，是必不可少的。没有人例外，即使是全职宝妈。用手机 App 记录时间的便利之处在于手机随身携带，物理条件上完全可以做到记满全天 24 小时。

【小贴士】

日清单 VS 时间记录

日清单是我们对一天之中清醒时间（早晨醒来至晚上入睡前）的规划，所以，只要将清醒时间规划满即可。时间记录是我们一天 24 小时时间的完美呈现，所以，要如影随形地随时记录，记满 24 小时。

（2）最常见问题：漏记

随时随地地做记录，说起来轻松，做起来难。因为它要求我们养成一种新的行为习惯。

举我的经历。尽管因工作刚性需要，我必须要记录时间。但在初期也有遗漏记录的情况。为什么呢？因为有时太忙了，邮件一封接一封，任务一件接一件，像个陀螺不停地转，就顾不上记录了。

好在，我们有个截止时间——月底。每个自然月结束后，财务人员便会来催时间记录。俗话说，出来混总是要还的，遗漏的时间总是需要补的。于是，到月底，就会出现疯狂地查阅电子邮件、通话记录、会议记录等来补记录的情况。

但是，这种补记录的做法除了要额外花费时间以外，还有一个不利地方在于：所有补记出来的时间总是远远少于实际支出的时间。比如，某一周明明特别忙，每天工作 10 多个小时，但是补出来的记录却只有 6 小时。为什么？因为能补记的时间都是有“痕迹”可查询的，而很多工作是“无痕迹”的。例如，客户打我手机是有通话记录的，客户打座机却是无通话记录的。若每个电话 15 分钟，一天漏记 10 个电话，等于漏记 150 分钟（2.5 小时）。还有很多查阅资料、讨论等时间，这些都很难被回想起来。

记录的时间少了意味着什么呢？对，意味着向客户请求的账单金额少了。所以，经历过几次因为太忙而没有及时记录时间的“惨剧”后，我便下定决心，必须随时记录，必须要杜绝补记。

其实，在养成习惯后，时间记录像呼吸一样自然，处在自动驾驶的状态，不会再有漏记的情况发生了。但不瞒大家，据我所知，许多计时收费的律师们虽已记录数年，仍有补记的情况发生。时间记录不易但也不难，端看我们对自己的要求。

初学者难免有漏记的情况，我的建议是：

（1）每天三次检查：中午吃午饭前，检查上午的记录情况；傍晚下班前，检查下午的记录情况；晚上睡觉前，检查晚上的记录情况。若发现遗漏，趁记忆新鲜，及时补记。注意，刚开始的时候，可以每天三次确认与补记，但不能每天只在晚上睡前补记和确认。因为那样的话，99% 的时间都是不准确的。

（2）新增一个名称为"漏记"的小项。如果发现遗漏记录，但又实在想不起来那段时间做什么了的话，那么就归入"漏记"。这样，一周、一个月下来，我们知道自己漏记了多少，有助于提醒自己及时记录。

（3）每当开始日清单上的任务时，同时开启时间记录；或者，在给日清单打钩任务时，记录刚结束任务的花费时间。

（4）给自己建立激励系统。例如，可以在网上购买 1 张"100 天倒计时日历"，贴在墙上提醒自己。对于每天无遗漏的、每周无遗漏的、每月无遗漏的，设置不同的奖励。

切记：一旦发生漏记，那么这段时间便失去了统计和分析的价值，实际上等于被浪费了，后一节详述。

【学习者实践】

佩璇 | 绘本馆馆长：

还是忍不住会被微信吸引，所以我把 aTimeLogger 和微信的位置互换了下，于是现在习惯性去点击 aTimeLogger，哈哈。

翻翻 | 全职妈妈：

在学日清单的时候，把朋友圈个人封面换成先看日清单的醒目提醒，起到显著作用。

现在把 aTimeLogger 图标放到高效 Todo 图标旁边，同时设置电脑桌面和手机桌面的打字提醒"记录你的时间"。

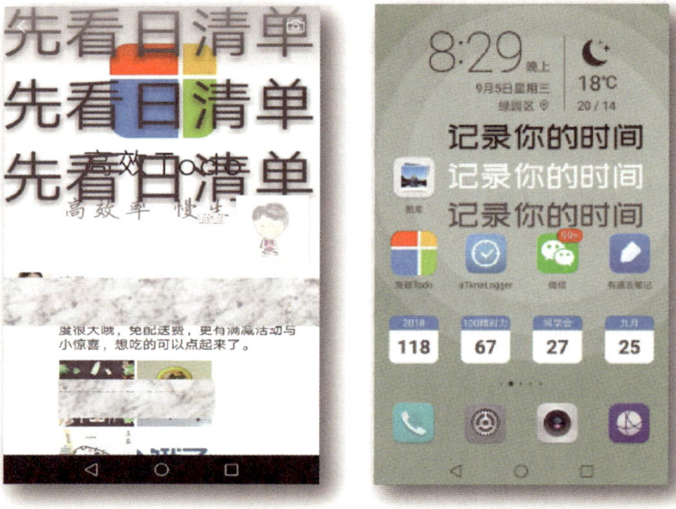

03 一次只记一件事

在时间记录中，有个困扰大家的经典问题：**在上班路上听课，这段时间该计入“交通”还是计入“学习”呢？**

我做了调查问卷。有的小伙伴说计入“交通”，有的小伙伴说计入“学习”，有的小伙伴说计入“交通 + 学习”，还有的小伙伴说同时计入两个项目（在 aTimeLogger App 中允许同时记录）。

对于这个问题，首先，它没有标准答案，大家根据自己的情况自行决定即可。其次，我建议只计入一个类别，而不要同时计入两个类别。最后，关于如何选择类别，我个人的思路与建议如下：

请依次回答这些问题（单选题）：

问题 1：假如我们设置了“用餐”和“看剧”两个类别。通常，在吃饭的时候看电视剧。请问，吃饭的时间是记入“用餐”还是“看剧”？

大部分人回答：用餐。

问题 2：假如我们设置了“用餐”和“朋友”两个类别。那么，约朋友吃晚餐，这时记入哪个类别？

大部分人回答：朋友。

显然，上述问题都是在同一时间内做两件事的情形，大家的回答都是选择了更偏重的那件事。

以此类推，当同时做两件或更多事的时候，我们可以问自己：这段时间我做了什么？我的重心在哪件事？效果如何？

所以，按这个逻辑，对于问题 3：在上班路上听课，这段时间该计入“交通”还是计入“学习”呢？

首先问自己：“这段时间我做了什么？”

回答：交通和学习。

接着问：“我的重心在哪件事？效果如何？”

如果我们回答：重心在听课。如果你有底气地说“听课的效果很好”的话，那么可计入“学习”。反之，若我们没有底气说“听课的效果很好”的话，就计入“交通”。

通过前面的三个问题，大家或许已经发现了：“交通 or 学习”的问题明明和前两个问题很近似，但在回答前两个问题的时候，我们会毫不犹豫地回答。但回答问题 3 的时候却百般纠结。为什么呢？

因为我们内心里是想把这段时间计入“学习”的。这样让我们感觉自己“学习”了很多时间，很努力的样子。而实际上，不考虑效果只看时间长短的学习，只是“自我安慰”。

尽管我也会路上（如飞机上）看书或思考，但我个人的习惯是记入“交通”。原因是：一方面，我想知道自己一年中有多少时间用在交通上，以便更高效规划利用交通时间。另一方面，我不需要用很多的“学习时间”安慰自己。我自己一年读了多少书，学习了多少，成长了多少，自己心中有数，也能理性对待。

【小讲堂】时间记录的“潜规则”

很多人读过《奇特的一生》，但粗略估计能养成时间记录的习惯的人远低于1%。除了这件事需要坚持外，更重要的原因是人们没有发现，成功的时间记录中隐含着一个重大前提：一次只做一件事（详见本书第4-2节）。

举个例子，上午3小时工作时间，如果是一边制作A项目文件，一边在微信线上回复B项目、C项目以及公司内部其他联络信息的人，该如何记录呢？大家会很纠结吧。

反之，如果先用2小时处理A项目文件，然后用1小时集中回复信息。那么，至少记录A项目的时间是准确的。关于微信回复时间，另议。

所以，刚开始时间记录不完整是正常的，因为大家的时间利用技能还有待改善。随着本书的学习和实践，相信大家的时间记录会越来越完善。

【学习者实践】

孙颖 | IT技术工程师：

今天从上班开始记录时间，以前总觉得自己做的事情很琐碎，全部记录的话，太浪费时间了。今天通过实践才发现，原来并不是自己做的事情本身琐碎，而是自己的一些坏毛病让自己的时间变得碎片化。今天早上到单位先用半小时的时间，规划了一下最近的工作，在按下记录时间的按钮的那一刻，看到时间开始流逝，我便有意识地提醒自己：现在是做×××事情的时间，在想去做其他事情时，大脑便会发出这样的信号，做时间记录，更好的帮助自己意识到时间，这样也在无形中提升了自己的效率。

2-4 时间统计的威力

不要为了记录而记录，记录只是手段！

前一节中大家学到了计时（记录）的操作步骤。有小伙伴说，自己也曾经尝试过时间记录，最后放弃的原因是“不知道时间记录有什么用”。人们在时间记录中，常常陷入“手段目的化”的误区，为了记录而记录。要注意，“记录”只是手段，不是最终目的。本节解锁时间记录的第三大要点：统计和分析。记录时间是为了统计时间，统计时间为了做检视和分析。分析是为了改善和优化，优化是为了让时间利用的更高效。更高效地时间利用是为了让我们获得更多的成长与成功，过幸福的生活。

【小讲堂】手段目的化

举个例子，某君为了提升工作中的沟通能力，决定每周读一本沟通的书。这件事中，目的是“提升沟通能力”，手段是“读书”。

结果，某君在实践了一段时间后，发现因为没有好的读书方法，做不到。正好看到网上有人“每天读 1 本书”，于是，开始四处寻找读书方法，要求自己也要做到“每天读 1 本书”。这时，某君便陷入为了读书而读书的误区，忘却了他的目的——提升沟通能力。

人们在学习精力和时间管理过程中，经常容易出现为了学而学的状况，忘记初衷，造成本末倒置的现象。在学习和使用本书中的方法和工具时，经常问自己一句：我之所以这样做的目的是什么？

01 统计时间

记录是过程，统计是结果。记录是米，统计是饭。如果不记录，再巧的人也难为无米之炊。

aTimeLogger App 中可以随时自动统计，无须像柳翁那样一笔笔人工统计，这是 App 做时间记录的便利之处。点击 App 任务栏第 2 个按钮，默认显示的是“活动历史清单”。点击左上角，在新对话框中选择“饼图界面”，即可出现时间分配的饼图显示，如下图左。（建议 APP 操作：设置→饼图界面→只看群组）

再点击顶端的日期，出现“日、周、月”等选择项，即可选择想要统计的时间单位，如中间图。

下面的饼状图是我在 7 月 14 日这一天的时间支出与统计情况（下图右是活动清单）。

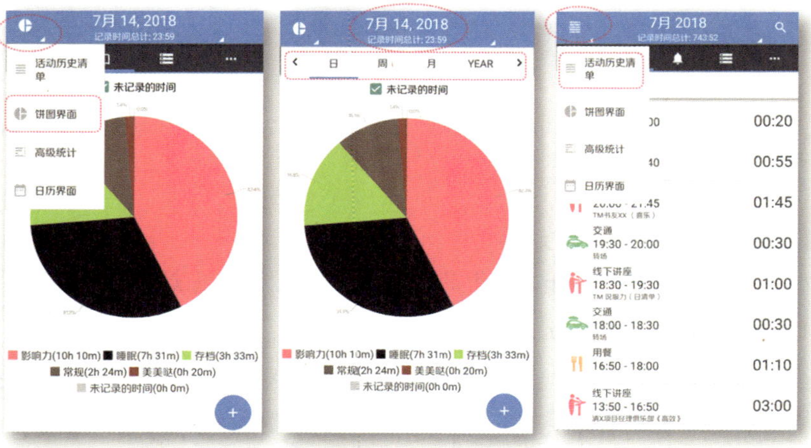

App 中记录的数据可以导出保存。我们可以选择按日、按周、按月、按年或按任意期间，导出全部类别或部分类别的数据。下图是导出 2018 年 7 月 9 日至 15 日这一周时间的操作步骤：

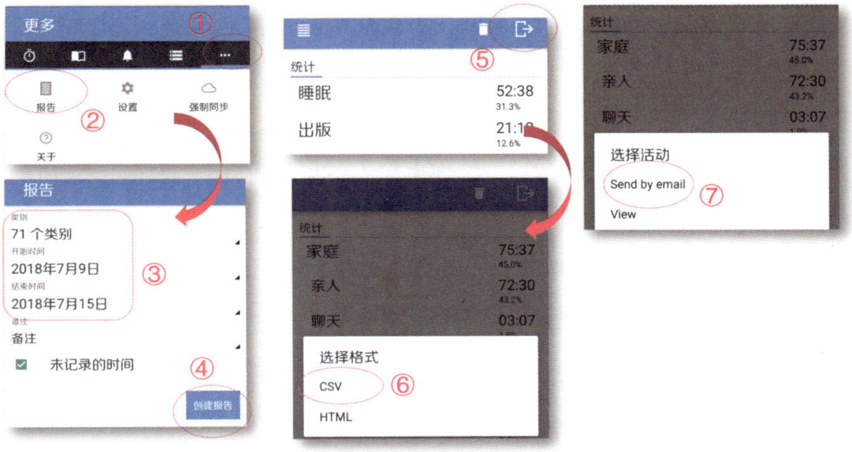

基于统计得出的时间数据，有两大用法：优化时间分配和助力日清单。详见下文。

【学习者实践】

丹平 | 图书编辑：

时间记录是有温度的，有色彩的，不光有工作事业、学习成长，还有休闲娱乐。因为没有做记录和统计，做过的事情大多都忘记了，或者只剩模糊的记忆，感觉自己这二十多年好像白活了，过得稀里糊涂的，过去做过的事、经历过的美好都一片空白，想想好遗憾啊。庆幸的是，学习了崔律的课程，才有了记录和统计的意识。今后要一点点做好记录，不再让过去成为遗失的美好。

匿名敏：

我收获最大的两个点：一是通过时间记录来消除时间黑洞，二是记录幸福，这不仅是对于生活习惯的改变，更可以增进与周围人的关系，赞。记录幸福，让我意识到平时感觉平淡的婚姻生活原来很甜蜜。

02 优化时间分配

面对统计得出的数据，大家会很惊讶地发现，和本章第 1 节德鲁克先生在《卓有成效的管理者》中记载的高管一样，时间记录完全颠覆了你的认知——原以为花了很多时间的类别（例如工作），其实并没有花那么多时间；原以为没花很多时间的类别（例如刷手机），实际上所花的时间高到不忍直视！真是“不统计不知道，统计后吓一跳”。

请想象下，假如我现在给你看一份你上个月的时间账单。当你打开后，上面用红色大字写着：2018 年 7 月浪费共 140 小时。明细是：工作日每天 2 小时 ×22 天 + 周末每天 12 小时 ×8 天 = 140 小时。按照一天 8 小时算的话，相当于浪费了 17.5 个工作日。请问，你还能坐的住吗？还能很淡定吗？

再对比下没看到账单的前一分钟，当时你淡定吗？淡定，因为那时并不知道真相，准确说，没有看到真相。只有当数据摆在面前时，人们才会付诸行动去改变。

时间记录便是“真相”！根据时间统计出的真相，我们要做的是：减少不必要的时间黑洞，增加必要的有价值时间。

我习惯按“日”显示饼状图，每次在任务结束后计时（即点击右下角的“+”号）。这样可以实时观察自己在每个类别中所支出的时间及占比。如发现某个类别（例如“浪费”）的时间多了，可及时停止。如发现某个类别（例如“阅读”）的时间不够，可及时增加。

【学习者实践】

Aileen | 质量管理工程师：

统计、导出上周的时间记录，发现一个现象，占时间比较多的分别是日常生活、事业发展、个人成长；家庭温馨类别的支出每天平均 30 分钟，所以孩子跟我说陪她时间太少讲的是事实而非感受；其他分类还有一些时间可以做优化、一些不明确的分类可以做调整。这些问题，通过观察时间记录统计，更具有说服力。

（1）减少不必要的时间黑洞

若在百度中搜索“黑洞”，会形象地出现一个黑色的洞口，吞噬掉桌面上的内容。时间黑洞，便是被我们“吃”掉（浪费）的时间。通过时间记录和时间统计，首先要减少或消除时间黑洞，有三种做法：

做法 1：前文已述，通过时间饼图的显示，我们可以**随时随地的减少当下正在浪费或计划浪费的时间**。例如，立即停止或减少刷手机。

做法 2：通过时间统计，可以**轻松发现造成时间黑洞的习惯，并做出改善行动**。例如，统计发现平均每天浪费的时间竟长达 4 小时，其中刷手机 2 小时，磨蹭、看剧 2 小时。那么，很显然我们必须得采取相应地措施和行动了。统计发现，自己喜欢在晚饭后刷手机，而且一刷就是 1~2 小时。那么就把晚饭后这段时间安排其他事情。即使不安排学习，哪怕是每天和 1 个微信好友聊聊天，也能增进关系，是件有意义的事。一点点地减少时间浪费，慢慢地晚饭后时间就能做更多的事了。

做法 3：前面两种做法消除的都是表层的显而易见的时间黑洞，通过对时间的进一步深挖，可以**消除隐藏在深层的低效时间**。让我们在时间长度不变的情况下，提升单位时间的利用率。

举我的例子：

经统计，在某个月里，工作日中的时间分配是：

（1）睡觉：6 小时（夜间）+0.5 小时（白天）；

（2）工作：8 小时；

（3）精时力早课：2 小时（备课）+0.5 小时（讲课）；

（4）晚饭后码字：2 小时（拆书帮事务、PPT、线上课等）；

（5）三餐：2.5 小时；

（6）通勤：1.5 小时；

（7）休闲：1 小时；

合计：24 小时。

由于常年的时间管理，我每天的时间分配已较为合理，初步看下来没有明显地时间浪费。可是，由于增加了出版写作的新任务，我想进一步优化时间。那么，怎么办呢？

首先，这7小项中最有可能优化的是休闲1小时。我的作息习惯是晚上22:00关电脑、关手机，然后洗漱，床上看会iPad，23:00睡觉。这1小时有点浪费，我尝试过短缩。然而，因为22:00关机前要么备课，要么讲课，或者处理管理事务，大脑处于活跃状态，很难在关机后立马入睡，需要一些时间才能平静下来，所以这块时间只好做休闲时间。当然，后来学习了关爱自己与睡眠相关内容以后，对这段时间就释然了，后文详述。

其次，有可能优化的是通勤时间。单程45分钟，来回共计1.5小时。目前主要是地铁通勤，那么，有没有时间更短的通勤方式呢？例如，坐出租车。经测试发现，乘出租车时间和乘地铁时间差不多。而且，因为打车有很大的不确定性。比如，我在打车App中叫车，有的司机要花10分钟才能到达；有时路上堵车，所花时间反而比地铁更长。另一方面，乘地铁非常准时，而且我乘坐的地铁线路是观光线路，站台布置的漂亮，我选择的又是错峰出行，车厢空旷，每次都可以有位置坐。综合比较下来，通勤时，坐地铁胜于坐出租车。

那么，地铁通勤时间可否再优化利用呢？以单程去事务所的45分钟[A]为例，地铁出行时间的分解如下：

- 从家步行到地铁站5分钟；
- 乘上地铁5分钟；
- 地铁通行时间15分钟；
- 出站5分钟；
- 步行到事务所5分钟；
- 到达事务所后，洗茶杯、开机等事务时间10分钟。

经分解发现，这45分钟通勤时间中，大部分都在步行、进出站，时间难以再利用。可用的是地铁中的15分钟，我用来刷日清单。如此，通勤时间的利用效率也很难再提高。

A 真实的通勤时间总共在35分钟，为便于说明，本文按45分钟进行分解。

那只剩一个办法了：不通勤。于是，在没有会议日程、并非必须去事务所之事的日子里，我便在家里工作，目的就是为了节省下往返的1.5小时——幸好作为合伙人是不用坐班打卡的。当然，在家工作有个很重要的前提：在家也能高效，完全不亚于在事务所的工作效率。否则得不偿失（后文有详述）。

最后，还有可能优化的是三餐2.5小时。这段时间，我也尝试过优化。但这段时间里包括了休息时间。例如，即使中午可以40分钟内用完饭，但不便马上工作，最好休息20分钟。因此，三餐时间也很难优化成做正事。于是，再换一个思路，我把这段时间的休息功效进一步扩大化，比如饭后散步、听音乐，更好地恢复精力。

时间的精进永不止步。经过不断的优化和改善，我们每天的时间中浪费的部分、低效的部分会越来越少。这便是以“记录的时间数据”为事实依据的统计与优化。

【学习者实践】

冬夜读书 yhy | 教师：

发现我的时间黑洞在如何更好优化工作时间。经过统计发现自己大部分清醒的时间都在工作上，而工作被杂事占据太多时间。急需优化。从明天开始尝试优化。

（2）增加必要的有价值时间

从时间记录的统计中，可以看出时间投入不足的领域、事件或人。尤其是那些我们感觉上以为自己投入了很多时间，却常常被事实和数据“打脸”。

例如，我们认为家人很重要，但一周下来，平均每天陪伴家人的时间不到1小时。我们认为成长很重要，但一周下来，除了交通路上听听课，我们也没多少时间真正在学习。当然，我们可能有各种“客观”原因，例如加班、工作忙。可是，某件事或某个人对我们很重要，不是挂在口头上的，而是要看行动的。我们不是没有时间，而是没有把时间花在这些重要的事和重要的人身上。

【学习者实践】

匿名×：

触目惊心！！！

曾以为自己睡眠时间已经很少了，以为休闲时间也就一般般，以为工作时间已经尽最大可能提升了……可看了自己一周以来的统计报告，发现自己的睡眠时间和休闲娱乐排在前列，而工作及科研时间远远排列在尾巴处。

03 助力日清单

大家知道自己做一件事需要多长时间吗？例如，写一篇日更文章需要多长时间？写一份工作月报或者起草一份项目方案书，需要多长时间？我基本掌握了自己所做的每一件事所需的时长，例如：

- 从家去机场的路途时间：早晨打车 25 分钟，其他时候约 60 分钟，地铁约 60 分钟；
- 从家去图书馆的路途时间：地铁 40 分钟；
- 写一篇简书文章：60-90 分钟；
- 晚餐时间：70 分钟；
- 洗漱、化妆、换衣服，出门前的准备时间：25 分钟；
- 精时力早课的备课：2 小时；
- ……

那么，知道了这些时长之后有什么用途呢？

（1）做出更高效的日清单

在日清单章第 1-7 节中阐述过，对每项任务的预估时长越准确，越能制作出一份能最大化发挥我们潜能的日清单。以右图日清单为例，若各项任务的实际花费时间情况与计划基本一致，不滞后、不提前，能 100% 完成的话，便是最棒的日清单。

我基本能日事日清，离不开我对自己各项任务时长的把握。举个例子，我的精时力早课，每天在早晨 7:00，直播讲 30 分钟。前期备课需要 2 小时，包括做 PPT、选作业上墙等。所以，我在早晨 5:00 起床。至今，已成功践行了 1 年多。

再举个例子，我时常在晚上 21:00 前后，安排一篇简书文章的写作，基本都能如期完成。正是这样的执行力习惯，让我忙而不乱，给我一个信念：**只要任务能安排进日清单，则基本都能完成。**

当然，有的任务也会出现例外。比如，本书的出版写作，所花的时间比我预估的要长得多。因为原计划写 15 万字，实际上初稿写了近 40 万字。后来多次删减。

（2）更合理的接任务

了解自己每个任务所需的平均时长后，不仅可以用于近瞄短期的日清单，还可以用来接任务，规划长期时间。

举我的例子。**不论在哪个领域，我都很喜欢接任务，**大多来者不拒。因为做任务才能带来成长。表面看起来，不拒绝地接任务有些“盲目”。但其实，在每接一个新任务之前，我都是看过日清单后做过权衡的——**我会衡量新任务所需的时间长度以及时间的跨度，衡量是否可行，等等。**

以律师工作为例，在我接到一个新的诉讼案件时，马上心中估算：本案预计要花 50 小时，大致在 7、8、9 三个月，预测为 7 月 20 小时，8 月 20 小时，9 月 10 小时。结合目前的既有任务安排，基本没问题，那么我会答应下来。

以企业邀请讲课为例，有时企业会提早一两个月预约，让我选择日期。那么，我会估算准备所需时间，结合我日程表中的忙碌程度，来安排最佳的讲课日期。

2-5 时间记录的胜利

通过时间记录，最重要的是养成时间意识！

在前三节中大家学到了时间记录的完整做法。大家才刚开始记录，还不能完全体会它的美妙。时间记录像酒一样，越酿越香。根据我的亲身经历，记录 5 年和记录 10 年时的感受是完全不同的。自然，柳翁记录了 50 年，更是不同的。本节中，我们跟着柳翁，提前解锁时间记录，为我们带来更多收获。

01 时间意识

你对多长时间有感觉？

举个例子，大家再体会下：

- “我刷手机刷了 1 分钟”；
- “我刷手机刷了 1 小时”；
- “我刷手机刷了 1 天”；
- “我刷手机刷了 1 年”；
- “我刷手机刷了 10 年”。

当大家读到最后一句话时，已经自动在心中加了三个叹号了吧，这就是对时间的感知。也有的人在读到“1 小时”的时候，便有感觉了。这就是人们对时间的在意程度和感知程度不同。

除了时间长度，人们有感知的还有“时间单位”。有的人用“年”作为衡量时间的单位，有的人用“天”，有的人用“小时”。**日清单章中我们学到了用“1/3 天”，而“牛人们”都用“分钟”。**

《奇特的一生》记载了柳翁的故事：

多年来经常看表的结果，柳比歇夫肯定形成了一种特殊的时间感。在我们机体深处嘀嗒嘀嗒走着的生物钟，在他身上已成为一种感觉兼知觉器官。我做出这样推断的根据是：我同他见过两次面，在他日记中都有记载，时间记得十分准确——“1 小时 35 分”“1 小时 50 分”，然而当时他自然没有看表。我同他一起散步，不慌不忙，我陪着他；他借助于一种内在的注意力，感觉得到时针在表盘上移动——对他来说，时间的急流是看得见摸得着的，他仿佛置身于这一急流之中，觉得出来光阴在冷冰冰地流逝。

在上面这段话中，作者格拉宁未见到柳翁看表，便推断出柳翁体内的生物钟和时间同频，并以此记录时间的长度，这个因果关系在逻辑上是欠妥当的。因为柳翁可以在会面开始前，离开书房的那一刻记录下开始的时间点。或者，在会面结束后回到书房时，记录下结束的时间点。

尽管有上面的逻辑问题，不可否认，作为数学家，对数字非常敏感的柳翁对时间的感知一定比普通人都厉害得多，或许真的已将体内的生物钟和时钟“同步”与“同频”。

时间是无形的，我们看不到、摸不着，所以人们很难轻易意识到。而一个人若连“时间”都意识不到，谈何管理时间，谈何更高效的利用时间呢？

通过时间记录，让时间“显形化”。我们不需要精确到和钟表一样分秒不差（从另一个角度讲，不同的心理状态会影响我们对时间的感知，例如：心流）。但是，**我们需要尽可能敏感地感知时间的存在，感受到时间的流逝，形成在身体里的根深蒂固的时间意识。**长年累月的时间记录，教我们如何和时间相处。

如果我们自己慢慢吞吞，那么生活就不等人。

——《奇特的一生》

02 时间是本钱

俗话说“时间是金钱”，而**我更喜欢说：时间是本钱。**

词典中，本钱有两个意思：①用来营利、生息、赌博等的钱财。例如：做买卖得有本钱。②比喻可以凭借的资历、能力、条件等。例如：强壮的身体是做好工作的本钱。

时间既是我们可以用来营利、生息的本金，也是我们可以凭借的能力与条件。每个人都需要谨慎使用时间这个本钱。

众所周知，想要在任何领域内获得成就，必须投入足够多的时间。大家熟悉的“1 万小时天才理论”便是典型代表。在 aTimeLogger App 中有个“目标”设置的小功能。**此处的“目标”特指目标时间。**下图以设置每天最少读书 1 小时为例，说明目标时间的操作步骤：

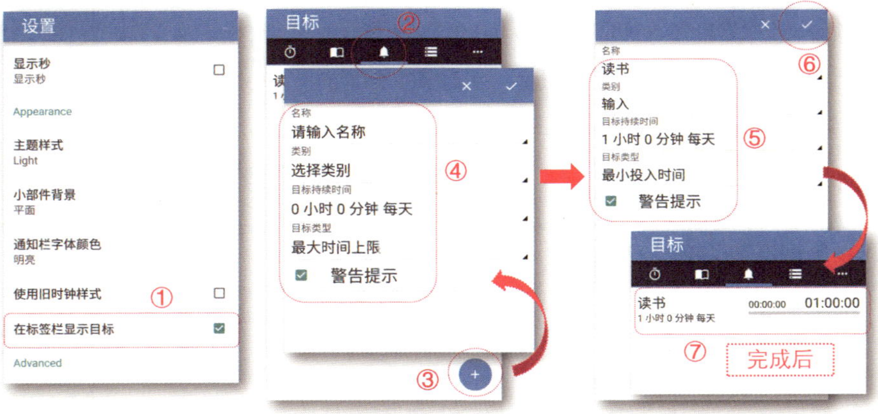

在上图“目标持续时间”中有两个选择项：最大时间上限和最小投入时间。除了设置类似最少读书 1 小时这样的下限目标时间外，还可以设置“每天浪费最多 2 小时”这样的上限目标时间。

【学习者实践】

辗然 | IT 运维管理：

今天最大的收获是专门用手机记录了连续奔跑时间，发现离一小时不远了就加把劲跑了一个小时。这次终于做到了，把这个记录在手机里，很有成就感，感觉离自己的月目标又近了。

当然这并不意味着只要投入足够的时间后一定可以获得理想的成就。

如前所述，**时间除了数量还有质量**。前述对"目标"时间的统计，仅统计了时间的长度，未能体现时间的质量，这点需留意。

【小阅读】时间记录，让平凡人铸就不平凡的成就

有这么一个人，才不出众，结果达到了完美的境界，成为一位大科学家。这都是他自己一手造就，是他自己促成了自己的进步……这方面，柳比歇夫是个再合适不过的人选——可以说，他是依靠他那最最合理的方法一手造就了自己；他创造了他的方法，他通过他的方法证明，如果把一切才能集中用到一个目标上，可以取得多么多的成就。**只要连续多年有系统地、深思熟虑地采用他的方法，可以超过天才**。他的方法似乎使才能提高了。他的方法是远射程的枪炮，是把所有光线集中到一点的凸透镜，是加强器。它是理智的凯歌。

柳比歇夫按照他那尽善尽美的几何学来安排他的生活，不是一年两年的事了。他的漫长的一生，没有重大的偏差，确认了他的方法的胜利。

——《奇特的一生》

03 一辈子的精进

有人记录时间才记录了几天，感觉似乎没用，便放弃了。也有人是完美主义者，期待一开始就做出最完美的分类，若未能实现，很气馁，也放弃了。

我们看柳翁的时间统计法：

- 1916 年 1 月 1 日开始记录时间，时年 26 岁；
- 1921 年（5 年后），他可以准确地算出每项工作的时间消耗；
- 1937 年（又 16 年后），时间统计已臻于完善；
- 从 1916 年到 1972 年去世的那一天，56 年如一日，柳翁一丝不苟地记下了他的时间支出。

连柳翁那样的“牛人”**用了 21 年**，才把时间统计法做到“臻于完善”，而且整整记录了 56 年。大家刚开始实践时有诸多不足，都是正常的。

我自己记录了 10 年的时间。这期间，一直在不停地完善和优化，比如，从电脑 Excel 到手机 App，更换不同的 App，不断调整分类，尝试新做法……时间记录是一辈子的事，时间管理的精进也是一辈子的事。我会记录一辈子，大家呢？

【学习者实践】

于小勇 | 物理教师：

通过时间记录，我对“时间”的感悟：

时间是我的好朋友，我对她好，她就对我好，我们就会很愉快；

但是如果我对她不好，忽视她，她也会离我而去；

我和时间不是对立的关系，是伙伴的关系，是彼此成就的关系。我们互相促进，互相成长。我能让她更好，更规律、更有效，与此同时她也能让我更充实、更有力量，更有深度和宽度。

Aileen | 质量管理工程师：

通过对日清单和时间记录的学习，改变了花费时间的方式。现在利用早到公司的时间先听课，在早会前预留 5~10 分钟时间和同事一起去闲聊，发现自己和同事的关系改善了不少；统计分析发现陪伴家人时间少，于是重新安排了一下自己的时间，主动给家人陪伴预留时间，得到家人的肯定；工作上，会主动去留意效率这件事，加上时间记录，发现一些有趣的工作方式。

生活就像开了花，每天精力满满。这是我想要的状态！

更多 aTimeLogger App 与时间记录的用法，请关注崔律的订阅号“一缕藕丝牵大象”，输入“时间记录”，获取更多内容。

第二部分　精力管理三驾马车

第3章　体力管理

体力管理是精力管理的基础；想要好精力，必先有好体力。

【本章重点提示】

本章介绍体力管理中的养精睡眠、吃出精力和强脑健心运动。

其中，重点在睡眠，希望助大家：

（1）睡得更少，减少不必要的睡眠时间；

（2）入睡更快，减缓睡前焦虑和压力；

（3）睡得更香，白天精力更充沛；

（4）醒得更早，拥有更长的黄金早晨。

3-1 今天开始精力管理

精力比时间更稀缺，更宝贵！

在这个快节奏的时代，“我很忙”“我没时间”俨然成了大家的口头禅。但是，请认真思考一下，我们是真的“没时间”吗？

举几个常见的例子：

- A 君制定了很棒的一整天日清单，然而到了下午却精力不济，完成任务的实际时间大幅超出预期，日清单上出现大面积的任务“延误”。
- B 君在年初定了一个小目标：今年学英语，做到不看字幕也能听懂美剧对白的程度。为此，特意安排了每天晚饭后学英语 1 小时。晚饭后，B 君已经坐到书桌前，却因白天工作太累，完全学不进去。
- C 君原计划在周日上午参加某个读书活动，既能有所学，还能认识一群积极向上的小伙伴。可是，早晨闹钟铃声响后，C 君想“这一周工作太辛苦了，不去了”。顺手关掉闹钟，睡个懒觉，最后缺席了活动。

从这些例子中可以看出，我们并非没有时间！一来，我们已经预留出足够的时间；二来，我们完全有能力省出或规划出更多的时间。而上述任务之所以没有按计划完成，是因为我们没“精力”。

人们总以为只有"时间"是有限的，其实"精力"比时间更有限、更稀缺。

不客气地说，只要我们活着，我们便有时间，但我们不一定有精力。更准确地说，我们不一定有充沛的精力。

若没精力，有时间也白搭！

从本章开始，我们解锁精力管理的技能。

01 精力三驾马车

圣奥古斯丁曾说："时间是什么？你们不问我，我是知道的。如果你们问我，我就不知道了。"

精力也是如此，我们很难用精准的文字去定义它，但在生活中，精力无处不在。与精力有关的常用词诸如筋疲力尽、殚精竭虑、聚精会神。

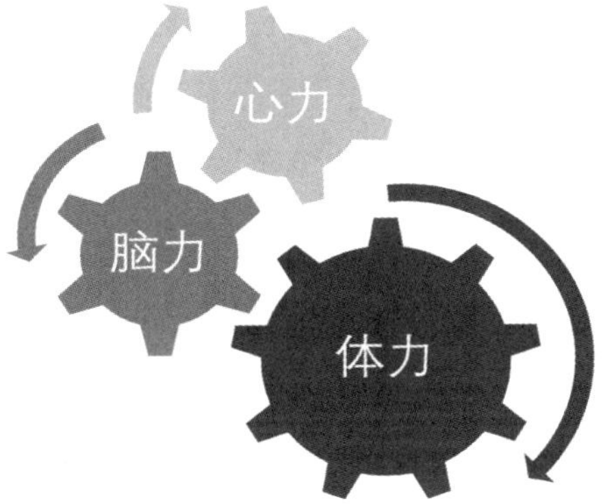

正如大家所亲身感受到的，**精力是一种状态，是调动了我们的身、脑、心的综合状态**。这种状态是我们做事的前提和基础——**如果我们精力充沛，则能让我们充分发挥出自己的才能，甚至超常发挥，把事情做得更好；反过来，如果精力不足，则事情做的差强人意、达不到预期效果，甚至很有可能完不成任务。**

为便于管理精力，我把精力划分为三大部分：体力、脑力和心力，并将之命名为"精力三驾马车"，如左图所示。

举个例子，《红楼梦》里有两个经典角色：林黛玉和薛宝钗，各有各的美。我们抛开感性的偏好，假设林妹妹和薛姐姐是大学同班同学，毕业后进入同一家公司的同一个部门。大家猜测，哪位会在职场中取得更高的成就呢？大家都一致认为是薛姐姐。因为，综合来看，她的精力比林妹妹的精力更充沛。

为助大家更好地理解精力，我常把人的精力和手机电池做类比。下面，我借用手机电池来阐明精力的两大特点：

（1）精力是在不断消耗的

所谓消耗，是指因使用或受损失而逐渐减少。

我们在一天中所做的每一件事，不论是工作还是学习，哪怕是陪伴家人，每件事情都需要精力的支持。就好比手机运行程序时，不论是微信 App 还是游戏 App，都需要有电量的支撑。

人只要清醒着，都在消耗精力，好比手机只要处于开机状态，就要消耗电量。

我们假设在早晨醒来时，人的精力值是 100，相当于电池电量满格显示 100%（注：本书中关于精力值数字均为虚拟数字，仅为便于大家理解所用，并非是有精密仪器测量出的真实数字）。经过白天的工作，精力不断消耗，相当于电池电量不断降低。到中午时，精力值下降至 70，相当于电量显示 70%；而到了傍晚时精力值可能只有 40，相当于电量显示 40%。因此下班的时候，身、心、脑都感到疲惫。到晚上睡觉前，精力值已跌至 20，相当于电量显示 20%，亮红灯需要来一次大充电了。

当然，不同的任务对精力值的需求不同。例如，工作或学习时要求高精力值，而刷手机、发呆只需要一点点精力值即可。就好比玩大型游戏或看视频时要求手机电量多，而浏览网页和待机只需要一点点电量。

（2）精力是需要补充的

有段子说“出门有三宝：钥匙、手机、充电宝”。如今手机几乎是万能的，钱包可以不带，手机却不能不带。可是，不论电池容量再大、待机时间再长，都得充电。**人的精力也是如此，我们每日的精力有限，既非取之不尽用之不竭，亦难以持续长时间的高精力。我们需要每天及时补充，以维持机体正常的运转。**

手机充电的方式有多种，既可以进行一次数小时的长时间充电，充到 100%；也可以进行数分钟、数十分钟的零散充电。**人的精力也是如此，夜间长时间睡眠相当于对精力进行一次“大充电”；白天通过用餐等零散型修复方式，随时补充精力；更可以有“小睡 10 分钟，高精力 2 小时”的“快充”模式。**

02 管理精力

管理精力如同保养电池。举个例子，A 君和 B 君同时购买了两部同样型号的手机。一年后，A 君手机的电池容量几乎没有变化，而 B 君的手机需要天天充电。为什么呢？因为 A 君平时用心地养护手机电池，而 B 君只一味地使用电池，从未想过要保养它。

精力也是需要管理的。这里隐含了一个定语：**正确 / 科学地**管理精力。**所谓管理，即人为干预。通过管理，让我们的精力值始终处于较高水平，维持日常的高效表现**。反之，如果放任一味地消耗，甚至错误地使用精力，不但不能让精力发挥效果，甚至可能让精力变得更糟糕。

针对精力的两大特征，管理精力有三大原则：

原则 1：精力利用最大化

所谓利用，是指使事物或人发挥效能。

精力是我们每个人天生自带的金手指。精力是拿来用的，如同时间或金钱。我们需要有计划地最大化地使用宝贵的精力。

其一，好钢用在刀刃上。

“好钢”相当于我们的高精力，“刀刃”意味着重要的事。在第 1 章巧排序中阐述过，在安排每天的日清单时，需根据我们的精力状况，匹配不同的任务。例如，上午精力高，安排做要事，这样才能最大化地发挥高精力的价值。反之，如果在高精力时段用来刷手机，则是浪费珍贵的精力。

其二，避免使用过度。

人们对手机电池有个误区：只有当电池用到 20% 以下，最好用到自动关机后，再充电会比较好。这其实是过去镍电池的做法。如今的手机电池都是锂电池，可以随用随充。而且，当用到自动关机后再充电时，反而对电池有负面影响。

精力也是如此。尤其是“工作狂”们，经常忙起来就忘记时间、忘记休息。精力使用过度，对身体的损伤很大。

举我的例子。过去，我时常头疼。不是生病，只是精力透支了。比如，一天中有 10 多个小时，全程极度高专注地审合同。工作结束后头特别疼，要 1~2 天才能缓过来。再有，因为长时间盯着电脑屏幕，经常眼睛红成兔子，要缓好几天才能恢复。这些都是精力使用过度的表现。朋友以前老劝我说，人和车一样，得日常保养好，车辆性能才更好。

后来我开始管理精力后，这样的状况很少出现了，已经很久没有出现头疼的状况。尤其是在掌握高效睡眠以后。

其三，避免使用不足。

不论精力多么宝贵，如果不使用，它不会产生任何价值。如同手机电池，即使搁置不用，两三年后也寿终正寝。

精力是有保质期的，过期不候。若我们预测下午有一个很耗精力的重要会议，上午安排处理轻松的任务，以便为下午留存精力，这是可行的。可是，若我们明年有个大任务，今年什么都不做，打算把精力存储起来等待明年用，这个显然过了保质期。

其四，避免精力浪费。

如果我们每天有用不完的精力，那么稍微浪费一些，似乎问题也不大。

可事实上，不论是“工作狂”“学习狂”、斜杠青年还是全职妈妈，每个人每天都有做不完的事。这时，精力是紧缺的，不必要的精力浪费，能省则省。尤其是要节省那些看不见的精力浪费。

用个数字来说明，对于某项任务，如果花 80 分精力和花 50 分精力做出的结果是一样的。请问，大家会选择哪种呢？自然是选择花 50 分精力的做法。因为前者多余的 30 分精力，属于浪费。

再进一步，如果花 50 分精力比花 80 分精力做出的效果更棒呢？那更是毫无疑问选 50 分的做法了。

避免浪费的核心点在于如何用 50 分精力做出与 80 分精力相等、甚至超出 80 分精力的效果？这需要方法和工具，在本书第 7 章中详述。

【小贴士】

使用日清单，可以将精力与时间结合起来管理。最大化合理分配和利用精力，避免使用过度、使用不足和浪费。

原则 2：关注精力的提升

无意识地消耗精力是人的本能，无师自通。有意识地提升精力，需要后天的学习和刻意实践。

提升精力的方法有两种：修复和扩增。

所谓修复，即最多复原至初始值。精力的修复包括人体的自动修复，例如通过睡眠修复身体疲劳；也包括来自外界的能量补充，例如通过一日三餐，身体从食物中获得能量。

随着科学家的不断研究，对人体有了越来越多的揭秘，我们也能更好地掌握和利用更多的修复方式。

下面，我们举个例子，用数字做说明精力提升的重要性。

假如 A 君和 B 君两者做相同的任务，且每件任务消耗相同的精力，他们白天的精力状况见下面左图，他们的精力趋势见下面右图。

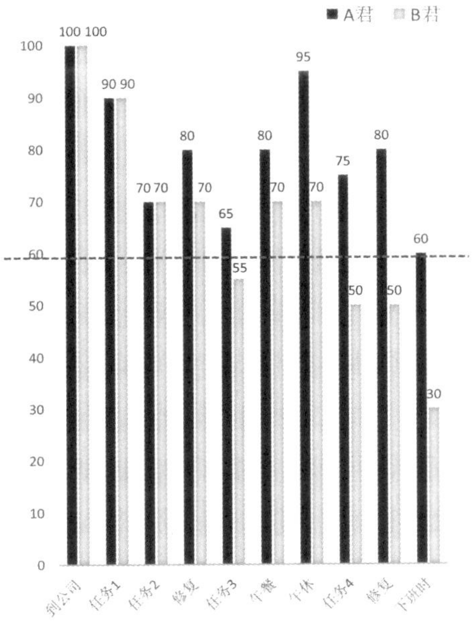

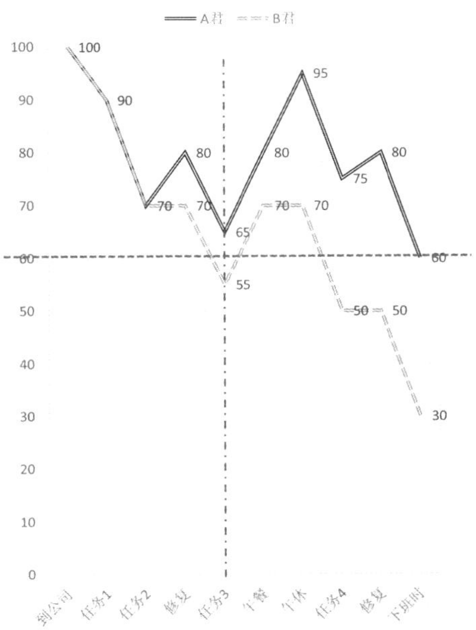

①假设两人上午到公司时，精力值都在 100。

②开电脑、查收邮件，处理了简单的任务 1 后，精力值双双下降到 90。

③然后，他们处理了任务 2，消耗精力 20，双双降至 70。

④这时，A 君离开办公桌简单做了几组伸展运动，喝了一杯酸奶，吃了一袋坚果。据此，A 君的精力值提升到 80。而 B 君没有休息，没有修复，精力值始终是 70。

⑤其后，他们又处理了任务 3，均消耗精力 15。A 君的精力值从 80 降至 65，B 君的精力值从 70 降至 55，跌落至及格线以下。

⑥通过午餐，两位均摄取了能量 15。A 君的精力值由 65 提升至 80，B 君的精力值从 55 升至 70。

⑦然后，A 君进行了 20 分钟午休，精力值由 80 提升至 95。B 君没有休息，姑且保持精力不变，仍在 70。

⑧下午的情况与上午类似。如此，等到下班时，A 的精力值在 60，而 B 君的精力值则在 30 了。

在这个例子中，A 君有三次提升精力的措施（上午和下午各一次休息，再加午休），**而 B 君是一般人的做法，未刻意提升精力**。从上页右图的折线图中，我们发现：

（1）A 君和 B 君有一个共同的精力提升阶段是午餐。除此之外，**B 君总体处于“下跌”的趋势**，而 A 君精力值全天有涨有跌。

（2）采取提升精力的措施后，A 君全天的精力值都保持在 60 以上，平均约在 70~80。而 **B 君在一天内有相当长时间处于 60 及格线以下的低位**。

看到这里，大家应该能够理解“晚饭后坐在书桌前，想学英语却学不进去”的原因了。在这个例子中，A 君尚有精力坐在书桌前，翻两页书。而或许 B 君连坐到书桌前的精力都没有，下班后直接躺沙发上了。

修复最多能让我们的精力恢复到满格 100，在此基础上，我们还可以扩增精力，即扩大精力值的上限。

其一，人的精力和肌肉一样，若学习本书前我们的精力最大值是 100，通过本书的学习和实践，可以将精力最大值提升至 120、150 甚至更多。

其二，随着年龄的增加，人体机能自然地衰老和衰退。尤其是 30 岁以后，人们会感觉到越来越明显的精力下降。通过合理的精力管理后提升各个阶段的精力值，在很大程度上延缓精力的下降。如下图所示，C 君有在扩增精力，而 D 君没有扩增，于是与 C 君的差距越来越大。

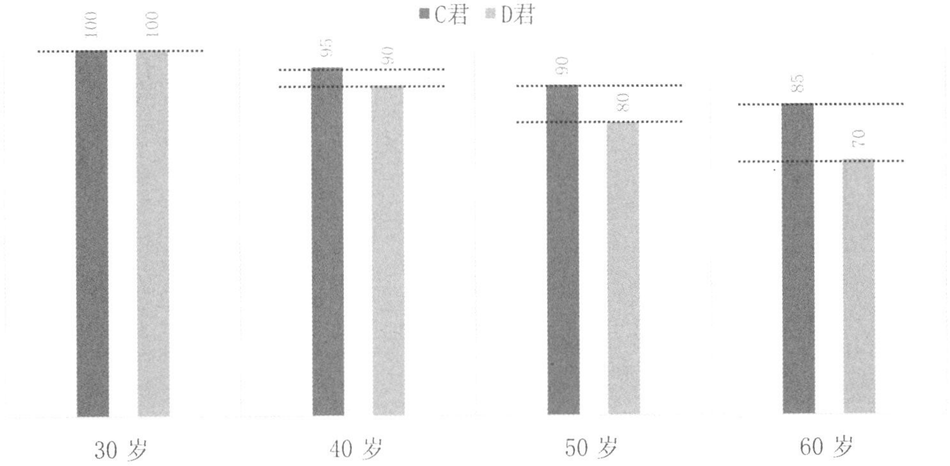

【小贴士】

请大家做个实践：在次日一天的整点（例如 9:00、10:00、11:00）为自己的精力值打分，画出一天内的精力折线图。据此，了解自己的精力状况。

【学习者实践】

木门 | 公务员：

有时候，懂得一个道理是一回事，但是经历一遍又是一回事，而把这个经历具象地画出来，那就是另外一回事了。

听完课，我最初觉得好像没有太多新的内容。但是因为有实践作业，我还是按照要求在晚上画了一下，这才知道原来我每天晚上这个时候疲倦的感觉是怎么来的，还有中午午睡以及午睡质量的重要性。像现在强撑着眼皮码字写作业，以前觉得无可避免，也觉得理所当然。那么，如果我中午的小睡睡好一点，或者傍晚增加一个小睡，再来记录下这个图表看看呢？

这张图让我看到了一个直观的可改进空间，而不是只在脑子里喊口号，当时感动自己，过后安慰自己。

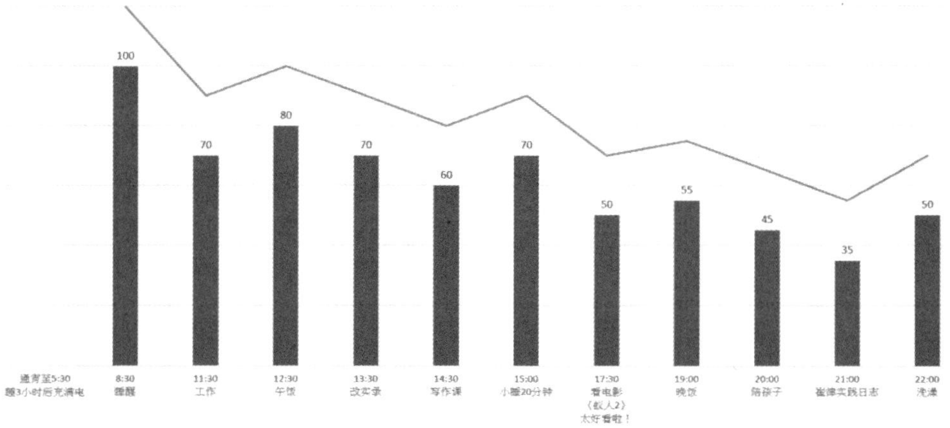

原则 3：有节奏地消耗和提升精力

如果用一条线来描绘我们每天精力状况的话，大家会画出什么样的线条呢？

我认为，良好的精力管理状态下的精力应该像前面 A 君的折线图，**有波峰，有波谷**。波峰时精力值高，波谷时精力值低。从波峰到波谷，是由于精力发生了消耗。而从波谷到波峰是由于对精力进行了提升。同时，**也要注意波浪线的平均值，尽量让它维持在较高水平**。

大自然存在节奏，日升日落、四季交替。我们的人体也存在节奏（后文详述）。**良好的精力管理需要进行有节奏的“消耗—提升—消耗—提升”。通俗地说，也可称为有节奏的“消耗—充电—消耗—充电”**。

03 认识体力

本章后文内容主要解锁“精力三驾马车”中的体力。

人们有个误区，认为体力只有对于体力工作者（诸如建筑工人、车间工人）才非常重要。于是，“坐办公室”的知识工作者们常常忽视体力，事实上，**体力是一切精力的基础**。

还记得上次感冒或牙痛的情形吗？虽然只是“小病”，哪怕只是轻微身体不适，也会给我们的工作和生活带来较大的不利影响，影响工作效率、影响专注力、影响决策的能力。在身体不适的时候，人更容易消极，失去进取的动力。**体力好，地基牢，精力才能更好。**

前面林妹妹和薛姐姐的例子里，两人在脑力上基本持平，但在体力上，林妹妹要逊色很多。很简单，工作日一天 8 小时，薛姐姐身体健康，不仅能做满 8 小时，甚至还能加班。而林妹妹身子娇弱，可能一天只能工作 2 小时，剩余时间便要休息。

在体力、脑力、心力三者中，增强体力的方法，目前已较为成熟，是精力中最容易提升的。体力主要来源于睡眠、饮食和运动这三大板块，以及其他小的能量来源。

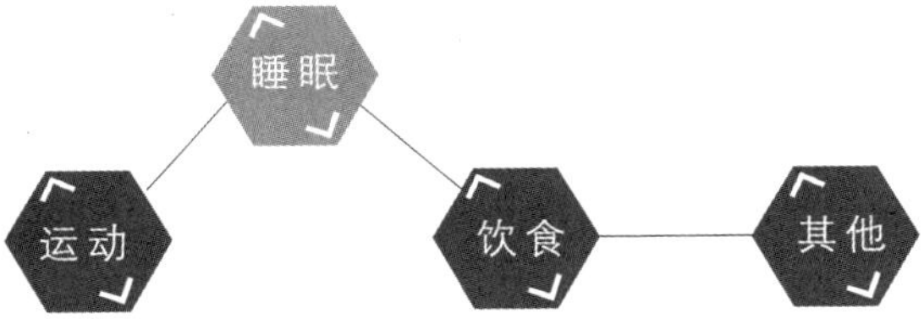

特别说明的是：虽然本书用三章分别讲解了如何提升体力、脑力和心力。但其实，我们的身、脑、心是一个整体，并非是孤立的。换言之，尽管本章中将睡眠、饮食和运动等作为体力管理的方法进行讲解，但它们不仅为体力提供能量，也是脑力的重要来源，还有助于心力的提升。

对身体好的，对脑和心也都是好的。以此类推，联动影响。强体 = 强脑 = 强心！

【学习者实践】

葫芦爸爸 | 自主学习系统创始人：

本期课程一方面在跟我们固有的作息习惯、固有的节律斗争；另外一方面在和我们过去的知识、常识斗争；在和我们的学习思维相斗争。

3-2 今天开始睡出精力

高效睡眠是精力充沛的基础，不要浪费宝贵的睡眠时间！

睡眠在体力乃至在整个精力系统中，起着至关重要的作用。如果要对所有的精力管理技能进行排序的话，首先一定要学会睡眠。本节开始解锁养精睡眠的力量。

01 重新认识睡眠

大家是如何看待睡眠的呢？睡眠只是维持生命所需吗？

当睡觉时，身体对周围的环境反应变弱，很容易遭受危险。从进化论的角度来看，既然睡眠增加了危险，我们现在应该演化到不需要睡眠了。科学家研究得出的真相却是，正因为睡眠的存在，我们才不断发展、进化成现在这样不可思议的高水平。睡眠不是进化的障碍，反而是进化的催化剂。

在睡眠期间，可以修复我们的身体、心理以及大脑，清理白天产生的垃圾。这个过程如同清理了电脑里的垃圾文件和缓存文件，让身心脑运行的更快。

一旦睡眠不足，人的思维能力（包括反应时间、专注力、记忆力、逻辑分析及辩证能力）会衰退。缺乏睡眠带来的影响与酒精对身体的损伤不相上下。一项研究发现，如果连续 17~19 小时保持清醒，人们的认知水平会非常低，甚至达不到很多国家安全驾驶的标准要求。疲劳驾驶是影响交通安全的头号“杀手”。据报道，在我国高速公路发生的重特大交通事故中，因疲劳驾驶造成的事故所占比例达 40% 以上。

睡眠不足带来的损害可远不止思维能力，还影响着诸如情绪、沟通、创造力、判断能力等。换言之，无论是智商还是情商都会因睡眠不足而衰退。其实，无须科学数据支撑，我们自己对睡眠不足的影响和后果深有体会。

睡眠不仅是维持生命的必备事项，也是我们精力充沛的最重要源泉。从今天起，请把睡眠列为我们最重要的关注对象。

02 睡眠误区

关于睡眠，首先纠正两个常见误区。

纠正误区一：并非人人都需要睡满 8 小时。

当提起睡眠，人们的常识是：每天要睡 8 小时。这个观念如同“一天要吃三顿饭”一样被人们视为“真理”。但实际上，这个结论并不准确。

首先，8 小时只是人均睡眠时间。而对睡眠时间的需求，是因人而异的。我们熟悉的名人中，有达·芬奇称每晚只需要睡 2 个小时，也有柳比歇夫称每晚需要睡 10 个小时。

其次，我们每个人一生中需要的睡眠时间也是在不断发生改变的。大致上，婴儿的睡眠时间为 20~24 小时，幼儿需要 9~12 小时，学童需要 9~10 小时，成人需要 7~9 小时，老年人需要 6~8 小时，大于 80 岁的老年人需要 9~10 小时。

最后，甚至有一研究显示，每个人需要多少睡眠时间在很大程度上依赖于我们“相信”自己需要睡多久。例如，如果我们坚定认为自己只要睡 6 小时就足够，那么 6 小时就够了。

关于最后这点，大家可以持保留意见，但心理在睡眠中起着很大的作用，这点毋庸置疑。因此，首先要破除睡满 8 小时的误区。

纠正误区二：睡得多≠睡得好

既然睡眠是精力的重要来源，那么，是不是睡眠时间越多就越好呢？并不是。

第一，心理学家丹·克里普克与同事追踪了 100 万人在六年间的睡眠模式，每晚睡 7~8 小时的人死亡率最低，睡眠不足 4 小时的人死亡率较前者高出 2.5 倍，而睡眠超过 10 小时的人死亡率相比高出 1.5 倍。

第二，睡眠和时间一样，不仅有数量（时长），还有质量，这两个维度，缺一不可。

既然我们想尽各种办法去提升工作时间的利用效率，也需想办法提升睡眠时间的质量。超出必要长度的睡眠，属于对时间的浪费。

睡眠的效率直接影响工作时间的效率，因此，睡眠时间要充分引起我们足够的重视。

03 睡眠周期

那么，每晚睡多久才最合理呢？当回答这个问题时，人们习惯使用“小时”来衡量睡眠小时。大家可能会想“既然睡 8 个小时不对，那么我应该睡几个小时呢？”

在人们的常识中，睡眠只是时间的累积，即 1+1+……=N 的关系。刚入睡时的第 1 个小时和将要醒来时的最后 1 个小时，似乎并没有差别。

20 世纪 50 年代初，研究人员发现了**睡眠周期，它是睡眠中的重要概念**。每个睡眠周期约在 90 分钟，一个睡眠周期分为 5 个阶段，每个阶段对我们的身体和大脑分别带来不同的修复作用。

注意，睡眠不是简单的小时数的叠加，睡眠是数个睡眠周期有逻辑的集合。俗话说，知其然要知其所以然。下面先了解睡眠周期，然后再具体应用。

第 1 阶段：入睡期

这个阶段只有几分钟。呼吸逐渐变缓，脑电波的频率变低，感觉似醒似睡、蒙蒙眬眬，可能会抽搐一两下。在这个阶段，我们很容易被周围大声的说话声或开门声惊醒。

第 2 阶段：浅睡期

心率变缓，体温下降，几乎全身的肌肉开始放松，使得我们打鼾。这个阶段里，与思维、推理、语言、解决问题等方面的大脑活动逐渐变缓。（注：很多睡眠困难户，主要是被困在浅睡眠阶段）

第 3 阶段和第 4 阶段：熟睡期和深睡期

在这两个阶段，大脑和身体更加放松，脑电波频率降到了最低。这时我们已经与外界几乎完全隔绝，很难被唤醒。而如果我们在这个阶段不幸被惊醒，基本是无法立即翻身起床的，会觉得身体很沉，感到困倦、迟缓。

睡眠的修复功效主要集中在这阶段。此时，身体的修理、恢复、发育有关的机能异常活跃。例如，人体生长激素（HGH）分泌量增加。**HGH 被誉为“青春之泉”**，是一种能促进新细胞生长和组织的修复，让人体能在日常劳作后获得休整，让人恢复生机与活力的荷尔蒙。另外，这个阶段里血管开始扩张，平时储存在器官中的血液也流入到肌肉中，对其进行滋养和修复。正因此，我们生病的时候会睡得更多。

如果我们缺乏深睡眠，在白天会感到极度困乏、暴躁、恶心、头痛，无法集中精力。

前四个阶段都不会出现眼球快速跳动的现象，故统称为**非快速眼动睡眠**（non － rapid eye movement sleep，简称 NREM）。

第 5 阶段：快速眼动期

在深睡眠大约 30 分钟后，大脑和身体快速活跃起来，心跳变快，眼球快速左右移动，所以被称为快速眼动期（rapid eye movement sleep，简称 REM）。我们所做的绝大多数梦都发生在这一阶段。如果我们这时醒来，通常能清晰地描绘出梦境。

这一阶段的大脑活跃程度几乎与清醒时无异，它能强化消化吸收白天所学到的知识，同时积极处理我们的记忆力，尤其是**情绪性记忆**。

在 REM 阶段结束时，我们会经历非常短暂的“微醒”状态。但由于时间太短，导致我们不记得自己曾经醒来，然后就进入了下一个睡眠周期。因此，在夜间，我们处在“睡眠→醒来→睡眠→醒来”的模式，从一个睡眠周期过渡到下一个睡眠周期。

尽管都是一个个的睡眠周期，但一晚中各睡眠周期的各阶段时长占比是互不相同的。**在较早的睡眠周期中，深睡眠所占比重更大，因为身体希望得以尽快修复。随着时间的流逝，REM 占比更大，就是俗话说的“越到后半夜睡眠越轻”，以便我们容易醒来。**

在了解了睡眠周期的秘密后，我们可以用**“我睡了 × 个睡眠周期”来代替“我睡了 × 小时”**。

那么，每人每晚需要几个睡眠周期呢？这个要因人而异。大多数成年人每天需要 5 个睡眠周期（7.5 小时）。大家可以先从每晚 5 个睡眠周期开始，看看 1 周之后感觉如何。然后尝试增加或减少 1 个周期。用心感受，身体会告诉我们几个周期是最适合自己的。

从现在开始，不要只把睡眠时间当成“无产出”的生活时间，一味地压缩睡眠时间。在计划减少睡眠时间之前，先问问自己：白天的时间效率是否已经最优？

也不要把睡眠当作“不得不”做的事，而要把它看作是提升精力的重要方式。**睡眠是我们的好朋友，尊重她，爱护她，珍惜她。**

【学习者实践】

hu_ying | 互联网企业职员：

本来觉得没有睡眠问题，但这堂课却潜移默化让我有优化现有睡眠的意识。如果按科学睡眠，能让精力更充沛呢。

3-3 夜间智慧睡眠

我们要严守的不是入睡时间，而是起床时间。
主动掌控睡前醒后程序，让睡眠更高效！

前一节大家学到了睡眠对精力提升的重要作用。如果晚上睡得不好，就像电池没有充满。想想看，如果早晨醒来时精力值只有 60 或 80，可想而知一天的工作状态都会受到极大的影响。

睡眠很特别。它不像吃饭，我们想吃就能吃，想喝就能喝。睡眠是个娇气的“小公主”，只有了解她，顺着她的性子来，她开心了，才会让我们过舒坦。

本节解锁睡眠周期与睡前醒后程序的实际应用，让我们睡得更少，醒来后的精力却更充沛。

01 起床与入睡时间

（1）在睡眠周期结束时醒来

睡眠周期的第一个应用是：起床闹钟要定在睡眠周期结束时。这是能快速醒来的秘诀[1]。

大家有没有发现，有时前后只差 30 分钟，但我们醒来后的精神状态却完全不同。人们往往以为是自己的睡眠时间不够，其实是因为我们在睡眠周期的不同阶段

1　引自［英］尼克·利特尔黑尔斯著《睡眠革命》。

里被叫醒的缘故。

前一节中阐述过，当处在睡眠周期的深睡眠阶段时被闹钟叫醒，我们会觉得身体很沉，很难爬起来，想多睡会儿。但如果闹钟推迟30分钟，在处于REM阶段时或者刚好睡眠周期结束时再响，我们起床就容易得多了。

所以，**夜间睡眠时长尽量保证在90分钟的整数倍**，也就是让自己在睡眠周期结束后醒来。

当然，睡眠周期的时长存在个体差异。实践中，可根据自己情况进行微调。

【学习者实践】

Bonnie.Chen | 客服经理：

平时有赖床的习惯，结合睡眠周期后，起床比平时早了半小时。现在知道为什么自己越睡越累了。

（2）固定起床时间

很多人都有在早晨固定某个时刻自然醒来的经历，这被称作“生物钟”。

从精力管理角度来讲，每天在同一时间起床，对我们是最有利的。第一，它会让身体作息时间变得规律，到点睡觉，到点起床，到点工作，身体毫不费力；第二，它有助于我们起床后快速清醒，有条不紊地享用黄金早晨时间（详见第6章黄金早晨）。

反之，若每天在不同时间起床，身体需要在不停地做出调整和适应，这是对宝贵精力的浪费。

【小贴士】

若某一周因赶项目等特别原因，身心劳累，周末需要补充和恢复的话，可以先按时起床，吃完早餐后，再睡个回笼觉。或者，最多加睡一个睡眠周期，这样对体内生物钟的影响最小。

此外，尽管每天应在固定时间起床，但从中医角度上来看人体的生物钟应当顺应大自然的规律。诸如，冬季日出晚，可适当推迟起床时间；反之，夏季可适当提早起床时间。

（3）起床时间倒推入睡时间

人们总以为是入睡时间决定起床时间。其实，顺序反了。我们要先确定每天早晨起床的时间，把它固定下来，然后再决定入睡时间。

具体做法是：先结合我们自己的家庭、学习和工作等实际情况，自主决定最佳起床时间。其次，**根据 90 分钟睡眠周期的倍数，向后推算入睡时间**。注意，还要预留出从躺下到入睡所需要的时间。

举我的例子。早晨 5:00 起床备课，每晚 4 个睡眠周期（6 小时），则需晚上 23:00 入睡。

我一般在躺下后 10 分钟内睡着。证据是睡前我会播放一段冥想音乐，同时设定音乐自动关闭的时间是 10 分钟。每次我还没听完就睡着了。所以，我要在 22:50 关灯、躺下。

著名神经病学家、医学博士库里特 • 乔杜里说："安排合理的睡眠时间，就像在股市选对投资时间一样——**重要的不是我们投了多少，而是我们什么时候投。**"

科学家发现，在晚 10:00 到凌晨 2:00 处于睡眠状态的话，褪黑素、人体生长激素（HGH）等分泌最旺盛，可以获得最佳的修复效果。中医也有相似的见解。因此入睡时间不要过晚。

想必大家已深有体会，同样是睡 5 个睡眠周期，在 23:00 入睡和在凌晨 1:00 入睡，第 2 天的精神状况大大不同。睡得太晚，哪怕睡得更多，早上醒来仍会感到疲倦。所以，晚睡晚起的做法，从精力管理的角度讲并不划算。

夜间睡眠不是单一事项。如同日清单里的连锁任务，睡前、睡中、醒后这三者共同构成完整的夜间睡眠。

02 睡前准备程序

大家一定有过这样的经历吧？

- 睡觉之前看电视剧，被故事情节所吸引，看完一集又一集，导致半夜或凌晨才睡。
- 睡觉之前看小说，晚上做梦全是小说里的情节，醒来感觉特别累。

睡前时间是睡眠的前奏。前奏引导的好，能为高效睡眠提供更多保障。

睡前时间的关键词是：慢和放松。慢，指的是放慢节奏，不论大家是几百人公司的 CEO 还是两个孩子的母亲，睡前一定要慢下来。放松，包括放松身体和放松大脑，脑电波频率降低，为入睡做好铺垫。

建议在这段时间里做准备性工作，而且最好用流程把它固定且确定下来，既轻松又高效。我们称之为“睡前准备程序”（简称“睡前程序”）。

举我的例子：在晚饭后，我会回到电脑前忙碌至 22:00，接下来：

① 22:00 准时关电脑、关闭手机后台所有运行程序，离开书桌。

② 为第二天出行做好准备，比如取出次日要穿的衣服挂在衣架上，出门要携带的物品放进包里等。

③ 关闭屋内所有亮灯，打开卧室床头灯。

④ 洗澡，22:30 前后上床。

⑤ 休闲；听音乐，23:00 睡觉。

我的睡前时间是 60 分钟，上述行动便是我的睡前准备程序，每日如此。

（1）光线由明亮到昏暗

1998 年科学家发现了黑视蛋白，这是一种在视网膜中的神经节细胞蛋白。黑视蛋白对蓝光最为敏感。在大自然环境中，清晨和中午的蓝光较多，所以在这些时间段黑视蛋白比较活跃，褪黑素的分泌也完全停止，让人变得精神。而到了晚上，红光较多，蓝光较少，褪黑素的分泌被激活，我们感觉越来越困。

因此，在准备入睡时，**第一个动作是调暗灯光。建议使用暖色的灯具**，例如暗红色、琥珀色。大家会发现，酒店里用的都是偏暗的暖光灯，很少有日光灯。

在家里，客厅、卧室和卫生间这三个场所的照明非常关键。

- 客厅和书房多是明亮的灯，比如日光灯，恍如白昼。晚饭后一家人在客厅活动，或者各自在书房忙碌。睡前程序启动时，首先要关闭客厅或书房的亮灯，活动场所可转移到卧室。
- 卧室里一定要有暖色灯，可以安装在床头。大家可以体验下，当从明亮的客厅踏入床头散发着微弱暖光的舒适卧室的那一瞬间，便产生了睡眠的冲动。
- **接下来要留意卫生间的照明灯，这点很容易被忽略。**不论是在睡前洗澡，还是半夜醒来用洗手间，明亮的灯光会让我们清醒而长时间难以入睡。所以卫生间一定要有暖色灯。

总之，在睡前 60~90 分钟里，当睡前程序开始启动时，要确保自己处在昏暗的暖光灯下，为大脑分泌褪黑素提供条件，助我们产生睡意。

【小贴士】

睡前 60 分钟关亮灯开暖光灯的方法对孩子入睡非常有帮助。

（2）远离电子产品

黑视蛋白对蓝光最为敏感。不幸的是，现实生活中电子产品屏幕（无论是 RGB、LCD 还是 LED）发射最多的便是蓝光。研究表明，在蓝光中暴露 2 小时褪黑素的分泌就会遭到抑制，甚至有些人暴露半小时就会出现褪黑素分泌减少的现象。

如果在晚上，尤其是睡前使用手机、iPad、电脑的话，因为暴露在大量蓝光中，那么睡意无影无踪，人越来越精神。《2017 中国青年睡眠指数白皮书》中提到有高达 93.8% 的人在睡前会与电子产品难舍难离。

有人提到自己晚上有阅读的习惯，这里**建议看纸质书**。如果要用电子设备看电子书的话，同样也会出现前面的问题。

【小贴士】

睡前可以把手机调整为“夜间模式”或“护眼模式”（即屏幕转为暖光）。**我在手机系统设置中，将每天 22:00 到次日 6:00 这段时间设置为“自动护眼模式”，每天的这段时间里手机屏幕会自动转为暖光。**这样，哪怕夜间醒来看手机时间，也不会被强烈的蓝光刺激到眼睛。

【学习者实践】

Amber | 互联网新媒体运营：

听了崔律的睡眠课程后，改掉了上床刷手机的习惯。进入卧室就把节奏放慢了，多数时间关掉家里较亮的灯。确实有效～

（3）睡前还可以做什么

睡前可以为次日做些事务性准备工作。例如，想好第二天早餐的菜谱，挑选出次日要穿的衣服，收拾好出门携带的小物品和包包等。详细内容在后文黄金早晨中有涉及。

03 醒后唤醒程序

大脑就像一台电脑，每天我们从睡眠中醒来时，它的开机启动需要时间。醒后启动的这段时间会出现“睡眠惰性”。

睡眠惰性，是指从睡眠中醒来后出现的暂时性的低警觉性、迷惑、行为紊乱和认知能力、感觉能力下降的状态。它受前期睡眠情况、睡眠结构、昼夜节律等多种因素的影响，尤其当存在睡眠不足情况下明显加重。

因此，睡醒后的关键词是“唤醒”。一套高效的唤醒程序既能助我们实现从睡眠状态到清醒状态的完美过渡，又能助我们更高效享用黄金早晨时光。

（1）光线从昏暗到明亮

与睡前相反，**起床后的第一件事是拉开窗帘，让日光进入房间里**。如同昏暗的环境能促使分泌褪黑素，当日光进入眼睛后，让大脑分泌血清素和皮质醇等神经递质，从而保持清醒和警觉，提升体力、活力和注意力。

举我的例子，为了实现早起讲课，我最初的小秘诀是在睡前把窗帘留一条缝隙（注意：这样做有三个前提：①床离窗户够远；②两层的窗帘，并且有其他防护措施，能有效保护隐私；③我睡眠质量很高，窗外的光线不影响睡眠）。

每天清晨，正是透过这道缝隙射进房间的一缕阳光，唤醒了我。很明显的对比是，遇到下雨天没阳光时，我就很容易睡过头。

当然，那是发生在早起的初期。时间久了以后，身体形成早起的习惯，已经完全不受阳光或阴天的影响了。但因为我很爱早晨的那一缕阳光，所以仍然保留着这个小习惯。

起床困难户们还可以买一个**模拟日出自然唤醒灯**。它模拟日出，光线慢慢变亮让我们自然醒来。网上有售，并不贵。

在清晨的阳光下运动也是个一举多得的做法。哪怕只有**几分钟，早晨在小区花园或附近公园里转一圈**，沐浴阳光，充分享受阳光的唤醒，对接下来的一天非常重要。

（2）声音

起床后，想让自己清醒更快的话，**可以多说话，大声说话**。比如，和家里人道“早安”，我养了几条小鱼儿，我也会和它们道“早安”。还可以说感恩的话。

“笑”也是早晨的良药。老话说“笑一笑十年少”。有实验证明，只要拉伸脸部肌肉，做出微笑的动作，反复对自己说：“我现在的心情很好，精力充沛。”那么我们的心情必定会转好。

或者摆出大笑的姿势，刚开始可能是“假笑”，不一会儿，奇迹发生了，我们的笑声会越来越自然，直至变成了“真笑”。大笑能改善全身的血液循环。若刚开始实在笑不出来，不如在前一晚准备好几张好笑的图片或者几个笑话。

【小讲堂】程序

建议大家仔细梳理、制定和完善属于自己的睡前与醒后程序。每天遵照执行，养成习惯后能极大减少睡眠的阻力，更好地入睡、更快地清醒。

在本节里用到一个词：程序。它在本书中频繁出现。我的程序思维来自法律领域。例如，法律分实体法和程序法。程序，词典解释为事情办理的先后次序，处理业务的既定方法。**程序也被称作流程**。它能确保准确又省力高效。

程序的应用很广泛。例如，游泳名将迈克尔•菲尔普斯在每一次比赛前都遵循着同样的程序：提前两小时到达比赛地点，按照一套精确的模式做伸展放松运动：800 次混合式练习，50 次自由式练习，600 次扶板打腿练习，400 次拉浮标练习，还有一些其他练习。做完热身运动后，他会把身体擦干，戴上耳机，在按摩台上坐下来。比赛开始前的 45 分钟，他会穿上比赛服。开赛前 30 分钟，他跳进热身池，游 600~800 米……当做完了这一系列动作，菲尔普斯已自动把身心调整到比赛的最佳状态。

3-4 日间能量充电宝

白天睡一睡，精力更充沛！
小睡10分钟，高效2小时！

前两节中大家学到了高效地夜间睡眠，为我们充更多的电。那么，睡眠只能在夜间为我们充电吗？虽说一般成年人每天需要5个睡眠周期(7.5小时)，可外部环境以及工作压力等各种因素，导致很多人没办法实现5个睡眠周期。这时，该怎么做呢？

又或者，如果某一晚没睡好，导致第二天精力不足的话，如何来拯救白天的精力呢？

本节中解锁白天充电的技能，助大家搭建“白＋黑”的“快充＋慢充”精力体系。

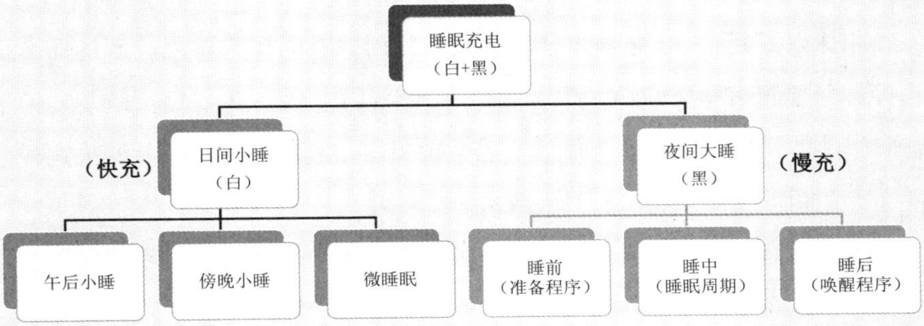

01 午后小睡

午后小睡有"能量小睡"的美名。儿时，父母都会让我们每天中午饭后要睡会儿，成年后，我们会因为各种各样的事情或耽搁午睡，或不想午睡。

在午后身体会出现一段倦怠期，因此，下午 2~4 点是"交通事故"的高发期。**如果能在午后小睡一会儿，能极大提升下午以及晚上的精力状态**。美国 NASA 的研究表明，中午进行 26 分钟的小睡，可以让下午的工作效率提高 34%、专注力提高 54%。**同为职场人，建议大家养成午睡的习惯，目的是最大化利用下午的每个小时，让自己发挥出更佳状态**。

举个例子：当我下午在企业讲课，而学员又没有午休时间的时候，我会告诉学员："如果你感觉很累很困，**可以趴桌上小睡 20 分钟，我完全不介意**。为什么呢？我们算一笔账：下午课程是 3.5 小时，小睡 20 分钟，还剩下 3 个小时，可以高效听课。即使漏掉了 10% 的知识点，还可以学到 90%。可若是不睡的话，那么强撑着听 3.5 个小时，全程都是低效的，可能连 60% 的知识点都吸收不了。因此，小睡一会儿更合算。"

尽管一个睡眠周期是 90 分钟，但通常的午睡不需要睡足一个周期。因为若午睡时间过长，身体进入熟睡阶段以后，体温下降，醒后会出现明显的睡眠惰性，诸如长时间精神恍惚。同时，也可能会影响夜间睡眠，导致晚上迟迟难以入睡。此外，从时间的利用角度讲，如果白天也用 90 分钟来睡眠的话，相当于未能省下时间。

午休以不超过 30 分钟为佳，这对恢复精力有明显的作用，而且几乎没有睡眠惰性。只要醒来伸个懒腰、活动下身体，沐浴下阳光，很快就清醒了。为了预防我们睡过头，可以在睡前定下闹铃。若之前没有午睡的习惯，刚开始可能睡不着，没关系。闭目养神对精力也有修复效果。

当然，有例外。如果我们前一晚的睡眠周期严重缺失，或者想预先为当天晚上做弥补，或者是周末修养的话，可以在中午补一个睡眠周期。

另外，**午睡之前，一定要记得把手机和座机电话铃声设置为免打扰**（如静音）。

在睡觉时被电话铃声惊醒，是世界上最让人烦躁的事情。另外，若是独立办公室的话，可以关闭灯光。若是公共灯光无法关闭，可以带个睡眠眼罩。

举我的例子。在工作中，我的午休习惯有很长时间了。原本出于偶然，某天下午，我计划审查一套大型合同。可午后疲倦，精力有点跟不上，法律工作对专注力的要求极高。于是，索性趴在桌子上睡了 30 分钟，醒来后元气满满，一鼓作气完成了合同审查的任务。

此后，当下午有较重任务时，或者前一晚没有睡好的话，我都会在日清单中安排一个午睡，以确保下午的精力。后来学习了睡眠知识，发现午休是有科学依据的，便继续践行下去。

【学习者实践】

崔旋 | 公司经理：

昨天，我在中午补了觉，一天的体力都处在不疲劳的状态。

今天，我分享给了我的好友兼同事，他今天来上班的时候，精神很不好，而且脾气也好差。他说昨晚他确实睡得很晚，凌晨 2 点才入睡。我在他心情稍好的时候趁机说了睡眠周期等一系列小观点和建议，并建议他睡个午觉。

他一开始也一脸不在乎，中午听我的建议补了一觉，下午脾气好多了。

02 傍晚小睡

尽管我会尽量安排午休，但很多时候客观情况并不允许。

举个例子，我外出讲课，中午在教室不方便休息。2016 年教师节那天，我印象特别深刻，白天我踩着 10cm 高跟鞋讲了一整天的课，晚上 20:00~21:30 在某平台做物权法的直播课。到 21:00 的时候，实在太累，上下眼皮已经开始打架了。幸亏大脑还清醒，顺利讲完了全部内容。

自那以后，如果晚上有课的话，我傍晚一定会补个小觉。有时在傍晚到家时，脱鞋就睡，然后再爬起来吃晚饭。有时，我会吃完晚饭后再小睡。

傍晚小睡也是有科学依据的。傍晚，睡眠需求处于峰值。**若白天不方便在办公室午休，或傍晚下班的时候感到筋疲力尽，或想利用下班后时间的话，都可以用傍晚时段休憩一会儿。**

傍晚小睡时，即使是在家里，也不一定要躺在床上。可以半躺在沙发上或躺椅上，找个舒适的位置。同样不能睡 90 分钟，以免影响夜晚的睡眠。**建议最多 20 分钟**，记得设上闹铃。另外，若担心一觉睡到天亮的话，可以**打开暖色小灯，制造一个昏暗但非全黑的环境**。

除了在家小睡之外，也可以在傍晚回家的路上小憩，但一定要确保环境稳定、安全。

举我的例子。平时在讲完课回家时，都是打车。虽然累，却不会在车上睡觉，作为女生，要注意安全。可有一次，我在老家讲完课，爸爸开车来接我。我原本想和他聊几句，没想到不知不觉在副驾驶座上就睡着了。身处在安全的环境很重要。

【学习者实践】

牛慧芳 | 教师：

最近每晚睡 4 个睡眠周期，利用午睡和傍晚小睡补充精力，有时候不方便睡觉就抽空闭目养神，效果棒棒哒。现在对自己的觉察也增强了，明显最近精力不错，陪伴宝宝更有耐心。这应该就是崔律说的，睡眠质量不仅影响智商，也影响情商。

03 “快充”微睡眠

只集中在夜间睡眠的模式被称作**单相睡眠**，在夜间和午后小睡的模式被称作二**相睡眠**，与之相对应的还有多相睡眠，也被称为**多阶段睡眠**，即每天分多次睡眠，每次时间不长。据说由达·芬奇践行，他每 4 小时，只睡 15 分钟，这样每天仅睡 2 小时。

我们并不需要每天只睡 2 小时，但这种睡眠方式带给我们一些启示：如果短期内，诸如一两天或三四天里，为某个重要项目而赶时间的话，可以尝试在一天中数次睡眠的方式，例如**夜间睡 3 小时或 4.5 小时，然后在白天补充两次或三次的小睡，每次小睡 30 分钟以内**。这样，总体而言，既节省了睡眠时间，却依然能保持全天的高精力。

有一项实验证实，即使**午睡 10 分钟**，下午各方面表现全面快速提升，这种状态能维持两个半小时。我称这样的短小睡眠为“**微睡眠**”。

当然，这是短时间的应急措施。长期而言，还是需要规律且时间有保证的睡眠习惯。

举我的例子，有一天的会议日程安排得特别满，下午 16:55 回到事务所后，17:00 还有个会议。一天忙碌，已非常疲累。到达事务所时，我和前台人员说“客户到达后告诉我”，然后回到办公室，没开灯趴桌子上就睡。当时想着哪怕睡 5 分钟也好。

不料，客户迟到了 5 分钟，17:05 才到。于是我得以睡足 10 分钟。醒来后花 1 分钟喝了一杯水，精力值已然恢复到 80+，于是又进行了一个高强度的会议。

【小讲堂】 入睡小锦囊：树懒入睡法

不论是夜间睡眠还是日间小睡，都面临一个共同的问题：**闭上眼睛之后，多久能睡着**。很多人辗转反侧，迟迟不能入睡。

要注意的是，这时千万不要有睡眠的压力，诸如强迫自己入睡。睡眠这个小公主，半点都不接受强迫。越强迫它，她带来的破坏力越大，我们就越无法入睡。我们要做的是放松。

这时，大家可以这样做：**把自己当作《疯狂动物城》的树懒，所有的思维活动放慢 10 倍**。例如，原本忧虑的是“我今天有个工作没做好，怎么办”。当意识到它之后，放慢 10 倍后再想。于是，变成：“我——今——天——有——个——工——作——没——做——好——，怎——么——办——”

当我们用这个倍速，把整件事都过了一遍，还没睡着的话，那么在此基础上，再放慢10倍。例如：“我————今————天————有————个————工————作————没————做————好————，怎————么————办————”

不停实践，让思维越来越慢，越来越放松，直至我们停止思考，这个方法也可以用来哄孩子入睡。比如用树懒法和孩子说话，给孩子讲故事，宝贝们很快就睡着了。小伙伴们亲测超有效。

3-5 吃出精力与强脑健心运动

三餐与零食的黄金搭档，提供长时间的高精力！
健身＝健脑＝健心，好精力离不开勤运动！

前面为大家介绍了睡眠，本节解锁体力另外两大板块——饮食和运动。

过去，我们在决定什么时间吃什么食物的时候，一般只会考虑：它美味吗？它健康营养吗？它有助于减肥吗？过去，我们在决定什么时间做什么运动时，一般只会考虑：我有时间吗？我想健身吗？我想减肥吗？

从现在开始，我们还要增加一点：它对我的精力管理有帮助吗？

只要我们稍加留意，便能让饮食和运动发挥出意想不到的惊人效果。

01 三餐与精力

大家一定有晚上饿着肚子加班的经历吧。精力难以集中，情绪更急躁、头晕眼花……大家以为这是工作任务引起的吗？不，其实是**饥饿**引起的。饥肠辘辘影响着我们的工作表现。

葡萄糖是身体和大脑最主要的燃料之一。人体血液中的葡萄糖被称为**血糖**。大家都知道血糖偏高对身体有危害，常见的是糖尿病。血糖偏低对身体也有害，想想低血糖的症状，严重者甚至可能晕倒，让身体直接“罢工”。

食物是血糖的重要来源。**一日三餐是食物供给精力的最主要方式**。从精力管理的角度，在选择入口的食物时需考虑食物的升糖指数。升糖指数全称“血糖生成指数”（GI），是反映食物引起人体血糖升高程度的指标。血糖指数的数值越高，代表对血糖的影响越大。对食物按照升糖指数分成低、中、高三类。

高升糖指数的食物，例如香蕉，在短期内可以激发精力，但30分钟后精力水平就会显著下降。低升糖指数食物能缓慢释放糖分，能维持长时间的稳定精力。**因此，作为三餐，原则上应尽量选择低升糖指数食物。有特殊情况，比如应急所需的话，可以选择高升糖指数食物**。

关于各种食物的具体升糖指数，大部分和人们已有的常识相一致。例如，豆类和燕麦等谷类食物比米饭和馒头的升糖指数要低。换言之，在选择健康的饮食时，通常也是对精力有益的。

举我的例子，毕业刚工作那会儿，中午不习惯吃外卖又挑食，吃得少，下午很快就饿。于是我发现，饿着肚子影响大脑运转，影响工作效率。为了下午能更好地工作，我才开始中午吃米饭，还刻意多吃肉。对我而言，午餐的意义就是维持精力。

再后来，我了解到了饮食对精力的影响，就更加注重了。一般情况下，早餐我是不吃肉的，可遇到外出讲课时，在酒店早餐里一定会选肉，比如西式火腿，以确保上午的高精力。

【学习者实践】

紫雨1314 | 全职妈妈：

每晚检查孩子作业时，看到孩子作业错误多时，总是会莫名的发脾气控制不了，以前总觉得是孩子学习不认真，今天听了崔律的课程后，顿时发现：可能是由于自己经常不吃晚饭，血糖太低了，就会容易发脾气，脾气暴躁，不能全怪孩子，今后会注意。

02 零食的妙用

为何人们需要一日吃三餐呢？因为每种食物提供能量的时间是有限的，一餐让我们无法坚持一天。

从精力管理的角度讲，零食是三餐的黄金搭档。零食可以有，而且必须有！

英国有个实验，请两组参与者食用相同种类和分量的食物。一组分成两次食用，分别是在早餐和午餐时间。另一组则分成四次食用，分别作为早餐、午餐以及两次零食。每次在食用1小时后，参与者都要参加测试。结果表明，食用四次的参与者在反应、逻辑分析、记忆力等方面都有提升。研究者推测是因为多频次食用量少食物有助于人体控制血糖水平。

在三餐的间隙，我们可能并不觉得肚子饿，但其实体内的血糖水平已经很低。**为了维持全天稳定的血糖水平，建议在一日三餐外，分别在上午和下午各补充一次零食**。保持稳定的血糖水平还有利于我们控制注意力，稳定情绪，应对压力，抵抗冲动，对精力有积极的影响。一项研究发现，在工作日饮食更健康的人有较好工作表现的可能性要高出25%。但晚饭后不建议吃夜宵，因为夜晚对精力的需求降低，新陈代谢也会减缓。

除非有必要，零食也要避免高升糖指数的食物。例如，糖果和甜点、汽水，它们会造成血糖水平从偏低的状态突然急剧提升，对身体和大脑有害。零食尽量选择天然的健康食物，比如坚果、水果。若条件不允许，例如出差路上，则可选择便于食用的不含有添加剂的水果干、蔬菜干或坚果干的混合装。

举我的例子，在我的出差物品清单中有一项是零食。因为，出差时，体力消耗大，食物消化快，容易饿。再有，出差在外，周围的环境不稳定，比如，用餐时间可能正好在飞机上，飞机上食品不合口味，或者时间仓促来不及提前购买食品，包里都会准备补充精力的健康零食。

我喜欢内含种类繁多又单独包装的小零食。种类繁多，则营养丰富。独立包装既干净卫生防潮，又方便随身携带。比如，我食用的坚果小包装，每包只有25克，却含有 6 种坚果，既能补充体力，也可以补充脑力。

【学习者实践】

孙颖 | IT 技术工程师：

今天早上带了些水果到单位，到 9 点半左右犯困的时候，吃了些水果，果真起到了提神的作用，虽然注意力没有达到最高度的集中，但相比前几天已经有了进步。

03 今天开始强脑健心运动

在人们生活常识中，运动与锻炼只是为了强身健体，不生病。正因此，相较于老年人，年轻人因为身体健康又工作忙碌，缺乏运动的必要性和紧迫性，自然运动得更少。

近 20 年来，科学研究有了新的重大发现：我们的身、心和大脑有着密不可分的联系。运动不只对身体有益，更对大脑、情绪等都有很大的改善作用[2]。换言之，健身 = 健脑，健身 = 健心。

对年轻人而言，哪怕不是为了身体健康，只为了强脑健心，为了提升精力，也要运动起来。

（1）运动好，学习好

运动可以提升心脏压送血液至全身的能力，增加脑部供血量。这样，大脑可以因此获得更多氧气、葡萄糖和各种营养物质。最近的研究证实，**运动能提高大脑的整体功能，增强认知能力。**

脑源性神经营养因子（BDNF）是 1990 年被发现的，它是大脑内合成的蛋白质，可以提高神经细胞的功能，它被誉为“**大脑的优质营养肥料**”，对学习很重要。

2 引自约翰·瑞迪与埃里克·哈格曼合著《运动改造大脑》。

1995 年，科学家们偶然发现，运动能使 BDNF 增多。

近十几年来，运动能提升脑力的实验还有很多。**从研究可知，在健身馆里运动后再去图书馆，会比只待在图书馆里更聪明。**

（2）运动好，心情好

经常运动的人会感到全身心愉悦，而那些习惯久坐的人却很少如此。它背后的原因有：第一，运动分散注意力，让我们的心思从焦虑中转移；第二，运动产生了大量的神经递质，如血清素、去甲肾上腺素、多巴胺等。**每次运动后能带来好心情，以及充沛的精力、能量和积极性。**

一旦我们有运动的习惯，若几天没有运动的话，身体和大脑就会提出抗议，总觉得少了点什么。所以，如果心情不好的话，穿上运动鞋，来一场说动就动的运动吧。

此外，力量型训练能降低抑郁和焦虑。一项研究中，研究人员让一组老年人进行为期 12 周的力量型训练计划（每周 3 次）。研究结论是，除了肌肉力量增加了 40% 之外，**这项运动在降低焦虑的同时还提高了情绪和自信心**，但对思考能力没有显著影响。

（3）运动策略

若要想增强脑功能、提升学习力，改善情绪，保持活力，不论是 6 岁还是 96 岁，运动都是首选。**希望大家能像爱学习、爱成长一样，爱上运动，并让运动促进我们的学习和成长，助我们的精力与时间管理更高效。**

现在，大家一定很想知道哪些是最佳的运动类型。对此，科学家们已经给出了部分研究成果，但更多的仍在探索中。下面介绍长期运动与短期运动两种策略，供大家参考。

注意，没有一项运动是适合所有人的，根据每个人的身体状况、运动目的等具体情况，建议求助专业教练或医生。

第一类：长期运动策略

① 有氧运动有助学习：

高强度的有氧运动（诸如跑步）能增加神经递质、增加 BDNF，促使神经新细胞的生成，对学习力的提升有效。

② 复杂运动提升学习力和注意力：

运动越复杂，能锻炼更多的大脑区域。比如，学习芭蕾舞、空手道的时候，大脑的全部神经细胞几乎都参与其中。它们控制着平衡感、顺序、转换、纠错、协调精细动作等。在运动中建立的大脑回路也能被其他活动激活利用。因此，会弹钢琴的孩子学数学更容易。

此外，**这类运动需要高度集中的注意力**，以避免在运动中受伤，比如被空手道伤着、避免从平衡木上掉下来摔断脖子。这能让大脑全情投入工作，调动起注意力的每个环节，让我们全神贯注。总之，复杂的运动、技巧型运动，能让大脑更聪明。

举我的例子，我的运动偏好是复杂运动。我不喜欢跑步，一方面是不喜欢剧烈型运动，另一方面觉得跑步太单调。以前学过游泳，现在主要是练太极。太极能锻炼身体的协调性，要学好很不容易，需要悟性和努力。同时，太极是一个能做一辈子的运动，像律师、像医生一样；也像美酒，越酿越香。

第二类：快速见效的短时间运动策略

尽管体力管理需要有长期的运动习惯，但短时间的轻运动之后也能快速见效。

如果大家觉得在办公室空调房里有些懒洋洋的、工作提不起精神的时候，或者，日清单上显示接下来会有一项有挑战的任务（比如，要进行一次艰难的谈判）时，**都可以临时来一场轻运动，也可以在安排日清单时提前规划出轻运动时间**。例如，屋内伸展运动，或者快走、上下爬楼梯，条件允许的话，也可以到附近健身房。可以稍出一点汗，但运动量别太大。这种轻运动会让我们的注意力更集中，洞察力更敏锐，精神更集中，情绪更饱满，更有信心面对接下来的任务。

再比如，我们马上要上台做演讲或向客户做展示，却感到一些小紧张或压力。这时，完全可以来一组伸展运动。时间无须太久，5 分钟也可以。

同样的道理，如果我们刚完成一个令人疲累或不愉快的任务，也可以立刻去运动一下。它能缓解和释放上一个任务带来的疲累和压力，恢复能量。

【学习者实践】

John 陈 | 消防安全培训师：

进步（1）：学习力提升。

过去：学习的时间分散，未抓住学习的重点。想学的东西太多；

现在：预设时间学习，并梳理了迫切需学习的知识，将学习模块化。

进步（2）：时间浪费减少。

过去：我不知道时间用在哪里？浪费在哪里？

现在：看到每天什么时候，做了什么，并将不必要的时间节省利用。

收获：习惯养成。

（1）养成了每天晚上抽时间学习的习惯；

（2）养成了早起的习惯；

（3）养成了固定时间睡眠的习惯。

Sylvia | 公职人员：

进步（1）：日常看待事物的消极面越来越少。

过去：凡事爱往坏处想，比较消极，快乐阈值太高或者说不容易被激发；

现在：心态比较阳光，大多数时候能够正面理解事物，感受到快乐的时候越来越多。

进步（2）：对时间的掌控感增强。

过去：总觉得时间不够用，可往往越是忙碌的时候越容易产生畏难情绪，会找些借口彻底休息，导致事务越积越多，时间利用率低。

现在：慢慢成为自己时间的主人，在合理规划的前提下，任务的有序拆分使得接受度增高、完成度更好、效率也更高，而且能保持心情的愉悦，同时，日清单的日事日清给了心理更多积极愉悦的刺激，良性循环。

收获：人生活在磁场中，其实自己也是一个磁场。当自身频率调节得越来越好，周围也就吸引来越来越多的正能量磁场。

第4章　脑力管理

“无脑工作”在逐渐消失，我们需要更专注、更有创意的大脑。

【本章重点提示】

与体力和心力相比，脑力管理更加注重“消耗－充电－消耗－充电”的节奏。

本章的核心点有：

（1）高效用脑最基本原则：一次只做一件事；

（2）新时代用脑两大关键词：专注力和创造力；

（3）脑力充电三部曲。

4-1 脑力工作者时代来临

脑力比知识更稀缺、更珍贵！

前一章阐述了精力三驾马车之体力，本章解锁脑力。大脑包含 100 多亿个神经元，超过 10 万亿个连接或突触。这个数字大得令人吃惊，大脑是最精密、最复杂的器官之一。

大脑也是最消耗能量的器官，它的重量只占了身体总体重的 2%，但它消耗的能量却高达总能量的 1/4。也就是说，每个人每天约消耗的 2 000 卡路里能量中，有 500 卡路里供给了大脑。

对于大脑，科学家们近年来的研究已经取得了突飞猛进的进展。尽管如此，依然还有很多未解之谜。大脑研究落后心脏健康研究至少 20 年的时间，我们对空间旅行和宇宙的了解甚至都超过了人们对大脑的了解。本节从实用的角度来认识一下大脑。

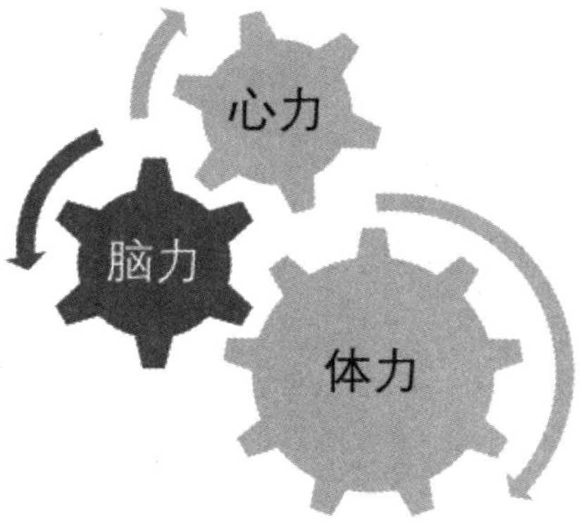

01 脑力工作者时代

在管理学经典著作《卓有成效的管理者》中，德鲁克先生提出了“知识工作者”的概念，与之相对应的是“体力工作者”。中国也同样经历了从车间“**蓝领**”到办公室“**白领**”时代的演变。

至今，“知识工作者”这个概念还在被人们广泛引用。值得注意的是，德鲁克先生提出这个概念是在1966年。如今的时代和当时相比，已经发生了翻天覆地的变化，尤其是近10年以来。列举两个新时代关键词：**信息爆炸**和**人工智能**（Artificial Intelligence，简称“AI”）。

由于信息爆炸，人们获得信息的途径异常简单，新的科技知识和信息量迅猛增加。有统计称，一个人所掌握的知识半衰期在18世纪为80~90年，19~20世纪为30年，21世纪60年代为15年，进入80年代将缩短为5年左右。换言之，5年前学到的知识，在5年后可能已经过时，被取代了。

知识本身不重要，它本身是“死”的。不论人们如何过目不忘，都比不过电脑记忆的速度和容量。**人们最重要的能力在于“应用知识”，把知识用“活”，将知识转化成为解决问题、转化成为自身能力的能力**。信息爆炸的时代，更要求人们更快速地筛选信息、吸收并应用知识。这对大脑提出了更高的要求。

又由于**人工智能**的快速发展，**如同设备自动化取代蓝领工作一样，很多白领工作亦将被逐渐取代**。我有个徒弟是某公司的财务总监，周末热衷于各种跨行业的学习班。因为四大会计事务所（德勤、普华永道、安永、毕马威）相继推出的财务机器人，对财务工作带来巨大冲击。即使她作为财务总监，也要为将来未雨绸缪。

显然，仅仅作为“知识工作者”是不够的，我们需要更充分地发挥大脑擅长思考的优势。**脑力比知识更稀缺、更珍贵！思考脑是人类最有利的武器。“无脑工作”在逐渐消失，人们的工作越来越依靠更专注、更有创意的大脑**。

“脑力工作者”的时代已经来临。大家做好准备了吗？

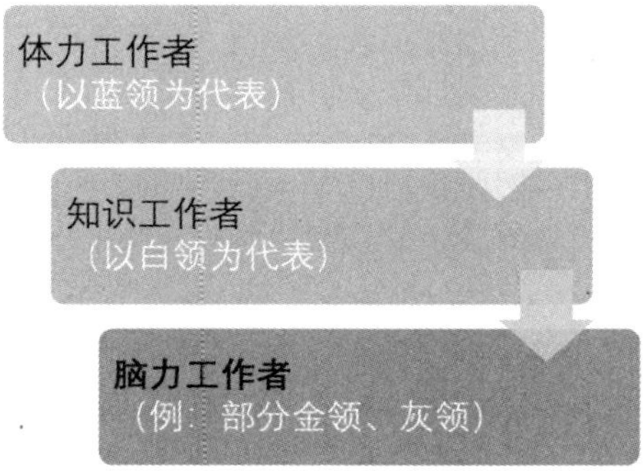

02 三类用脑任务

作为脑力工作者，“脑力”就是我们的生产原材料：**消耗的是脑力，产出的是工作成果**。显然，并不是每个任务要消耗相同的脑力。如果眉毛胡子一把抓，这是低效的做法。根据对脑力消耗程度的不同，**我把日常任务分为三类：事务型任务、常规型任务、高价值型任务**。以工作为例，说明如下：

- 事务型任务：简单、轻松、容易，**消耗一点点脑力**便可以轻松完成的工作。即使在受到外部干扰的情况下，也能完成。通常，这类工作产生的效益极低。例如，打印、寄快递。
- 常规型任务：在岗位职责书中载明的主要任务。通常，都在我们的能力范围内，但需要**消耗一些脑力**才可以完成。例如，销售人员的常规型任务是销售产品或服务，财务人员的常规型任务是记账或制作报表等。
- 高价值型任务：顾名思义，能带来高价值的关键任务，这也是**最耗脑力的**。比如，根据二八法则，能产生高效益的那20%任务。对于这些任务，通常要集中注意力，一心一意才能完成。

注意：

（1）整体而言，每个人的工作内容都包括这三种类型，只不过三类任务占比不同。职务越低，事务型任务和常规型任务的比重更大；而职务越高，高价值型任务的比重越大。以律所为例，行政人员主要是事务型任务，律师助理以常规型任务为主，而资深律师和和合伙人则以高价值型任务为主。

职场人的价值主要体现在高价值型任务所占的比重，即含金量。含金量越高，越难以被取代。反之，事务型任务越多，工作的含金量就低，则很容易被刚毕业的大学生或机器人所取代。

（2）同一个业务对不同人，可归入不同的类型。以订机票和酒店为例，对于部门经理而言，属于事务型任务，而对于秘书而言，属于常规型任务。

（3）如前所述，任何一件业务也能同时含有这三类任务。以向客户准备一份项目方案演示 PPT 为例，最关键的核心解决方案属于高价值型任务，基础信息收集、模型分析等属于常规型任务，PPT 的字号字体属于事务型任务。

我们的工作需要脑力，但脑力并非是“无底洞”，它非常有限。脑力是精力的重中之重，脑力更精贵！想要高效用脑，需要对这三类任务分别采取不同的应对方案。

（1）对事务型任务的解决方案：减少。

这类任务的可替代性强，产出的价值低，因此，尽可能地采取外包、授权、批量处理、互换等方式，以减少它们在我们日常工作中的分量。

（2）对常规型任务的解决方案：四化（即流程化、模板化、清单化与优化）。

在本书第 7 章中具体介绍。

（3）对高价值型任务的解决方案：专注（更深）、创意（更新）。

此类任务是我们的重心，是个人成长或职场中的核心竞争力，需尽量分配给它们相应的高脑力和高精力。这也是本章脑力管理的重心。

【学习者实践】

木门 | 公务员：

体力工作时代已经转变为脑力工作时代，最明显的就是 AI 的应用越来越多。以前脑力工作可能是加分项，选修项。但是不久的未来，绝大部分体力和事务性工作会被 AI 替代，所有需要人担任的工作都是需要脑力创作的。细思恐极啊。脑力甚至会被变得可量化，我每天能生成多少创造性内容或高价值型内容，就决定于付出了多少脑力。那么从现在起就要开始锻炼自己的脑力。

03 用进废退的大脑

下面介绍几个与大脑相关的知识，助大家了解如何更好地使用大脑。

用进废退是一个生物进化法则，简单来说便是生物体的器官经常使用就会变得发达，而不经常使用就会逐渐退化。**用进废退的英文表述 Use it or lose it，更直观的表现了它的意思：要么用它，要么失去它。**

大脑也遵循着用进废退的原则[1]。我们用它来解释三个常见现象：

①成年人在学习外语时，比孩子们更困难。

因为，**随着年龄越大，人们使用母语的频率就越高，母语占据大脑的空间就越大**。外语想在这样的大脑环境中立足，自然会更困难。

②坏习惯很难戒掉。

同样的道理，每一个坏习惯都占据了大脑的空间。而且随着每次重复使用坏习惯，它在大脑的空间会越来越大。因此，**要戒掉一个坏习惯比养成一个习惯难10倍。**

也正因此，童年的教育非常重要。一开始就要教对，不要等到坏习惯已经被养成，再去修改它或拔除它。

③自动化驾驶的中年人。

在学校读书的时候，我们有一段密集学习的时期，每一天都学到新的知识。在我们刚就业的时候，要适应从学生到社会人的身份转变，要适应新的社会环境，每一天都学到新的技能。

然而，渐渐地，当**步入中年**后，生活平稳下来，对事业也得心应手。这时，我

1　引自【美】诺曼·道伊奇著《重塑大脑，重塑人生》。

们使用的是已经熟练的技术和能力。尽管我们认为自己还是像以前一样地学习，但事实上，**大部分人已经很少去学一种需要全神贯注的新技能**。平时的读书、工作、说母语都是在用已经熟练的技能，这不是学习。我们始终在大脑的“舒适区”里。

过去很长时间里，脑专家们曾坚定不移地相信两个教条：大脑在青春期成熟后不能改变，神经细胞死亡后不能再生。如同“地心说”被“日心说”所取代，这两个教条也被推翻了。

最新大脑理论认为：**第一，大脑是终身可塑的**。人一生的不同阶段，从摇篮到坟墓，大脑都能发生改变。**第二，神经细胞是可以再生的**，诸如运动便能促进神经细胞的再生。这是 20 世纪脑神经科学领域里最大的发现。

大脑的“**可塑性**”意味着“**能被塑造**”。**每个年龄阶段，我们都可以改变大脑的认知能力和脑容量，相当于重塑大脑。当然，它的前提是，我们需要不断地对大脑进行投入。**

学习，可以改变大脑。而且，不论什么时候都不晚。脑科学家大量的研究表明，**大脑像肌肉一样，越练越强。这不只是一个比喻，而是真实的！**

【学习者实践】

瑶 | 质量总监：

因为知道脑力与年龄无关，我可以持续让自己的大脑进步优化。提升专注的学习力，让我感觉充实快乐，世界越来越开阔，正能量的希望越来越多，一切皆有可能，年龄不是障碍。我从现在起，有意识地突破中年舒适区，规划新的职业规划，更上一个台阶。日常追随崔律老师从生活的点滴中去改变，以拆书、英语和演讲锻炼自己，丰富自己的学习环境，有规律有强度地快乐学习，建设更好的大脑，追求更美的人生。

4-2 一次只做一件事

高效用脑最基本原则：一次只做一件事！

在这个“时间贵如油”的时代，很多时间管理文章都在教我们“多任务并行”，即，同一时间处理多件事。举个例子，假如做家务需要 30 分钟，听一场线上课也需要 30 分钟，两项合计需 60 分钟。但如果边做家务边听课，便可节省 50% 的时间。看起来“好有道理”的样子，大家有在这样做吗？

想想看，小时候父母唠叨最多的莫过于“不要边看电视边写作业”。大家也不允许自己的孩子“边做其他事边写作业”。为什么到自己身上就能**边做家务边听课**了呢？

多任务并行，真的有那么好吗？本节解锁大脑注意力的真相。

01 大脑注意力有限

生活中，智慧的人们已经发现大脑的注意力是非常有限的。诸如，在边看电视边写作业的做法中，看电视分散了注意力，从而影响到学习的质量。甚至为了怕说话声影响孩子写作业，全家人都会压低声音。

在《慢思考》书中记载，我们拥有三套负责认知、决策的脑系统，分别是“反射脑”“思考脑”和“存储脑”。其中，

- **思考脑是慢而成熟的。**所谓慢，是指它的运转速度慢，用它思考时需要时间。它需要我们投入注意力，保持专注。所谓成熟，是指它能进行有意识地主观思考，它能进行逻辑分析、综合考量、创造性思维、解决问题、做出预判、回顾过去以及深度思考。它成熟的很晚，根据研究大约直到5万年前，现代智人才拥有了发育完善的思考脑。这是人类独有的能力，其他任何动物都做不到。

当人们说“多动动脑筋”或者“多思考”的时候，指的是用思考脑。科学家们发现了一个惊人真相：**思考脑无法同时处理多个任务，它甚至不能同时处理两个任务。思考脑最需要注意力。**

首先，思考脑无法同时做两件都需要高注意力的任务。比如，一边在电脑中写着X公司的重要方案，一边和重要客户Y开电话会议，这是行不通的。

其次，哪怕只做一件需要高注意力的事，如果还有其他活动来分散注意力的话，也会出现问题。比如，开车时，打电话分散了开车的注意力，所以被交通管理部门禁止。

有人说“我经常看到有人在开车时打电话，两个任务都不耽误”。那是怎么回事呢？

第一，路况熟悉、没有突发状况、又驾驶熟练的话，用不到高注意力，只需要中低注意力。作为对比，大家可以想象新手驾驶员，开车时手脚全用，大脑全开，用的是高注意力。

第二，一般的电话多是日常闲聊，也无须高注意力。比如，在下班回家的路上，太太打电话问“开到哪里了？几点回家呀？”。作为对比，若是一个工作上的重要电话，则要用到高注意力。

第三，这是个概率问题。通常情况下，两个都是中低注意力的任务可以同时处理。可是，若有一个任务突然升级为需要高注意力，比如，道路上出现紧急状况，突然出现一个闯红灯的行人，需要调动高注意力去处理。

多任务并行降低了应急处置能力，大大增加交通事故的风险。

【学习者实践】

周颖 | 公务员：

以前喜欢一边开车一边听微课，自从听了崔律的课程后就不再一边开车一边听微课了。

开车几年来遇到过三、四次小碰撞，现在回忆起来，每次小碰撞的原因都是注意力不集中，没有一次例外！！！以后开车坚决不分心了。

也有人说，我可以边走路边听音乐，或者边看电视边淘宝。注意，这时同时处理的两项任务都是不需要注意力的任务，或者仅需要一点点注意力的任务。也就是说，人们**可以同时处理的多任务仅限于“不争夺注意力”**的情况。

02 多任务并行误区

很多人都以为，同时处理多项任务是现代职场必备技能。人们也常常以此而自豪。这里需要注意的是：

第一：如前所述，思考脑的注意力有限。事实上，我们是做不到多任务并行的，只是误以为自己做到了。

大脑研究显示，我们以为的多任务齐头并进（下图1），实际上大脑是在不停地做任务切换（下图2），只是切换的时间很短，几乎感觉不到。

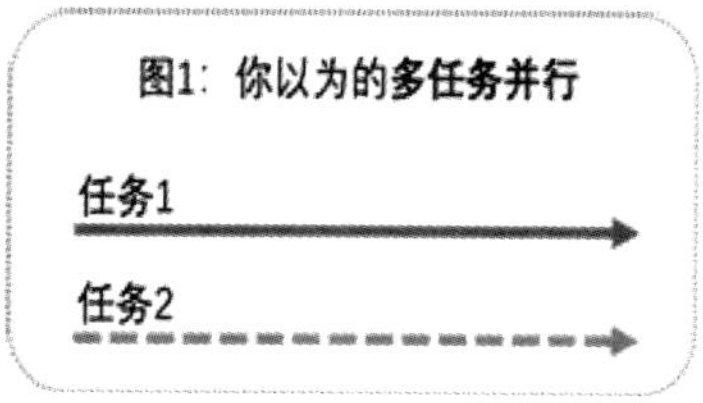

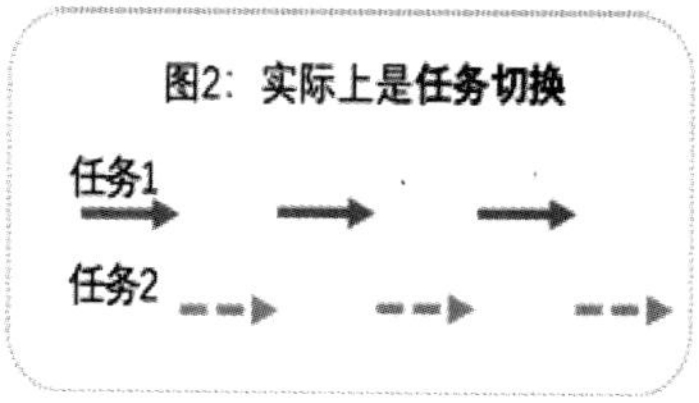

这解释了前文说一边在电脑中写着X公司的重要方案，一边和重要客户Y开电话会议是行不通的原因：当在说话的时候，手里已经停下了打字；当在打字的时候，注意力已经从电话转移到电脑，那一瞬间我们其实听不见电话中客户在说什么。这种情况下，不但遗漏了大量的信息（如右图），而且花了更长的时间才能处理好两项任务，还容易出现低级错误。为了弥补和纠正错误，又需要花更多的时间和精力。总之，得不偿失。

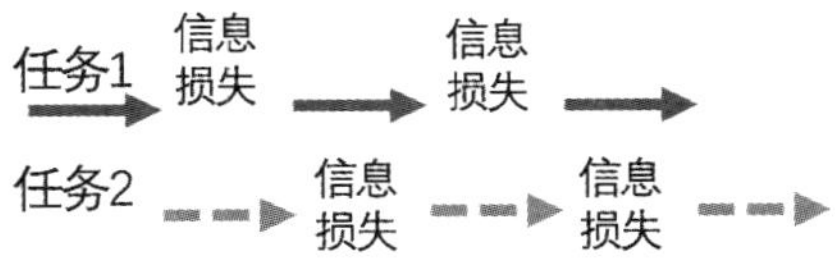

【学习者实践】

小芳 | 资深项目管理工程师：

今天下午做项目规划，一边做一边在听同事聊天，偶尔插几句嘴，由于专注度不够，导致项目规划任务没完成，快下班时觉得怅然若失。

第二：**如果在日常工作中确实做到多任务并行，而且效果还不错的话，说明这些任务对我们而言都很熟悉、很轻松，我们处在“自动驾驶”的模式。这也意味着这份工作对我们能力的提升已经没有太大帮助了。**

大脑研究证明，**当人们对执行一个任务越来越熟练时，与行动相关的活动模式会随着熟练程度的加强而变化，一些大脑区域将不再参与其中。**所以，对于一项任务，从陌生到熟悉，让我们感觉越来越轻松，需要付出的努力程度越来越低，所需要的注意力越来越少。这符合“最省力法则”。

03 专注做一件事

思考脑的天生构造不适合同时处理多任务。**切记，面对需要高注意力的任务时，一心一意只做一件事。**

高手们都会集中精力“各个击破”，而不是同时完成多项任务。例如，普通的推销员会在开车时、步行时给客户打电话。而那些顶尖销售员们不会那样做。他们会找一个安静的地方，能100%集中注意力的地方和时机，再给客户打电话。不论在任何方面，想要做出成果，保持高度的专注是重要前提。

当多任务并行时，思考脑的注意会割裂、被分散，错误频出，这是脑力超支的代价。特别提醒的是，**即使是那些看起来并不需要高注意力的任务，在多任务并行的情况下也具有很大的安全隐患**，比如边走路边看手机，时有“低头族”们撞到电线杆、卡在扶梯里、掉下地铁站台的新闻。

这是在我课程中发生的真实例子，希望引起大家的重视，注意安全。

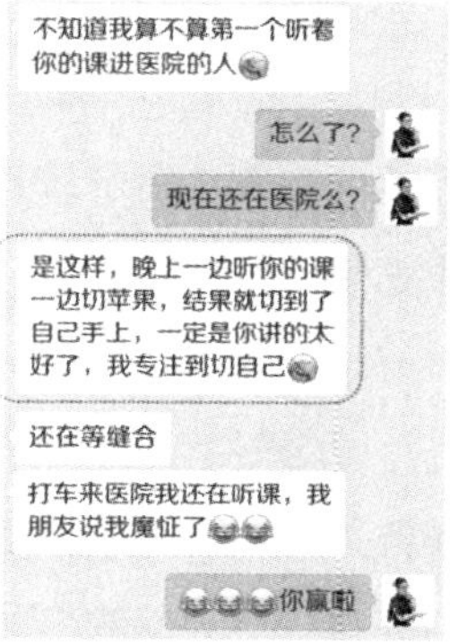

其实，每天24小时，我们已有足够多的时间，并不需要那么多的多任务并行。如果任务实在太多的话，或许我们需要做“减法”了。

举我的例子，除了少有的做家务同时听新闻外，我几乎没有多任务并行的情形。我习惯于一次只做一件事，哪怕是休息的时候，也纯休息。看动漫的时候，也是纯看动漫。

以前家里也是边吃饭边看新闻。结果发现，即使是无聊的社会新闻，也在分散注意力。于是，新规矩是：吃饭的时候，关掉新闻，只能聊天。吃饭不需要注意力，于是，注意力便专注在聊天上。家人会努力找一些白天在工作中发生的趣闻或事件互相分享。少了注意力的分散，还能进行有来有往的高质量沟通。

我很享受这种一次只做一件事的专注和简单的生活。

【小讲堂】碎片化时间听课的骗局

现在多任务并行的典型代表是在碎片时间里，一边做其他的事，一边听课——我称之为“骗局”：它既是时间管理的“骗局”，也是学习的“骗局”。我认为，这样的听课，可以称作“休闲”，不是真正的“学习”！

以边做家务边听课为例，分析如下：

第一，做家务等于写作业时的电视声或说话声，分散了学习的注意力。例如，当想到“咦，这里怎么这么脏？”“下一步打扫哪里呢”……这些念头的时候，注意力已经离开了音频，带来听课理解上的断层。如果是手洗衣服的话，水流声也会打断课程的连贯，又因手是湿的，你会放任它，而不太愿意倒回去补听那几分钟。

第二，学习是靠听一次就能会的吗？回想过去十几年的学习经历，哪怕是坐在教室里聚精会神地听课，都不是过耳不忘、一听即会的。更何况是这种只分配了一部分大脑注意力的听课方式呢？！

大家都在教育孩子说：写作业不是看抄写了几遍，而是看记住没有。同样的道理，对我们而言，在职场人学习中，不是看听了多长时间的课，而是看大脑真正思考了多少，自身行为改变了多少。

多任务并行的听课只是在安慰自己，让这段时间看起来“被高效利用”，让我们看起来“很努力”。因此，这其实是一种比看电视更高级的“休闲”。注意,“休闲”在本书中不是贬义词，在本章后文有详述。

在我的课程中，小伙伴们养成的听课习惯是：当听课时，坐在书桌前，拿出纸笔，一心一意地只听课，不同时做其他事。“不动笔墨不读书”这个道理同样适用在听课学习这件事上。每次听课，要写学习日志，并亲身践行。再有，时常温故而知新，每天进步一点。

小伙伴们亲身实践后，效果非常赞。甚至很多小伙伴感受到学习的乐趣，听 1 遍感觉不够，每天自发地会听 2~3 遍课程。

【学习者实践】

范丹燕 | 全职妈妈：

作为家庭主妇，好像一心多用是常态，做饭时听着孩子的动静，拖地时想着锅里的饭，尤其是有了网络课程，一直都是做着家务听着课。我老公老说我干活毛躁，但他又说家里事务不少就不要求质量了，我也自然放低了对自己的质量要求。

然后我也把孩子养成了这种习惯，总是希望她同时能干着活还能做另外的思考。我一直认为这样就是会多出时间来，同一个时间能干两件事。事实上是专注度不够，导致事情做出来的结果并不理想。而且这种一心多用的状态是一直焦虑的状态，身体也很紧绷。

今天我开始一次就做一件事。比如，中午有一个微信要及时回，我刚好在走路，我就停下来站住了，然后好好地组织语言回复对方。那一刻感觉自己有点轻松，不会怕回信息有错误，也不用担心走路要注意安全。其实专心地做好当下的每一件事情，省时省力又省心，还可以降低因错误造成意外返工的概率。

张超 | 机关工作人员：

我原先听课程是喜欢一边听课，一边做家务，认为是节约时间。后来感觉效果不好，便坐在书桌前一边听课，一边将关键的知识点做记录。课程听下来，根据记录就可以形成一篇打卡作业，效果不错呢。

4-3 摒弃随时在线

忙碌≠高效，离线是常态，在线才是例外！

前一节中大家学到了多任务并行的“骗局”。日常工作生活中，除了边做家务边听课外，还有一类更常见的是边写报告边回微信。虽然两者都被人们叫做“一边……一边……”，但却有些不同。

在同一时间点，前者的家务和听课两件事都在同时进行，手在做家务，耳朵在听课。而后者的两件事中，写报告和回复微信实际上在同一时间点只有一件事在进行。并且，现代社会中，后者情形里常见的一个“一边”是回复微信、QQ、邮件等即时信息。

为示区分，**我们把前者称为“多任务并行”，而把后者称为“随时在线”**。随时在线是这个时代的显著特征。本节解锁随时在线的“骗局”。

01 随时在线的代价

技术和工具原本是人类的仆人。运用得当，这些新技术能让我们更加高效地工作。而残酷的现实是，大多数人却失去了掌控，反而被仆人“奴役”。结果就是，不论什么时间、地点，人们总是忙着发邮件、回微信，顺便刷手机。**人们已经被牢牢绑在小小的屏幕上。**

大家也习惯了在电脑或手机中开启多个程序窗口，其中一定有邮箱、微信、QQ 等各种即时信息程序。当一条新消息突然出现屏幕上，我们会立刻点击查看。**这是一种下意识的行为**，根本不会有半秒钟的停顿，去思考那则新消息是否重要，是否比手里的事更重要。新信息提醒的声音、闪烁灯或者小窗通知，就像身上某个部位发痒，让我们总忍不住要去挠一挠。

随时在线的实质是多任务串行。举个例子，某君写报告的时候，开着微信和邮箱。看起来似乎是在同时处理这三个任务，实际上一会儿写报告，一会儿回微信，一会儿回邮件，在三个任务中不断频繁切换（见下图）。

既然是多任务串行，大家想这就是 1+1+1=3 呀。错！真正的结果是 1+1+1<3。对脑力工作者来说，随时在线要付出沉重的代价。

第一，从时间上来看，**随时在线所需的时间远远超过各任务单独完成的时间之和**。例如，假设上图中三个任务串行共用了 3 个小时。而如果关闭微信和邮件，只专注写报告的话，只要 1.5 小时就能完成。然后，处理微信 10 分钟，回复邮件 20 分钟。合计只需 2 小时。不信的话，试试看就知道了。

第二，如前所述，大脑是可塑的，**长期的随时在线会改变大脑结构**。它让大脑更喜欢跳跃（在任务之间跳来跳去），而不愿“安分”在一个任务上。这样，我们需要花更多的意志力才能集中精力专注工作。它还牺牲了认知度，让大脑习惯停留在浅思考的层面，无法做出深思熟虑的选择和决策，无法进行有创意的思考。长此以往，我们将成为一个机械的、固化的、丧失思考能力的信息接收者，而不是动态、灵活、富有创造性的有成果的思考者。

第三，**随时在线让我们一直处于被动应激模式，皮质醇的分泌，让身体持续处在压力和焦虑之中**。长期下去损伤身体，会带来慢性高血压等疾病。

【学习者实践】

Hym | 建筑师：

刚参加工作时电子产品没有现在广泛，回想当时确实工作效率高，有时候能坐在电脑前一上午专注工作不走神。随着电子产品的推广，尤其是微信进入工作，工作效率低了很多。开始尝试每天设置一定的离线时间，提高工作效率及专注度。

02 忙碌≠高效

我们不禁要问，既然随时在线这么多弊端，为什么人们如此热衷随时在线呢？主要有四个原因：

原因一：外部要求。比如，有的公司要求员工必须保持在线，必须在 × 小时内回复客户邮件。有位小伙伴在咨询行业，其公司便有此类要求。所以，不论是周末聚会还是现场听课，她总是随身携带电脑，不停回复邮件。这让她时刻处在紧张和压力之中，直到她离职。

原因二：大脑奖励。每当完成一件小任务，例如回复了一封电子邮件或者检查了一下微信的更新，大脑都会送出一份多巴胺奖励。多巴胺带来兴奋和满足，诱惑我们持续不断地追求这种感觉，甚至到了上瘾的地步。

原因三：自我欺骗。我们让自己不停处理那些简单容易的即时信息，以此便有"合理"借口拖延处理更复杂的事。这让我们觉得心安，甚至自我感觉良好："我真能干。我们心里隐隐盼望着这种干扰不断出现，这样就能够无限"忙碌"下去。这只不过是我们的自我欺骗和自我满足。

原因四：意识误区。**人们潜意识里还以为"忙碌 = 高效"**。在 19 世纪末的美国工业时代，弗雷德里克·泰勒拿着秒表站在车间里监测工人的效率，他用秒表记录每一基本动作所需时间，找出做每一步工作的最快方法。在那个体力劳动者的时代，效率就是单位时间生产出的产品数量。

可如今已步入成熟的知识工作者时代，脑力工作者时代也已来临。社会发生了巨大的变化，然而，人们却没有明确的、可量化的统一标准，重新衡量知识工作或脑力工作的效率。只得继续沿用体力工作者的思维，随时随地回复信息、不停歇的工作，让自己和他人信服我们的工作做得很好。

显然，这种理念已经过时了。对脑力工作者而言，是否忙碌和产出并没有直接的因果关系。在脑力工作者时代，更看重的是成果，也被称作“**效能**”。

03 制造离线时间

想要更好地发挥大脑的潜能，基于一次只做一件事的原理，我们需要做到**离线**，避开即时信息的干扰。

在日清单章中，大家已经体会到了推迟处理新任务的妙处。世界上本没有那么多“火灾”，我们在世界上的地位也没有想象中那么重要。**离线，本质上也是一种推迟处理**。

当看到“离线”二字，又有人大呼“臣妾做不到”。放宽心，并不是让大家过隐居生活，全天离线（当然，在必要时，完全可以这样做）。我们可以慢慢一步步地来：

第一步：每天抽出1~2段固定的时间离线，例如，在上午和下午各离线1小时。屏蔽即时信息的干扰，做需要高注意力的任务。我们称这段时间为“**离线时间**”，与之对应的是“**在线时间**”。

第二步：当适应离线时间之后，大家会发现原来没有即时信息干扰的时间是多么美好。这时，可以尝试延长离线时间。例如，从1小时延长至2小时。

第三步：当大家能熟练地驾驭离线时间后，可以**把离线时间从“例外”变成“常态”**。换言之，一天的大部分时间都是离线时间，偶尔才有在线时间。例如，午休时、下午茶歇时、临近下班前才在线。

最后，可以把离线时间从工作扩大到生活和学习的方方面面。这时，大家已经戒掉了手机依赖症。手机成为我们的仆人，为我们所用！

切记，如果无法做到离线，再多的管理时间技巧都会失效。若刚开始执行时实在有难度的话，可以拔掉网线，关掉 WIFI，关掉手机移动数据。没有网络的诱惑，则更容易做到离线。

举我的例子，我没有手机依赖症，是习惯过离线生活的人。

首先，我没有太多社交软件，常用的只有微信，不刷微博，不用 QQ。其次，工作的绝大部分时间里，微信在电脑的后台运行，没有声音和图标的提醒。只有当我偶尔上线时，才会把它召唤出来，集中处理联络信息。用完后又让它退居幕后，随时待命。

即使在休息日，我也是隔很长时间才会打开手机微信，查收下新信息，永远不会随时在线。我喜欢这种安静的感觉。偶尔有必要时，我甚至会把手机静音，制造安静的独处时间。

在浮躁的世界，我们需要时刻保持内心的平静与安静。

【小讲堂】论听课学习的正确姿势

在前一节中，小伙伴们学到了一次只做一件事。所以，会停下做家务，停下手里的其他事，坐在书桌前专心听课。而在本节学习之后，小伙伴不仅坐在书桌前，更关闭了微信等各种社交软件，关闭了手机铃声提醒，防止被打扰，一心一意专注听课。

【学习者实践】

佩璇 | 绘本馆馆长：

之前我有在听课的时候回复微信，等回复完就错过一些课程细节。现在我听课时退出微信，特别专注地听，并记录，这种专注的感觉特别好，也许是感觉收获很多，心里也有奖励机制，有点小兴奋。

4-4 必不可少的休息

休息≠偷懒，休息不是浪费时间，而是“有用”的时间！

前一节中破解了“忙碌 = 高效”的误区，本节将继续从体力工作者思维转向脑力工作者思维，解锁“休息 = 偷懒”的误区。

休息，即暂停。适当的休息可以恢复精力，保持身体和大脑高效运转所必不可少的，是有益的。在高效精时力管理中，我们要摆脱的是低效、浪费和贪图安逸与逃避的偷懒行为，却从来不是停止休息。

01 人需要休息

社会的默认规则是“休息 = 偷懒”。在人们的认知里，休息不仅不会受到奖励或表扬，反而会收到斥责或批评。在我们的内心里，“休息 = 浪费时间”的想法也阻碍了休息的脚步。

互联网的发达，让我们足不出户地与世界各地的人们进行网络交易、视频会议、分工协作；高铁飞机的发达，让我们一日四城。为了适用这样的节奏，人们压缩睡眠和进餐时间，全力以赴地工作，像陀螺一样，一刻也停不下来。

事实上，与人们的认知完全相反，人需要休息！

大家知道昼夜节律吗？它是生物在进化中产生的对地球 24 小时自转现象的适应结果。地球上的所有生命都受其影响。昼夜节律敦促着我们日出而作、日落而息。有许多上夜班的工人即使一晚没睡，也没法在白天沉沉地去睡，便是因为这个原因。

人的身体按照“活动—休息—活动—休息”的节奏，不停地循环。除了睡眠有周期外，生理指数如心跳、激素水平、肌肉张力和脑波活动都有周期，每个周期也约 90 分钟左右。换言之，每 90 分钟身体会渴望休息和恢复，并发出一些信号，譬如出现疲惫感或困意、打哈欠、难以集中、做事拖拉等。

为了真正变得高效，我们要遵循身体的节律，在必要时进行休息。

【学习者实践】

蒹葭 | 中学地理教师：

以前一直认为，每天认真地做事情，这就是努力，可是由于身体原因，需要很多的睡眠时间，心中总是惴惴不安。对孩子们也是如此。今天才知道，因为在我以前的意识里：休息＝偷懒，所以总有些小担心。听了崔律的讲解，我放下了，休息就是补充脑力。

02 休息消除“注意力残留”

大家一定有过这样的经历：如果刚看完一部浪漫温馨的爱情电影，单身的你会有那么一瞬间的冲动想去谈场恋爱；如果刚结束一场严肃的商业谈判，孩子打电话来央求一件事，你的心肠会比平常更硬一点。这种现象称为**“注意力残留”**效应。

简单来说，当我们从任务 A 转移到任务 B 时，我们的注意力并不是立刻全部转移，有一部分注意力仍残留在任务 A。这种残留可能干扰后面任务 B 的思考，影响任务 B 的决策。

因此，在进行任务切换时，最好休息一下。尤其在前后两个任务互相抵触或排斥，或者跨领域切换的时候。在工作中，尽量避免马不停蹄地从一个工作切换到一个工作的状态。

举我的例子，在一日三分法中阐述过，白天在事务所里处理律师工作，晚上在家里处理拆书帮分舵运营事务和讲课或备课等事宜。有一个原因便是避免注意力残留。

因为在律师工作中，我是冷静的、理性的、高要求的。而在精时力和拆书帮里，我是感性的、有温度的、包容的，大家出于共同的爱好聚在一起，互相陪伴，共同成长。一个是理性思维，一个是更感性。

通过晚饭时间，我把两块领域分开，互不影响。

【学习者实践】

匿名梦梦：

注意力残留的概念让我想到一个沟通小技巧，如果你想让别人做一件比较难的事，最好在对方刚经历了喜悦后去提出，这样达成效果会比较好。

03 休息带来创造力

看看下面这几种情形：

- 一整天你都在冥思苦想，却始终找不到问题的解决方案。当停止思考去冲个澡、慢跑一会儿、躺在床上休息时，脑子里却突然冒出来一个出乎意料的创意。

- 某个聚会中，有人和你打招呼，你们认识很久了。然而，尴尬的是，你想不起他的名字了。你拼命地回想，但无济于事。可是，在数日后的某个时刻，当时你已经忘记了这段尴尬的经历，而大脑中突然冒出了那位朋友的名字。

让我们意外的大脑另一个真相是：当我们拼命地用大脑思考和搜寻答案时，实际上是在阻塞自己的思维。而当大脑活动减慢，放弃努力思考，没有任何特定任务需要处理的时候，大脑却能以新的方式把事物连接起来。

这背后的原理是：当思考脑停止工作时，大脑中的另一套系统“存储脑”才开始工作。存储脑像图书馆管理员，会整理大脑中杂乱的信息，从而产生新的创意。

与比尔·盖茨共同创建微软的西和彦**曾提出“西氏3B创意时刻”：小憩（break）、洗澡（bath）和睡眠（bed）**。他说，自己最富创意的想法总是在非常轻松的时刻诞生的。这三者也是很多历史上诸多名人们共通的创意时刻。

俗话说“不会休息，就不会工作”。“有用的休息”非常重要。工作必须张弛有度，劳逸结合。

【学习者实践】

匿名X：

听完课后，我严格将工作及休息放松时间区分开了，工作时就认认真真工作，休息放松就心无旁骛放松。之前对休息放松有些负罪感，今天就很享受休息放松的时间，非常享受短暂的休息，而且工作效率高，不会休息了仍感觉心很累而影响工作效率。

4-5 脑力充电三部曲

大脑悖论：会休息，才会更高效！

前一节中大家学到了休息的重要性，以及休息带来的诸多益处。思考脑在工作时会消耗大量能量，很容易疲劳。因此，越是消耗注意力的工作，我们就越需要休息。脑力修复的关键是让大脑及时获得足够的休息。我们需要一周 7 天、一天 24 小时的为脑力充电。本节将为大家解锁脑力充电（修复）的三种方式。

在给手机充电时，若我们打开充电 APP，一般显示有三种充电模式：快速充电、连续充电、涓流充电。脑力充电也有三种：

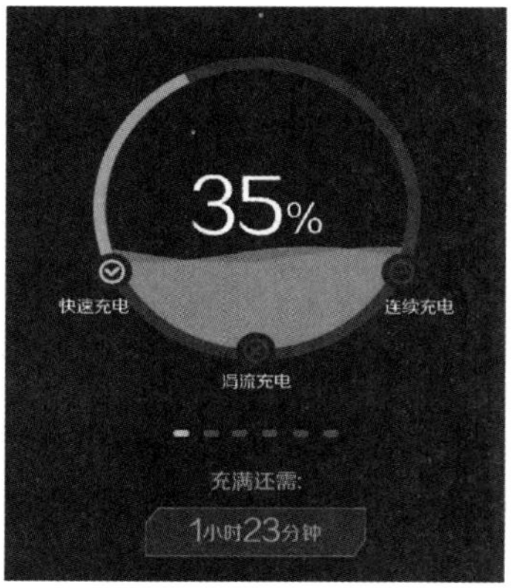

- 间歇性充电：见缝插针充电；
- 规律性充电：每日充电；
- 阶段性充电：休息日充电。

我们回想一下，其实学校安排的休息是最科学的：

- 每节课 45 分钟，然后中间休息 10 分钟——间歇性充电；
- 白天上课，晚上休息——规律性充电；
- 有周末和寒暑假——阶段性充电。

职场人总是忙盲茫，从现在开始不仅要规划好奋斗时间，也要为自己规划好休息时间。

01 间歇性充电：见缝插针充电

按人体的节律，每工作 90~120 分钟，在任务和任务间切换的间隙，在工作中的碎片时间里，或者在感到筋疲力尽之前，我们都可以见缝插针地休息下。例如：

- 起身去倒一杯水。以我为例，为了多活动，我在事务所用的是 300ml 的小容量水杯。我喜欢喝茶，要经常去续水，避免忙起来就“钉”在椅子上。
- 丢个垃圾（撤掉身边的纸篓，这样每次丢垃圾时都需要起身离开座位多走些路）、去前台取快递、到楼下寄快递，打印……做什么并不重要，关键是要暂时离开办公桌。抛开工作片刻，让大脑得到片刻的休息与修复的时间。
- 闭上眼睛，听一段冥想音乐或舒缓音乐，把大脑放空。
- 看看爱人照片、宝贝照片或全家福照片，想象以前的欢乐时光。
- 站起来找同事聊几分钟。聊的内容可以是刚才在专注工作时记录下来的要与同事询问的事项，也可以漫无目的地闲聊几句。如果是团队领导者的话，可以利用这个间隙和下属多谈谈。如同恋爱都是“谈”出来的，上下级的信任关系也能“谈”出来。
- 补充零食、深呼吸、楼下晒会儿太阳。
- 如果感觉累的话，睡上几分钟。

休息的时长根据当时的精力状态、前后任务的精力消耗情况等，综合判断。当休息后再次回到办公桌时，脑力和精力得以大幅提升，有助于接下来更专注、更高效地工作。

另外，若白天多次用休息补充精力的话，可以让全天的精力始终维持在较高的水平，不至于下滑的太严重。这样，在下班后的晚上时间也不再那样困倦。

过去大家可能没有中间休息的习惯，可以在刚开始实践时，在日清单中设置两个定时提醒，或者在任务和任务之间设置一个绿色休息事项。

【小讲堂】错误的休息方式：刷手机

了解了休息的重要性之后，有小伙伴开心地想："休息这么重要，正好用休息时间可以'光明正大'地玩手机或者有'合理理由'看剧了"。注意，这些是最错误的休息做法。

大脑处理所有感官信息（如视觉、听觉、触觉等）的全部神经元中，超 70% 被用于处理视觉信息。体力管理章中也有讲述光线通过眼睛激发各种神经递质。科学家通过分析人的脑电波发现，当我们睁开眼睛的时候，脑电波以高频率的 β 波为主。而闭上眼睛的时候，脑电波中就开始出现低频率的 α 波，α 波使人放松。因此，盯着屏幕刷手机，不断动用视觉功能，并不会让大脑休息，反而大脑更疲劳。

所以，最简单环保又有效的休息方式是，闭上眼睛，阻断视觉信息的输入，让大脑进入休息模式。如果有必要，可以带一个眼罩，阻挡强烈光线。同时，闭上眼睛的时候，大脑要放空，什么都不想，享受放松和休息。

【学习者实践】

吖吖 | 行政：

之前的休息时间常常就是在玩手机，回复消息。现在想来，确实没有起到恢复精力的效果，大概就是因为并没有得到真正的休息吧。

02 规律性充电：晚上不加班

近几年我在精力管理中最大的感悟是：每天高效工作 8 小时足够了。

我们看三组数字：

第一，在丹尼尔·科伊尔的《1万小时天才理论》中记载：10 000小时法则的关键在于：没有人仅用3 000小时就能达到世界级水准；7 500小时也不行；一定要10 000小时——10年，每天3小时——不论我们是谁。

第二，刻意练习理论的创始人安德斯·艾利克森有指出：对于新手而言，每天1小时左右的高度专注工作似乎已经是极限了；对于专家而言，时间可以长达4小时，但基本不能再长了。

第三，《奇特的一生》中，拼命三郎的柳翁每天有5小时13分钟搞纯学术工作。

注意，这三组数字中的时长不是普通的工作时长，而是超高专注力的时长。它们共同揭示一个结论：**对于需要高专注力的脑力活动而言，每天可使用的时长是有限的，约在4小时前后。**

从这个角度讲，每天工作8小时，真的足够了。

大家知道吗？8小时工作制其实是诞生于100多年工业经济发达下的工厂体力工作。如今在脑力工作者时代，脑力比体力更耗精力，越是耗脑力的工作，工作时间其实应该比8小时更短。

举我的例子。在写书期间，我曾去云南玩了两天，爬山、逛景区，每天要走1万多步。但感觉很轻松，不觉得累，到晚饭时间也不觉得饿。对比同一时期旅游前后我在家里进行写作，每天待在家里不动，但饿的很快，身体和大脑都很累，饭量比平时多吃小半碗。耗脑比耗体力更辛苦！

当然，考虑到我们的工作中，不是仅有高脑力任务，还有那些只需要中或低脑力的任务。从这个角度讲，这三类任务合计起来，每天工作8小时也算合理。

与我们的常识相悖，不加班能带来很多益处：

益处一：更高效地利用白天8小时

白天8小时干扰多，于是很多人习惯于把复杂的工作留在下班后或周末加班处理。

举我的例子，以前我就是这样的，日常加班是常态，周末必加班。后来，因业余时间要读书和拆书，于是慢慢减少了加班。那么，原本要留在加班时间处理的大型合同和项目怎么办？只能放在工作时间处理。

我惊讶地发现，工作日里也足以完成。而且，以前总想着“这个留作加班做”“反正这个周末做”，于是在白天8小时里会有一丝磨叽。在自己确立不加班的规则以后，因为务必要在工作时间内全部完成，反而让白天的效率更高。

白天的每一分钟都很宝贵，也以此倒逼我们减少拖延、减少浪费、减少懒惰。

提醒：过去的加班是把要求高专注的数个小时放在延长的时间段内，而现在则要求我们把这数小时挪到工作时间内。这对我们的抗干扰和专注的能力也提出了更高要求，因此需要进一步提升精时力管理的能力。

益处二：让我们更谨慎地选择每一件事

当有加班习惯的时候，感觉时间似乎“无穷多”，因为我们总能通过晚些回家，周末多加一天班等途径延长工作时间。而当不加班的时候，每周只有5天，每天只有8小时，时间突然变得“**有限**”起来。这种情形下，我们要对做的每一件事慎重选择。

于是，我们开始跟很多工作说“不”。首先被缩减或拒绝的工作必然是事务型工作或低价值的工作。真正有效的任务是不会被减少的。当任务数量减少后，反而能让我们看清真正重要的事、对目标很关键的事。

益处三：让我们的晚饭后两小时更不一样，睡个美觉，充满电量

想想看，如果加班到晚上8点，到家后吃个晚饭，基本就可以洗洗睡觉了。大脑活跃区主要停留在工作，精神紧绷，工作中的压力会带给睡眠，导致我们的身、心、脑不能深度放松，夜间睡眠不能把精力100%充满。次日醒来顶着60%、70%的电量强撑。日复一日，形成恶性循环。

反之，在不加班以后，用一日三分法规划好晚饭后时间，让我们的身、心、脑深度放松，每晚把精力100%充满，让第二天的工作效率更佳，形成良性循环。我们也会更多获得工作的乐趣。

切记，下班后，远离电脑、远离电子邮件，屏蔽掉对工作问题的担忧，不要反复想白天的对话，彻底放松。总之，请把我们的工作时间和非工作时间区分开。在工作时间之外，充分享受我们的个人时光。

【学习者实践】

匿名抗 | 设计师：

我在实践中的最大的进步是把休息作为一项重要的事情去做，而不是被动而为。

之前在工作中，除非累到不行，才会考虑休息，现在能有效地提示自己休息，这个心态自认为很棒！

对于晚上的休息，之前下班会先休息，之后就一直忙到睡前，导致睡眠质量下降，现在会将临睡前一小时的休息作为每天的必须工作，不仅提高了睡眠质量，又放松了自己，心情也变好了。

03 阶段性充电：更有趣的休息日

忙碌了一个星期，终于迎来了周末，大家是怎样安排的呢？是睡到中午，吃个早午餐，刷一下午手机，接着吃晚餐，然后睡觉吗？学过了前面章节的内容，睡懒觉是不可取的。那么，该如何安排会更好呢？

对于每年有长达 115 天，占全年近 1/3 比例的休息日而言，浪费休息日，真的等于浪费生命。想想看，如果工作 30 年的话，有 10 年的时间被我们虚度了……是不是很可怕？

过好休息日的关键词是**规划——像工作日一样规划休息日全天的日清单**。如果不规划时间的安排，会带来低效和浪费，会漫无目的地消磨掉休息日。

在休息日，我们可以安排一些与工作日不同的生活方式，或者安排一些特别的活动，用作阶段性充电。例如：

- **反向生活：过与工作日不同的生活。**如果在工作日的职场中用左脑更多，可以在周末安排些偏右脑的活动，例如画画。如果工作日陪伴家人时间少的话，周末可以安排陪伴家人的活动。就像肌肉锻炼，不能只锻炼肱二头肌，八块腹肌也应该锻炼下。

- **独处时间**：世界如此喧嚣，给自己一些独处的空间吧。这里的“独处”，不仅指没有其他人，也包括没有手机。每时每刻总有大量的信息迎面而来，影响着我们的情绪，我们需要安静地待上一会儿，或是安静地读会儿书、想会儿事，做做周复盘，甚至可以看剧休息。
- **快乐时间**：在周末固定做一些让自己快乐的事。诸如，学习手工活动，例如折纸、陶艺等，在锻炼手部活动时，也能锻炼大脑。
- **全家时间**：全家一起策划某项特别活动。有研究表明，不是活动本身，仅仅是参与策划讨论的过程，都能给全家带来极大的能量和亲密感。

我们的一整天、一周乃至一个月，让大脑都处在“消耗—充电—消耗—充电”的有节奏的状态，而不再是持续的“消耗—消耗—再消耗”。

更多专注力内容，请在崔律订阅号“一缕藕丝牵大象”中，输入“脑力管理”，获得更多内容。

【学习者实践】

酱酱 | 酒店管理从业者：

以前我会觉得，优秀的人会安排很多的时间在学习和工作中。听完崔律的课程后，豁然开朗。优秀的人不但会高度专注工作，在娱乐与休闲时也毫不马虎。不是他们时间比普通人多，而是他们更懂得管理自己的生活。

第5章 心力管理

我们不仅用脑工作，还要用心生活，每一天都元气满满！

【本章重点提示】

年轻的时候，体力够，脑力够，却总觉得工作生活没劲，其实主要是缺心力。

本章的核心点：

（1）积极思维必须有，消极思维要不得；

（2）改变言语，改变思维。

5-1 今天开始满满的正能量

我们缺的不是能力，而是心力！

前两章阐述了精力三驾马车之体力和脑力，本章解锁心的力量，助大家每一天都充满干劲，正能量满满！助大家更有动力、发挥更多的潜力，应对外部环境越来越复杂的时代。

大家有没有过下面的经历呢？

- 偶尔会有一段时间，感觉做什么事都提不起精神。
- 有些事理智上知道应该去做，但迟迟不愿去做。
- 对当下或未来感到焦虑或迷茫，不知道该做什么。

这三种情形中，我们的身体很健康，体力满格；没有用脑过度，脑力满格。却依然没有做事情的精力，为什么呢？因为**缺心力**。

记得小时候看《蜡笔小新》，有一幕是爸爸开车带小新去兜风。在路上，小新问："爸爸，你在用什么开车？"爸爸回答说："我在用心开车。"于是，调皮的小新用手捂住了爸爸的眼睛……

小新的行为让人啼笑皆非，但小新爸爸的回答却让人深思。明明是用手在驾驶车辆，用眼睛在观察路况，用大脑在做出反应，为什么要说“用心开车”呢？在汉语中，也经常有诸如“用心做事”“用心做人”“用心服务”的说法。“心”到底是什么？

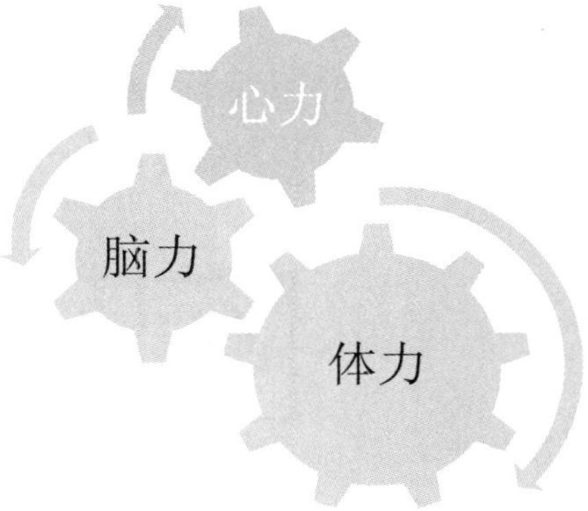

01 心的力量

“心”是象形字。“心”是心脏，是人体非常重要的器官。作为哺乳动物，心脏是从受精卵发育出来的第一个器官，是伴随着生命开始和结束整个过程的唯一器官。

古人认为“心”被认为是控制情感、意志与意识的抽象器官。**所有包含“心”的汉字，几乎都与情感、意志、思想有关**。例如，“心”在左右结构的汉字中写作“忄”，如：恨、忧、情。在字的下半部时，有时写作“心”，如：思、虑、感；有时写作“⺗”，如：恭、慕。

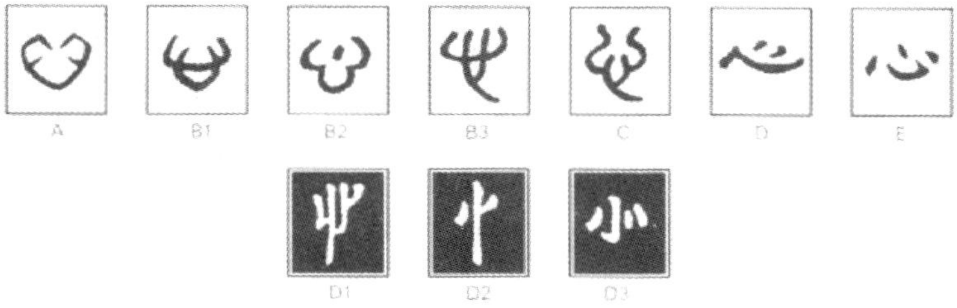

（图片来自百度百科）

再看“思”这个字，由“囟”和“心”两部分组成。“囟”是脑门，位于头顶上方，泛指大脑（后来演变到隶书时，“囟”被变成“田”，以致后人误以为与田地有关）。上脑下心，意指在考虑事情的时候，要讲究“合情合理”，不单是以理智分析，还要考虑感受、情感等要素。脑控制人的理智，而心控制人的情感，两者兼顾合称为“思”[1]。**古往今来，我们做事情的时候，讲究的都是“用脑＋用心”**。

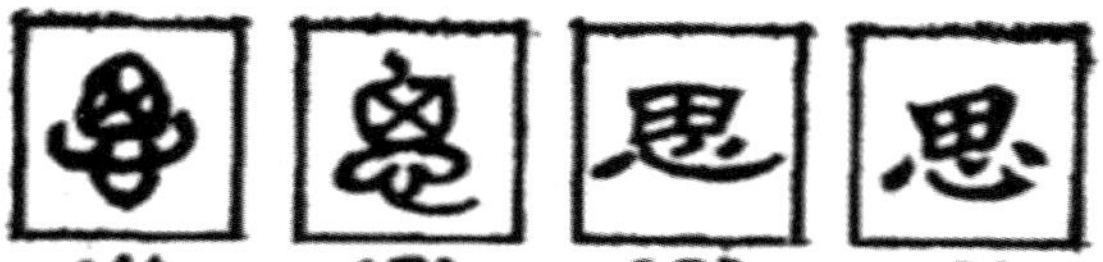

（图片来自百度百科）

近几十年来，随着脑科学的重大发现，科学家们越来越多地尝试用脑科学来解释心理现象，但是目前的研究结果尚不足支撑以用“脑”取代“心”。在本书中，将与学习、记忆、决策、理性思考、逻辑判断等相关的理性和创意部分归为脑力，而将情绪、思想、意识、精神和意志等归为心力。

抛开严肃的理论研究，以工作为例，我们看看“心”在日常生活中所起到的作用：

有研究发现，**人们对工作所秉持的态度可分为三种：把工作当作差事，把工作当作职业，或把工作当作事业**。

把工作**当作差事**，意味着工作仅仅是换取工资以维持生活所需的手段。这样想的人在上班的时候会盯着时钟，巴望着下班时间赶快到来。对于工作中的任务，抱着“60分万岁”的态度，得过且过。

把工作**当作职业**，意味着工作是实现升职加薪、获得富裕生活与社会声誉的途径。这样想的人为了把工作做好，为了更高的目标，会在下班后主动加班或者把工作带回家。不过，有的时候，他或许会有疑惑“自己为什么要过的这么辛苦呢？”

把工作**当作事业**，意味着工作就是在实现自己的人生价值，工作就是自己喜欢并热爱的事。这样想的人在工作中时常感到快乐，时常体验到心流，为了工作废寝

1　引自廖文豪著《汉字树2：身体里的汉字地图》。

忘食，丝毫不觉得辛苦，从来不考虑“值得与不值得”。

上述对工作持有不同态度的现象显示：**“我们认为工作是什么，它就是什么。”**这里的“认为”，便是心的力量，万分强大。

我的一位徒弟戏称自己是“间歇性踌躇满志，持续性混吃等死”的“抽风式”状态。**踌躇满志是心力高的时候，混吃等死是心力低的时候。**

从小到大，父母和老师们教我们锻炼身体，学习知识，却很少教我们如何管理自己的情绪、如何觉醒自我意识、如何引导自己、如何培养积极思维和正向思维……在我们的成长体系中，其实是少了心力这一课。

俗话说，思想决定行动，行动决定习惯，习惯决定性格，性格决定命运。思想便属于心力。我在授课的过程中也发现，大部分情况下，**不是小伙伴们“能不能”的问题，而是“想不想”以及“如何想”的问题。大家普遍缺的不是能力，而是心力。**

心力的范畴包括万象，大到生命的意义，小到对某件具体事件的想法与情感。由于篇幅关系，本书中着重解锁：积极思维和积极语言。

02 “然后呢？”

积极思维是个庞大的领域，本书并非专业的心理学著作，主要从我多年精力管理的实践角度，来讲解积极思维在日常生活中的实际应用。

- 积极思维→积极情绪/积极感受/积极语言→积极行动→积极结果（良性循环）
- 消极思维→消极情绪/消极感受/消极语言→停滞不前→消极后果（恶性循环）

看个例子：

假设你正在准备研究生考试，在志愿表上只填了一家最想去的学府，因为你对录取充满了自信。但遗憾的是，你的申请没有通过。

消极思维的人会怎么想呢？他们认为是自己不够优秀。他们联想到了自己在考大学时也没有考上理想的大学，再联想到曾经追求某个女孩却被发了“好人卡”的经历……最后，得出一个结论：自己是个“失败”的人。然后呢？没有然后了！他们为此会低落很久。并且，由于这次的失利，后续又引发了诸多连锁性失误，比如在科研实验中频繁出错等。

而积极思维的人会怎么想呢？面对这样的结果，在情绪上，他们也会很失落。**但他们不会止步如此。**他们会想：这次失败的原因是什么？如果日后再出现类似情况的话，有什么补救方式？比如下次可以多申请几个学校，做好多个预备方案而不是孤注一掷；下次提前收集更多的信息，让申请书更具竞争性……**然后呢？**再想想自己的目标——进入理想的学府，为了达成这个目标，**当下自己还能做哪些事**，还可以采取哪些措施呢……

通过上面的对比，大家可以看到：对于同样一件事，尤其是失败的事，消极思维的人把它当作“句号”——事情到此为止。而积极思维的人致力于把“句号”变成“逗号”——未完，待续。积极思维的人通过向自己提问“然后呢？”，主动去做些什么，把“逗号”后面的故事引向更美好的方向。

回到刚才研究生考试的例子：

这是一个真实的故事[2]，那位被拒绝的学生后来给学校打了一个电话。她找到了相关负责人，并把自己的情况告诉了他。她说：“我不想质疑您的决定。我只是想问一下，如果下次我想再申请这所学校，我该怎么改进自己的申请书。如果您能在这方面给我一些反馈和建议，我将感激不尽。”

没人能对这种期望获得有益反馈的真诚请求嗤之以鼻。几天后，那位负责人给她回了电话。学校同意接受她的申请了。原来，当时拒绝她其实也只是一念之差。在重新考虑过她的申请后，他们决定可以多招收一名学生。他们对她的主动性颇为欣赏，这也为她加了分。

2　引自[美]卡罗尔·德韦克著《终身成长》。

大家可能会说："这个学生的运气太好了"。的确，这个故事确实有"运气"的成分在。但是，这个"运气"不是"天上掉下来的"，是靠考生自己争取来的。如何"争取"的来呢？靠的是她的积极思维，并付诸积极行动。

我们计算下结果：

- 在消极思维下，考生什么都不做。结果不会发生改变，更甚至带来其他的连锁负面结果。那么，总的结果便是：不变与更坏。
- 在积极思维下，考生打了一个电话，结果变好了。退一步讲，即使没有好的结果发生，也不会变得更坏。那么，总的结果便是：更好与不变。哪怕结果不变，自己能做的事情已经尽力了，我们也无怨、无悔。

这样对比之后，大家一定知道该选择哪种方式吧？

积极思维能带来"运气"，大家不想多来一些吗？

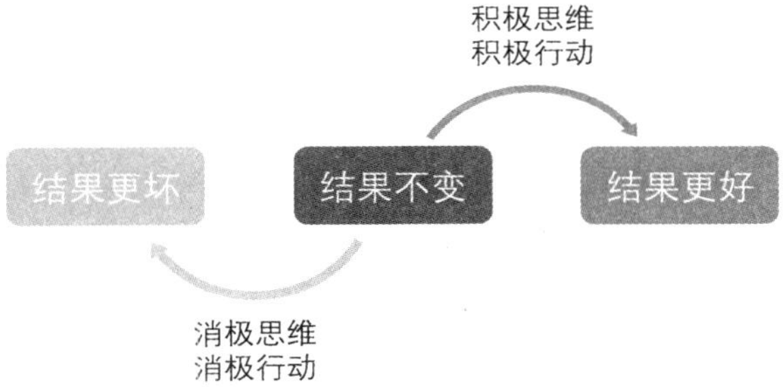

今后，不论我们遇到任何事情，都可以随时自问一句："然后呢？"例如："然后呢？我还可以做什么？""然后呢？通过这件事我学到了什么？日后我可以做哪些改善？"……若遇到的是顺利的事情，这些问题可助我们进一步改善和优化。若遇到的是不顺利的事情，它们也能助我们向前再走一步。这就是成长型思维。

举我的例子。我也很重视培养助理和徒弟的这种思维习惯。例如，当我向助理询问某个案件的进展时，助理偶尔也会陈述些当下遇到的困难，导致没有进展或没有完成。我通常先听她说完，然后问一句"然后呢？"这时，助理总会绞尽脑汁地想出一两个行动。有的行动是向前迈出一小步，有时会有意外之喜，比如会突然想出解决之道，那么便能向前迈出一大步。

当然，并非世上所有的难题都有解决之道。类似医学上的癌症困境，尚没有最终的解决之法。但是，因为它是绝症，便什么也不做吗？当然不是。我们仍然要不断地思考“还能做什么？”例如，能不能减轻些痛苦？能不能再延长些时日？

不论在任何时候，都不要放弃，尝试多向前迈一步，哪怕只是一小步。

【学习者实践】

陈琛 | 常居日本的公司职员：

跟崔律学习精时力后，心态变得更加积极，会用正向而积极的思想来应对问题。

比如，今天加班深夜，以前的想法是：抱怨老板，抱怨工作太多，责备自己为什么这么低效，连这个也做不好，要花这么多时间……

现在的想法是：最近怎么要花如此长的时间，是哪个环节出问题了吗？哦，是这个原因呀，那我知道了，记住了。后期怎样做，能尽量减少问题的发生呢？

03 把想法录音

心中所想是看不见摸不着的。如何得知我们是积极思维的人还是消极思维的人呢？

有一个数据说：**人们天生更关注消极，在与自己的对话中，超过 80% 的话都是关于自己的缺点的或者是消极负面的信息，或者为自己的辩解**。比如，“我太胖了”“我的皮肤好差”“我没把工作做好”“他们一定觉得我很蠢”“我应该早点行动”“下雨了，不想去运动”“太累了，不想读书”。不过，或许我们并不能判断这个数字是否正确，因为之前从未留心过自己的想法和言语。

我们可以借助外物帮助我们发现自己的想法与言语。

这是一位医生无意中发现的一个治疗良方。起初，他为了更好地治疗病人，要求病人描述自己的问题以及是什么因素在阻碍他们，并进行了录音。结果，令人意外的事情发生了：**当病人们听到自己描述的问题和面临的困境时，他们竟然不能忍受自己当初说过的话——当初那些理由和借口现在听起来连自己都难以接受**。他们不想再听自己那些软弱的无力的争辩，于是，幡然醒悟。因为比起那些无病呻吟的借口，正视问题并采取行动要容易得多。

受这个良方的启示，我们也可以**把自己的想法用语言表达出来并进行录音**。有空就录，不论是好的想法，还是不好的想法（尤其在出现拖延、不想行动或有负面想法的时候）以供日后观察。待数个小时或数日后回听，大家或许也会和前面的病人一样，感到难以置信、啼笑皆非、无言以对，这样激发我们自己采取改变现状的行动。

【小贴士】

有小伙伴不习惯录音，想用文字来代替录音。但我仍建议录音，因为语音中含有情绪，更容易识别想法，而且录音更省时间。

【学习者实践】

张晶 | 全职妈妈：

我这几年都是在家当全职妈妈，没有请保姆和家政阿姨。家里的大大小小事务都是我自己来做。就在上半年的时候，我每天经常感觉很颓废，每天都在思考人生的意义，思考自己读了那么多年书的意义在哪里。

巧遇崔律的课程，让我两个月以来都再没有出现过这样的想法。也受到崔律的影响，不再让消极情绪控制自己，我学着用理性的思维去分析事情。感恩崔律，教会我方法，让我学着做一个积极的人。

5-2 破解“读心术”

积极思维必须有，消极思维要不得！

本节将破解最常见的一种消极思维定势——“读心术”，助大家从消极思维转变至中性和理性，摆脱消极思维对心力的负面影响。

01 不存在的“读心术”

下面三个情形，大家一定不陌生：

情形 1：你正在台上兴致勃勃地发表演讲，发现台下有人在打盹。你心里想：“一定是我讲得不好。”

情形 2：在公司走廊里，同事与你擦身而过却没有和你打招呼。你心里想：“他对我视而不见，肯定是上次 ×× 事惹他不高兴了。”

情形 3：周日上午你在床上睡懒觉，婆婆进来唤你起床。你说：“妈，我身体不舒服，想在床上再休息会儿。”婆婆听完后转身出去时，“duang”的一声关上卧室门。你心里想：“婆婆一定以为我是在偷懒，不肯起床，对我有意见”。

看，这就是**传说中的“读心术”——只要看对方一眼，便能瞬间读到对方心理活动的特异功能**。但是，这样得出的结论正确吗？

真实的情况是：

情形1：台下正在打盹的人，因为昨晚通宵加班。尽管如此，他今天仍然是赶了很远的路，来听你的演讲。只是实在太累，没忍住眯了一会儿。

情形2：同事擦身而过，没和你打招呼，其实他当时正在想事情没注意到你。更巧的是，他当天没戴眼镜。

情形3：婆婆转身出去时，“duang”的一声关上卧室门，因为从窗户恰好吹进来一阵风。

很显然，这三个情形我们全猜错了。然而，不幸的是，在现实中，我们并不会意识到自己猜错了，反而坚定地相信自己想的是对的。

人们天生更消极。人们在使用“读心术”的时候，偏好得出消极的结论，会带来不良的后果和影响。例如，上述情形中，当认为是自己“讲得不好”的时候，容易影响到当场的发挥，而且自信心会下降；当认为同事“因为××事不高兴了”或认为婆婆“对我有意见”的时候，会对她心生不满，继而影响双方的关系。

“读心术”在拖我们的后腿。它总是引起误会，又因误会让我们付出更沉重的代价。所以，从现在开始，**请停止使用“读心术”**。

世界上并不存在那么神奇的“读心术”，它本质上是：

①对于现象，我们只做出了一种可能性的猜测；

②我们未经过验证；

③我们坚定地、武断地认定这个猜测是正确的。

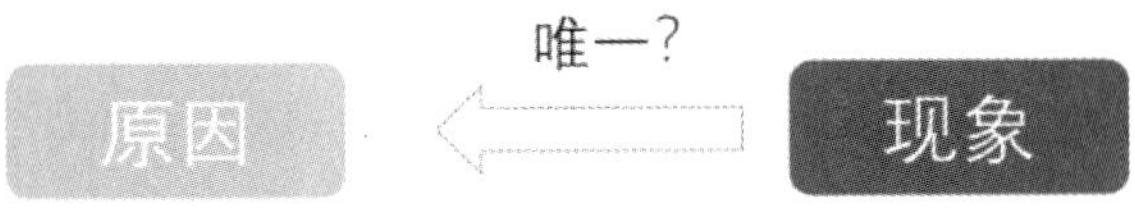

既是猜测，一猜即中的概率是极低的。因为人们的某个行为背后的影响因素太多，诸如童年经历、工作经历、学识背景、知识和信息等。实际上，当猜测原因时，可以有成千上万种可能性。

针对“读心术”存在的逻辑问题，下面这两个方法，可助我们破解它。

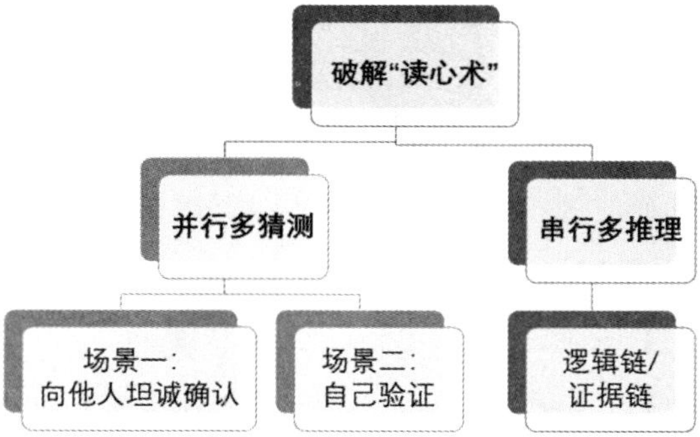

02 破解方法之一：并行多猜测

并行多猜测的做法有两个要点：

第一点，对任何一件事，**并行给出两种以上的可能性猜测。而且，至少有一个可能性是中性或积极的**，不能全是消极的猜测。

第二点，尽可能地验证我们的猜测。**没有经过验证的猜测，永远都只是“可能性”，而非结论。**

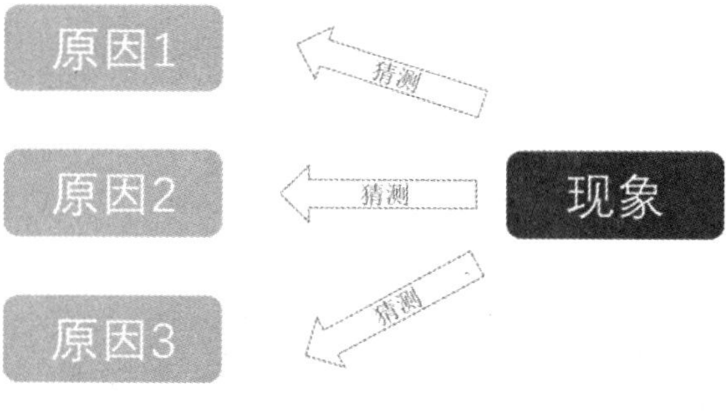

在日常实践时，并行多猜测有两种具体的应用场景。

场景一：如果条件允许的话，直接与对方进行一次坦诚的沟通，表述我们的猜测，并向对方确认。具体步骤如下：

• 第 1 步：描述客观事实；

• 第 2 步：并行做出两种以上猜测，至少有一个是中性或积极的；

• 第 3 步：请对方确认，验证猜测。

以前面情形 3 为例，我们可以这样直接和婆婆当面沟通：

（描述事实）妈，您刚才关门时发出了很大的声音。

（猜测 1）您是不喜欢我睡懒觉吗？（偏消极猜测）

（猜测 2）还是您今天心情不好？（中性猜测）

（猜测 3）或者是有其他原因呢？（中性猜测）

（向对方确认）您可以告诉我吗？

这是一个小伙伴的真实例子。当时，婆婆的回答是：

“啊，刚才窗外正好有阵风吹进来了，关门的声音有点大，也吓了我一跳。你不舒服就歇着吧。平时工作也辛苦了，今天没事的话就多休息。”

看，如果这位小伙伴使用读心术的话，很容易误认为婆婆是个“恶婆婆”。而当给出了两种以上的猜测后，不但化解了对婆婆的误会，还意外发现虽然婆婆平时言语不多，内心里确是非常体贴的好婆婆。以后的婆媳关系更融洽了。

场景二：自己猜测，自己验证。

生活中，我们几乎每时每刻都做各种推测和猜测，人人都是“侦探”。诸如，看到客户笑容满面，猜测客户应该很喜欢这个提案吧？朋友看起来不太开心，猜测是因为家里的烦心事吗？老公最近不太回家吃晚饭，猜测是因为……

回想下，我们的侦探过程是否和“读心术”一样，简单、粗暴，只给出一种可能性，然后就盖棺定论了呢？即使不方便或未能向他人当面确认，我们仍要遵循“并行多猜测”做法的两个要点。

举我的例子。前几日，我和朋友在咖啡店里喝咖啡。中途他去洗手间，回来时两手是湿的，没有擦干。对于这个不寻常的现象，我有一丝儿疑惑。当下，我心中马上给出了数种猜测：猜测 1、他没看到擦手纸。猜测 2、他看到了擦手纸，却没有擦手。猜测 3……

后来，我也去了一次洗手间。正用擦手纸擦手时，想起刚才的疑惑，已确定女士洗手台的旁边有擦手纸的。于是，我马上补充了猜测 N：男士洗手台的旁边没有擦手纸。

巧的是，这家店铺的格局是将男士和女士的洗手台设计在卫生间的外面，属于公共区域。也就是说，女士洗手台的背后便是男士洗手台。想到这里，我果断回头查看了下男士洗手台，发现墙上真的没有安装擦手纸的盒子，也就是说我的最后一个猜测是对的。

由于法律职业的关系，我养成了一种无意识反应：**看到不符合常理的地方，会忍不住想“为什么”**。通常我自己先会给出 3~5 种解释。然后，我会收集更多地事实，去佐证，去验证。为的是更客观、更中立、更接近事实真相。

在未经验证的时候，或者客观上没办法去验证的，就把它当作“悬案”吧。或许日后有机会再揭开谜底，或许它永远都是悬案。**轻易不下结论，尤其不能轻易下消极的结论。**

【学习者实践】

君婷 | 律师：

今天加班回到家，看到家里垃圾筒里多了一只打碎的碗，放在以前，我可能就会想，“肯定是女儿淘气打碎了碗”，但是现在多做了几个猜测，如“是不是其他人不小心打碎了碗”等。

后来就这个事情问了妈妈，妈妈说是在洗碗的时候，不小心碰掉了，我女儿看到了，还帮着外婆一起收拾了，特别懂事。

03 破解方法之二：串行多推理

“读心术”之所以不靠谱的另一个原因是，人们所猜测的原因都是单个孤立的，未能形成前后的逻辑链条。如果有数个原因互相配合，共同支撑结论的话，可信度会大幅提升。

在法律中，有“证据链”的说法。法官在裁判案件时，依据的是证据链，而非单个证据，被称作“**孤证不为证**”或“**孤证不立**”。

证据链，是指由一系列的证据和事实共同组成的、前后符合因果逻辑关系、能够相互印证的证明链条。

孤证，就是只有一个证据。当只有一个证据支持某个结论时，这个结论是不可接受的。

举个例子：在借贷纠纷中，若只有借条这一个证据，是难以证明双方间借贷关系存在的。至少还需要借款的转账凭证（证据 2）。如果还有借款与催款证据（证据 3）、证人证言（证据 4）等。证据越多，双方间存在借贷关系的结论就越可信。当然，证据之间必须要相互印证，不能矛盾，才能形成有效的证据链。

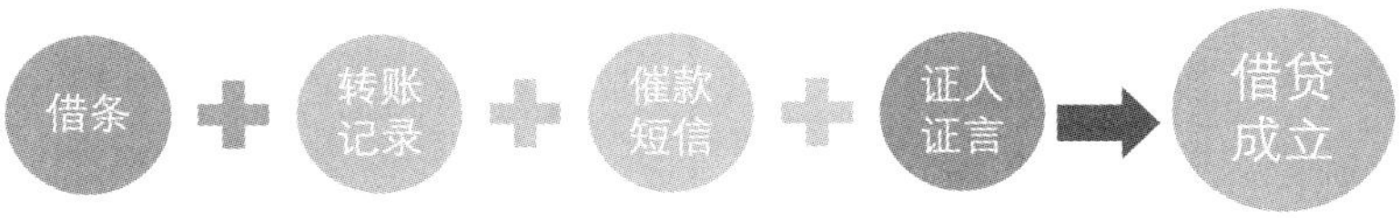

人们进行“读心术”时，只提出背后的一种可能性，是由“点到点”的过程，只能称之为“**猜测**”。可是，运用证据链的思维，将由一系列的原因（证据 / 事件）串起来形成逻辑链条，这种由“链到点”的过程，可称之为“**推测**”或“**推理**”。一字之差，准确性和可信性大为不同。**我们要用理性多做推测（推理），少做猜测。**

【学习者实践】

荣荣 | 社区项目工作者：

今天早上看到儿子在练字（他比平时早起了 30 分钟），当时的第一反应就是他昨晚是不是忘记完成这个作业了呀。出于不打断他专注力的考虑，这个猜测忍住没说。

然后听到崔律今天的课，庆幸自己忍住了。要多方寻找其他证据，才能下结论。

5-3 只言片语很重要

通过改变用语，而改变思维！

本节主要破解言语中的消极思维。人们在应用语言的时候，根据人的情感和思维以及对字、词的发音不同，说出来的语言所表达的含义、价值就会不同。

01 所言即所思

言语是人们思维的产物，是思想的外在表现，是意识的真实写照。

“所思”带来“所言”，“所言”是由“所思”引起的。积极思维的人总是在说积极的话语，消极思维的人总在说消极的话语。下面我们来看经典著作史蒂芬·柯维先生《高效能人士的七个习惯》中的例子：

消极被动的人的言语中常常含有推卸责任、逃避现实的意图，他们会说：

“我就是这样的人。”——我天生这样，这辈子改不掉了。

“他太让人生气了！”——责任不在我，是他的错，才使我情绪失控。

“我根本没时间做。”——是外界因素“时间”限制了我。

“我只能这样做。”——又是外界因素影响了我。

而积极主动的人的言语中透露着努力、创造与进取，他们会说：

“虽然这是我的性格，但下次我会尝试……”——我可以尝试做得更好。

“他很让人生气，可我可以控制自己的情绪”——虽然是他做错事，但我的情绪我做主。

“时间很紧，我选择……”——虽有外界因素“时间”的限制，对此我做出了自己的判断与决定。

“我愿意……”——这一切都是我的选择，我愿意为此承担责任。

从这组言语对比中可以看出，消极被动的人有意或无意地同意或允许自己被外界控制，而积极主动的人选择根据自己的意志来回应外界，并做好承担选择后果的觉悟。

02 改变用语

虽然一个人的言语会受到思维的影响，反过来，言语也在影响着我们的思维和行动。

某大学认知神经科学研究所所长洪兰教授在一次 TED 演讲中指出，由于男女生大脑构造的不同，男生平均每天讲 7 千字，女生讲 2 万字。对于我们每天的说出的这么多字，大家是否有认真留心过自己说出的或他人说出的每个词、每句话呢？

让我们来看两个例子：

例子 1：一位心理学老师打开香水瓶的瓶盖，对学生说：“这是一瓶进口香水，看谁最先分辨出它的味道”。不一会儿，学生纷纷举手，有的说是玫瑰香味，有的说是茉莉香味，有的则说是玉兰香味……然而，事实上，这是一个空香水瓶，老师洗得干干净净，然后注满的是清水。

例子 2：一项实验中，研究人员将大学生分成两组，分别进行词汇联想游戏。一组的词汇是与年龄有关的，例如年迈、皱纹、灰色，称之为“年迈组”；另一组是中性的词汇，称之为“对照组”。经过几分钟的文字游戏后，所有实验对象被带到走廊另一端的房间里。实际上，在走廊行走的过程才是实验的关键部分。

研究者通过摄像机观察到，年迈组的学生要比对照组的学生走得更迟缓。仅仅是与那些年老有关的词汇接触几分钟，就已经让 20 几岁大学生们的大脑变得迟钝，潜意识认为自己老了，并且在行动上表现出来。

从例子中可以看出，**言语，对我们的认知、我们的思想、我们的行为都产生着重要的影响**。

想要改变固有的消极思维模式，建立积极思维的新模式，可以**从改变自己的用语开始，倒推思维的改变**。相信在不久的将来，当积极言语逐渐成为你的新语言习惯时，你的积极思维会越来越多，消极思维越来越少。

举我的例子。有一次我和小伙伴们一起在餐厅吃午餐。其中，有两位小伙伴有事提前离开了。不巧的是，他们前脚刚离开，主菜便上桌了。我的一位徒弟叹了口气说“哎，好可惜，他们刚走，没吃上”。我马上跟她说：“你可以再加上一句话‘我们留在这里的人要多吃点哟～’。”

离开的小伙伴没有吃到主菜，固然很遗憾。但徒弟叹着气说出的话，只关注到了消极的事实，而且是不能改变的消极事实（他们已经离开了）。叹气的口吻更加重了这种消极的气氛，对在座的其他小伙伴很失礼。而只要加上后面一句话之后，关注点由消极转向积极，而且这个行为（请在座的小伙伴多吃点）是我们能做到的，把不能改变的消极局面扭转成了能改变的积极局面。一句话，让一前一后的两种情形大不相同。

改变思维，从改变言语开始。

03 高能沟通

我们每天所说出的话中，大部分是和他人的沟通。

如同连锁任务的事前、事中和事后，以及睡眠的睡前、睡中和醒后程序，**任何一场沟通中也包括三个阶段：开场、过程、结束。**在这三个阶段里，若我们使用积极的言语，便把沟通引导向积极的方向。

（1）活力开场

把每次沟通看作一个小项目，当每个项目按下“start”键的时候，最先说出的那几句话，我们称之为“开场”。生活中的大部分沟通都是随性无目的地，是“开场”确定本次沟通的基调。

我们对比下面两种开场方式：

第一种开场：

• 电梯里偶遇，同事 A 君对你说：今天天气真舒服呀，凉风习习。

• 茶歇时巧遇，同事 B 君对你说：哇哦，你今天的衣服太漂亮了。

• 下班到家后，家人对你说：今天上班很忙，不过我过得很充实。今天发生了一件有趣的事……

第二种开场：

• 电梯里偶遇，同事 C 君对你说：今天热死了，早晨又堵车，超郁闷。

• 茶歇时巧遇，同事 D 君对你说：刚才客户又提要求了，方案反反复复地改，太糟心了……

• 下班到家后，家人对你说：今天上班累死了，老板每次都在下班时安排紧急任务。我们老板真是个……

上面两种方式，大家更喜欢哪一种开场呢？哪种开场方式会带来更多的正能量呢？

若接着第一种的开场，后面多半会进行一场愉快的、能带来能量的沟通；若接着第二种的开场，出于同理心等，十有八九你也会顺着对方的话，抱怨或者“吐槽”

自己的倒霉事。可以想象，这次简短的沟通可能就变成了“吐槽大会”。我们不否认，偶尔的情感发泄是有一定好处。但是，习惯性的抱怨与“吐槽”却无助于解决问题。而且，这些言语给我们带来了大量的负能量。

所以，如果我们想要有一个愉快的开场，请主动分享一些积极的故事，说一些令人高兴或愉悦的话，让沟通充满积极能量。

（2）消极转积极

如果在一场沟通中，我们遇到了对方的“吐槽”、抱怨，怎么办呢？

首先，我们可以认真倾听一会儿，并使用已掌握的其他沟通技能（比如，表达对对方情绪的理解）；其次，在合适的时机，**用一个提问，把话题从消极转变成积极的方向**。例如，“不说那些不高兴的事了，今天你有遇到什么开心的事吗？”

我们不仅要刻意练习自己使用积极言语，也需要时刻关注和引导周围人使用积极言语。一来，当谈论开心事的时候，不论是讲话的人，还是听话的人都会更开心；二来，我们是在共同营造一个积极的氛围，当周围拥有积极思维的人越多的时候，我们也会更积极，形成良好的沟通环境。

当然，这种用提问引导他人讲述积极的事、说出积极的言语的做法，也可以用在前面的活力开场中。例如，在接儿子放学回家的路上，我们可以对他说：“今天在学校里发生了什么开心的事吗？”或者“今天学到了哪些有趣的知识呀？”

【学习者实践】

荣荣 | 社区项目工作者：

儿子放学回到家，以前会问他“今天累不累呀”，他通常会说“累”。

昨晚问他：“今天有什么开心的事呀？”于是他兴奋地说起同学之间发生的搞笑事，家里一阵阵哈哈哈的笑声。

（3）高能结尾

有了活力开场和消极转积极的提问，在结束一场沟通时还需要做好收尾。这时用到“高能结尾”。我们可以这样做：

① 表达感恩 / 喜悦。例如，“我很感恩 / 感谢 / 开心今天……”

② 总结收获。例如，“今天我学到了 / 收获了……”

③ 赞美对方。例如，“今天的聊天真是意犹未尽，我很喜欢你直爽的性格……”

注意，在每种情形中都要尽量增加一些具体的细节或例子，例如开心的原因、收获的具体点等。不然，对方可能会觉得我们说的是客套话。

【学习者实践】

木门 | 公务员：

高能结尾，画句号，示意与对方对话结束了。这个戳到我心窝里了，有时跟比较熟的朋友聊天，主要通过微信，总是以一个很有意义的话题开始热烈的讨论，然后说着说着，该聊的大部分聊完了，但双方都不好意思明确表示要结束对话，我不知道对方是什么意思，但我自己觉得突然说“再见”会很不自然；又或者觉得反正我又不急着做别的事情，把聊天结束的权利留给对方吧。结果双方就那样有一句没一句的耗着，最后有人提出下次再聊了，两人都舒了一口气……

高能结尾，有仪式感地给双方谈话画上一个句号。太赞了，想想都迫不及待地想找小伙伴实践看看。

我们可在一天之中随时随地的将上面所讲的内容应用到工作、生活和学习环境中，相信会有不错的收获。

5-4 世上没有那么多"应该"

世上本无事，庸人自扰之。

本节继续破解其中一个不断地拉低我们心力的负面词汇——"应该"。

大家发现了么？生活中处处充满了"应该"，我们被这些"应该"压得喘不过气来。看几个例子：

例：每个人应该依法纳税。

例：我处处对老公好，他应该对我好/爱我。

例：你已经30岁了，应该结婚了。

例：我应该早起，去跑步/读书。

01 权利与义务

作为法律人，我对“应该”一词特别熟悉。**“应该”，即“必须（做 / 不做）”，在法律中是一种“义务”**，比如“人人应该依法纳税”。

追溯到公元前的西周时期，开始有法律思想之后，便开启了我们的“应该”之旅。中国自古被称作“礼仪之邦”。过去，通过“礼”约束着人们的言行举止，诸如遵父母之命、从媒妁之言，这便是“礼”。“礼”从正面规范人们的言行，告知人们“应该做什么”。一旦违反了“礼”，则要受到“刑罚”。这被称作“出礼入刑”。这样的思维模式影响了中国二千余年。

与“义务”对应的是“权利”，即我们可以选择做或不做，这是我们的自由。任何一件事，如果不是我们的义务，则是我们的权利。**权利值得被每个人尊重。**

然而，遗憾的是，人们在老百姓口口相传的生活智慧中，在父母的家庭教育中，为了约束着后辈们的言行举止，长辈们说得最多的是“应该”，却鲜少提及权利。例如，人们常说“你应该做 ××”，却很少说“你可以选择做 ××”。

02 真假“应该”

请仔细回想下，我们生活中出现的“应该的那些事”，是真的“应该”吗？以本节开始的 4 个例子为例，我将其分为两大类：

第一类：真 · 应该

“每个人应该依法纳税”，这个是真的“应该”，我们真的必须要去这些事。如果不做的话，后果很严重。

举个例子，如果有人偷逃税款，不仅会被追缴税款，并会追加罚款。如果拒不履行的话，司法机关可以通过从银行账户中扣款、拍卖房屋等方式，确保税款与罚款得以执行。除罚款外，还可能有剥夺人身自由的惩罚，例如，被判处有期徒刑等。

常见的“真·应该”主要是法律中的义务，包括法律中直接规定的义务和合同约定义务（例如按买卖合同约定付款）。

第二类：假·应该

看其他的三个例子，“30 岁结婚”是义务吗？“丈夫爱妻子”是义务吗？“早起跑步”是义务吗？

大家会发现，这些都不是法律上的义务，都经不起推敲，都是“假·应该”。

具体而言：在“你已经30岁了，应该结婚了”这个例子中，结婚不仅不是义务，反而是法律赋予我们的权利。

《中华人民共和国婚姻法》中明确规定：

第二条　实行婚姻自由、一夫一妻、男女平等的婚姻制度。

第三条　禁止包办、买卖婚姻和其他干涉婚姻自由的行为。禁止借婚姻索取财物。

第五条　结婚必须男女双方完全自愿，不许任何一方对他方加以强迫或任何第三者加以干涉。

这些规定中可以看出，只要满足结婚年龄，我们完全可以自主决定自己的婚姻，不受任何人干涉（包括父母）。

拓展一下，难道父母就不能催婚了吗？当然能。关键是看如何“催”。

【小剧场】妈妈催婚

妈妈：女儿呀，你都 30 岁了，应该结婚了。

我：妈，结婚是我的权利，不是我的义务。我有权选择结婚与否、和谁结婚以及在什么时候结婚。现在，我只是还没有行使结婚的权利而已。但我保证日后会行使这个权利的。

妈妈：那你也不能阻止我催婚呀，我有言论自由的权利！

我：行，您可以催。我们各自行使彼此的权利，互不干涉。但是，我友情提醒一下，您的用词有误。“应该结婚”的“应该”二字使用不当。我建议您改成“你都 30 岁了，可以结婚了。”

妈妈：……

我们使用了这些“假·应该”时，它们不但无法约束他人，反而给我们自己带来了很多不利的后果。诸如：

（1）束缚自己，庸人自扰

在“我处处对老公好，他应该对我好 / 爱我”的例子中，婚姻法有规定“夫妻有互相忠实”的义务，却没有规定“一个人必须爱另一个人”“一个人必须对另一个人好”的义务。这个规则看起来公平合理，但实际上完全站不住脚。这只是妻子单方认定的规则。

如果丈夫不爱妻子，或者说丈夫不如妻子想象中那么爱她时，妻子会很痛苦、抱怨、不满。她会责备丈夫，也可能责怪自己做的还不够好。在这样的相处模式中，丈夫和妻子都不会感到真正的快乐和爱。

（2）失去感恩之心

同样在“我处处对老公好，他应该对我好 / 爱我”的例子中，如果丈夫也对妻子好，或者爱妻子的话，妻子会觉得这是丈夫“应该”的，是“理所当然”的，便失去了感恩之心，失去了珍惜之心，不利于夫妻亲密关系的加深。

再举个日常生活中的其他例子：有段时间，我带领喜乐团队的小伙伴们在上海举办了一场长三角区域的培训大会。培训前一晚布置场地，分舵里热心小伙伴 A 君过来帮忙。我从徒弟的口中无意得知这件事后，我和徒弟说，请她特意在群里感谢下 A 君。徒弟很不解，问：“这不是 A 君应该的吗？他答应要来的呀？”

我对徒弟说：“A 君信守承诺，这或许对他自己而言是‘应该’的。但是，对我们而言，一点‘应该’也没有。首先，A 君愿意花自己的时间来帮忙，我们需要感恩。人们只有对认为值得的人或事，才愿意花时间。

其次，我记得 A 君住在上海的郊区，单程路程在一个多小时，这次的帮忙前前后后要数个小时。而且，我们是非营利组织，一分钱不给。且不说晚餐，连地铁票都没有给人家报销。

最后，更可贵的是，A 君虽然在大会举办前夕付出了很多，但大会当天受限于身份不能前来参加，幕后英雄比台前英雄更值得让人敬佩。

所以，A 君能来帮忙，是件很了不起的事。我们需要真诚地感谢他。”

这个世界上，任何人对我们的好，都不是“应该”的。**哪怕是我们的父母对我们的好，都是他们的权利，而不是他们的义务。**让我们抱着一颗感恩的心，看待为我们付出的人。

（3）情绪低落，拉低心力

在“我应该早起，去跑步/读书”的例子中很明显。无数的人想早起，但真正做到早起的人有多少呢？人们总是“今天没有早起，好，明天一定早起”，明日复明日，终有一天，对自己说“我早起不了”“我是个言而无信的人”“我是个没有毅力的人”“我连早起都做不到，我还能做什么”……这些想法除了拉低自己的心力外，没有任何好处。

综上，这些“假·应该”都不是义务，更多的是权利——我们或其他人有选择做或不做的权利。

世上有这么多的“假·应该”，它们带来这么多的坏处，所以，当大家每次想说出“应该”二字的时候，请先停下1秒钟，检视下：**这是一个（自己或他人的）义务，还是一个（自己或他人的）权利？**

【小讲堂】“权利”VS“权力”

权利常出现在法律中。权利的“利”，是利益的“利”。它显示法律与每个人的利益是密切相关的。英文为Right。

权力的“力”，是力量的“力”，例如，政府权力等。英文为Power。

这两个词是完全不同的含义，属于完全不同的领域。

普通人不了解法律，一方面觉得法律离自己很遥远，生活中似乎用不到。但事实上，法律就在我们身边，只是大家不知道而已。例如，小到买杯咖啡、买早餐，大到买房，都是法律中最基础的买卖合同。

另一方面，受传统文化的影响，人们总感觉法律是“约束”我们的，讲的是义务。而真相是，相较于义务，法律更重权利。它是维护人们“利益”的，是每个人的好伙伴。

【学习者实践】

匿名阳光：

关于权利和义务，我觉得我们都知道自己的权利和义务。从没有想过别人拥有什么样的权利和义务，这件事别人是否应该。特别是在两个不对等的关系中比如亲子关系，父母和孩子之间的关系很难平衡，因为我们总是担心孩子会做出错误的决定，会跟孩子说你应该怎样。

今后我会替换命令语句，把命令换成商量，用权利替代应该。

03 替换掉“应该”

从小，父母和老师们耳提面命地教育我们应该做这个、必须做那个。成年后，这种思维方式深入我们的骨血，我们也会无意识地对他人（包括对孩子）、对自己使用这些词。

尽管有时会遇到“真·应该”，但是请仔细观察下，普通人在一天之中会遇到多少属于法律意义上的“应该之事”呢？比例极低。

没有人喜欢“应该”二字，人人厌恶束缚，喜欢自由。“若为自由故，两者皆可抛”，在从事法律十多年后，我深刻体会到了这句话的含义。当我发现了人们口语中使用“应该”的习惯后，除法律领域外，日常中我会刻意避免使用“应该”。

举个例子，如果大家留心的话，一定会发现很多老师喜欢在讲课时或在书中给建议的时候使用“应该”。而我在讲课的时候，以及本书写作的时候，遇到很多原本想使用“应该”的地方，例如“你应该一次只做一件事”，我都会避开，改为使用“你可以一次只做一件事”。因为这些只是我的建议，即便它们都是非常棒的建议，你依然有权选择接受或不接受。

经过多年验证，日常生活中不使用“应该”，完全没有障碍。

对于“假·应该”，这里给大家一些替换方法：

（1）当他人对我们使用“应该”时，我可以明确告知对方：这是我们的权利，不是我们的义务。用权利替换“应该”。

例子：

以前妈妈说：女儿呀，30岁了，应该结婚了。

现在我们可以对妈妈说：不，妈妈。结婚不是我的义务，结婚是我的权利。

小时候，当他人告诉我们应该做什么的时候，我们只感觉到抗拒和抵触，却不知道该如何反驳与应对。如今，我们已经是成年人了，在法律上叫作“完全民事行为能力人”（意味着，能独立进行民事活动，并承担法律后果）。不论是法律上还是心智上，我们都可以自主做出判断和决定。

（2）当我们要求他人“应该”时，使用“最好”“可以”等替换“应该”，表达建议。

例子：

以前我们说：儿子，你应该去刷牙了。

现在我们可以说：儿子，时间不早了。如果你不想上学迟到的话，最好现在去刷牙、吃饭。如果你再磨蹭，上学会迟到，就拿不到小红花了哟。你想不想要小红花呢？

这里的要点如下：

第1点，使用“最好”“可以”等词语，意味着**我们在表达“建议”，而非“命令”**。（“可以”比“最好”的语气更柔和，建议多使用“可以”。）

第2点，在提供建议时，**一并告诉对方这样做或不这样做的后果**。

第3点，请对方选择。**请留意，即使对方做出愿意承担不利后果的选择时，请尊重他**。（一方面，在可接受的范围内，让对方试错；另一方面，若确实后果严重，则可以进一步尝试用其他方法，促使其改变想法。）

特别提醒，**为人父母的小伙伴们要留意，对孩子们要尽量少用“应该”，多尊重他们的权利，让他们自主选择**。孩子在小时候得到大人的尊重，长大后他也就会懂得该如何去尊重他人。孩子从小学会选择，长大后会更懂得自己想要什么。

【学习者实践】

匿名光：

早上叫孩子起床时没有不停地催促，而是平静地说："宝贝，如果你再不起来的话，你就需要一个人从校门口走到教室，如果你现在起来的话就可以和小朋友一起进教室，你选择一下。"结果儿子选择和小朋友一起进教室，顺利的洗漱换衣服出门。

（3）当我们认定他人"应该"时，使用"希望""如果……会更好"替换"应该"，表达期望。

例子：

以前我们想：我处处对老公好，他应该爱我。

现在我们可以这样想：我处处对老公好，如果他爱我会更好。但他依然有选择爱不爱我的权利。若他不爱我了，我有能力随时离婚，去寻找我的幸福。

这里的要点如下：

第 1 步，将"应该"替换为"如果……会更好"句式，表达的是我们内心的希望，而非"必须"或"理所当然"。

第 2 步，承认对方有选择权，因为对方有独立的人格。

第 3 步，如果对方做出了不利于自己的选择，接纳它，因为我们尊重对方的权利。当然，我们最好有其他的应对方案。比如，我们不能强制改变他人，但我们可以改变自己。

【学习者实践】

崔旋 | 公司经理：

今天我和老公出去办事，去的地方比较远，事情办完后我心里想他应该把我送回家，但是他又约了别人打球，不送我回家，心里确实有些不高兴。正好听了崔律的课，把心里的"应该"调整了一下"老公如果送我回家会更好。如果我自己回家，也相当于有了很多自己的时间。地铁人不多，我还有座位，把课听了，把日清单刷了，一举多得。”一个多小时的路程，觉得过得好快，一下就到家了，也不觉得累！

有时候确实被“应该”两字，让自己变得固执己见，忽略了对方的感受和处境。

瑶 | 质量总监：

早餐孩子吃得少，我对她说：“妈妈希望你再多吃一点儿，想到你上午会饿肚子，妈妈心里不安啊。”

今天上午对下属说：“这项工作很紧急，你可以现在就开始做，万一有意外还来得及改”。

尽量回避用这个“应该”，觉得自己都变得温和多了。以前没注意到，原来两个字的改变可以带来巨大的效果。

（4）当我们对自己说“应该”的时候，用“我选择”“我想要”“我很高兴”等代替“我应该”。

例子：

以前我们对自己说：我应该早起，去运动 / 读书。

现在我们可以这样说：我选择早起去运动，因为我想过健康的生活。我选择早起读书，因为我想实现我的梦想 / 做一个斜杠青年。

如前所述，我们已经是个成年人。自己的路，自己选择，自己走。改变固有的思维，哪怕在我们看来是自己“不得不”做的事，其实都是我们选择的，即**我们选择了“接受”**。

举个例子：上司要求你制作某个讨厌的报告。拖延了好几天，马上就是截止期限的时候，你才开始不情愿地去处理它。这时，你心里想的是“我不得不做这个任务。”事实上，当上司安排这个任务时，你完全可以拒绝，最严重的后果不过就是换一家公司工作。你在“做这个讨厌的任务”和“离职换公司”两者之间进行了选择，并最终选择了“去做这个讨厌的任务”。

既然如此，不如就痛快接受它吧。在起草报告时，不要再想“我不得不做这个任务”了，因为它与事实不符。你可以想：“我选择了做这个任务”。

事实上，除了具有强制性约束力的法律以外，没有人真的能强迫我们做什么。

当想明白这一点后，下次在接受类似任务的时候，你可以当场真诚地和上司说“好的，我愿意 / 我很高兴做这个任务”。当你这样说的时候，不但自己不会抗拒任务、拖延任务，而且你的积极情绪也会传达给上司。

【学习者实践】

单真卓玛 | 全职妈妈：

以前总爱说：我应该早点起床，把早餐做好。我应该多阅读育儿方面的书，我应该每天读一下英文……

现在改成：我选择早点起床，把早餐做好。我想要多阅读育儿方面的书。我愿意每天读一下英文……

光是在转换这几行字的时候，**我就从一种有压力的感觉中，跳脱出来，觉得自己可以掌控好自己的生活，没有人能强迫我做什么**（一下子体会到了，生存和生活这两个不同的概念）。

只要改变一下言语的表达方式，甚至只要改变一个词语，就能神奇地改变我们对事情的看法，就能带给我们热情，让事情向更好的方向发展。大家想要这样的变化吗？

5-5 魔力言语三件套

言语具有魔力，请留心我们想/说/写出的每一句话！

前两节中大家充分体会到了只言片语的影响力以及改变用语带来的神奇效果。本节将继续解锁如何正确发挥言语的“魔力”。

01 多想“想要”的

大家听说过吸引力法则吗？简单来说，就像磁铁能吸引铁等金属一样，我们的思想能吸引来很多人、事、物。**注意，吸引的原则是“同类吸引同类”**，即如果我们想的是美好的事情，那么，吸引来的也是美好的事情；反之，若我们想的是不好的事情，也会吸引来不好的事情。

吸引力法则最初被提出时，不被科学所接受。后来，世界各地有关吸引力法则的研究层出不穷，作为一种精神科学，慢慢被大众熟知和接受，直到《秘密》这部电影让它风靡全球。现代科学已经证明，积极正面的想法对我们的身、心、脑都有很多益处，能助我们更快过上想要的生活。

每个人都想过上幸福、快乐的生活，问题来了：为什么不是每个人都能梦想成真呢？

前面讲过，把自己的想法录音。当仔细聆听内心的声音时，会发现**大多数人其实都在想着消极的事物或自己不想要的事物。也就是说，人们想“不想要的事物”的频率远远超过了想“想要的事物”的频率。**例如：

- 人们总喜欢想“不想要”的，很少明确表达“想要”的。比如，人们常说“我不喜欢这份工作”“我不想过现在的生活”。那么，人们喜欢怎样的工作，想过什么样的生活呢？不清楚。
- 相较于顺心之事，人们总习惯于关注不如意之处。比如，生病的时候，会特别在意病痛的地方，常说哪里哪里痛苦，却很少将心思放在其他健康的部分。
- 对于不确定之事，人们总是不由自主地担忧、恐惧，而且反复地想。比如，当在准备一场重要考试时，经常担心“如果没考过，我怎么办？”。越想，越觉得后果很严重。越想，越觉得它真的会发生。

不论是我们想要的、不想要的，如意的、不如意的，开心的或忧虑的事，当我们在脑海中想过这些念头，就像在心中种下了一粒粒种子。而每次重复想起，又相当于给它们浇水施肥，助它们长大。

我们心中想的是什么，关注的是什么，我们的能量就会流向哪里。

从现在起，有意识地去重构我们的思维模式。多花时间去思考、去探索，我们到底想要什么，我们喜欢什么，然后把心思花在我们想要的那些正面事物上。停止关注并远离我们不想要的负面事物，不要为它们提供任何生长的环境。当意识到某个事物不是我们想要的事物的时候，立刻停下来，然后用想要的正面思想替代它。同时，要将正面思想重复10次，以此消除负面想法的影响。我们可称之为**“负转正”**。

好的想法能带来正能量，时刻供给着精力，让我们每天心力满满。

举我的例子。在刚开始学法律的时候，我不喜欢刑法。因为刑法课中常出现杀人、伤害等暴力性词语，大多数女生都不喜欢。可是，刑法在司法考试中占很大比例。那么怎么办呢？

我在刑法笔记的页眉（当时用word整理笔记）处加了一句：我最爱刑法。打开任何一页笔记，都可以看到这句话。一方面这种潜移默化发生了作用，另一方面随着学习的深入，也越发感受到刑法中分辨此罪和彼罪、罪与非罪的乐趣。我后来真的爱上了刑法，获得了不错的成绩。

除刑法外，对于其他法律科目的笔记，我也根据它们不同的特点，使用了不同的页眉。诸如，我的民法笔记的页眉是“大肚能容，容天下难容之事；笑口常开，笑世间可笑之人”，据说这是一副关于弥勒佛的对联。因为我很喜欢民法严谨又清晰的逻辑，所以使用了“笑口常开”。

【学习者实践】

逯晓风 | 机关工作人员：

以前总是在想我以后不想要什么样的生活。学完课程后，开始想自己想要什么样的生活。

哪怕开始的时候想不清楚，也可以从很小的地方想起，比如喜欢什么样的餐具？怎样度过更舒服的周末等等。

02 多说积极的

当我们表达自己的想法时，需要通过完整的句子来实现，比如“我希望明天不下雨”。大家猜测，作为信息接收方，对这句话印象深刻的是哪些部分呢？

其实，大脑并非平等地接收听到的所有词语或信息，**它会重点识别关键词**。比如，**前面这句话中的关键词看起来似乎是“不下雨”。然而，实际上却是“下雨”**。因为大脑很容易通过“下雨”这个词，联想到“下雨”的场景，比如淅沥沥的雨声，路上撑伞、湿漉漉的地面……如果我们在听到这句话时有些分心，事后可能会嘀咕“他到底是希望明天下雨呢，还是不下雨呢？”

这一点在孩子身上尤为明显。孩子的理解和记忆能力有限，当妈妈和孩子说：

“过马路时小心，不要被车撞倒”“喝牛奶时要小心，不要洒在衣服”上的时候，孩子的脑海中浮现的是“被车撞倒”“牛奶洒在衣服上”的画面感。“这是大脑的自动反应，有画面感的内容更容易被大脑记住（也因此，画面感也被常用于演讲中）。

大脑很忽略否定性词汇，比如“不”“不要”“别”等。

当然，我们不是预言家，不会在说出“被车撞倒”后就一定真的被车撞倒。但是，对于“被车撞倒”这样的事，没有人希望它发生。我们力求避免，那么就不要让它出现在我们的生活里，一次也不要。既不要出现在我们的思想里，也不要出现在我们的言语中。

因此，**从现在开始，少说否定性的、不想要的词汇，多说肯定性的、想要的词汇。**我们可以用“希望明天**出太阳**”代替“希望明天**不下雨**”，用“早点回家”“平安回家”代替“小心被车撞到”，用“我喜欢 X”代替“我不喜欢 Y”。

举我的例子。我平时很留意自己说出的话，已成为习惯。有一次在讲课时，原本想说的是“对 ×× 深信不疑”。这里“不疑”是个否定词，惯性让我自动回避说出它。于是，在说出口时，大脑自动地为我替换成了“深深地相信 ××”。

【学习者实践】

单真卓玛 | 全职妈妈：

孩子 3 岁，每次我说：“不要用手摸地上”“不要在墙上画画”“不要，不要……”一堆的不要。结果，越说不要，孩子越撒欢。

现在，我把“不要”改成“要”，可以说：“毓宝，来，你可以在纸上画画”“毓宝，手抬起来，地上脏”。自己感觉好多了，孩子也愿意听。

另外，**词汇本身自带情绪和能量。**请认真朗读下面这三组词汇：成功、失败；好的、坏的；开心、伤心。当在发声的时候，我们的身体感受到了不同的情绪波动。每个字与词不但蕴含着社会赋予的意义，更重要的是它们大多都曾与我们的过往建立过链接。例如，小时候吃过糖，于是我们懂了“糖”与“甜”的意思。如果你很喜欢吃糖，那么长大后每次提到“糖”或“甜”，心情会提升几分。反之，如提到“苦”或“痛苦”，心情总要低落几分。美好的词汇带来正能量，负面的词汇带来负能量和破坏力。

因此，从现在开始，少说消极的、负面的词汇，多说积极的、美好的词汇。

例如，有的年轻人喜欢在恋爱或婚姻中把“分手”或“离婚”此类词语挂在嘴边，尽管是自己本身并非真的想分手或离婚。注意，这些词汇属于负面词汇，每次说出时都在无形伤害彼此的感情。因此，平时轻易不要说。而一旦说出口，必定是考虑清楚，真的做出了决定。

【学习者实践】

丹平 | 图书编辑：

今天跟朋友聊天，她说“你攒的钱比我多”，我说“**我也挺穷的**”。说完这句话，我立刻意识到自己这种说法是比较负面的，改成正面语言会更好。于是说“**我更正下，是走在致富的路上，不是穷。**”

明明是希望自己能致富的，可平常跟朋友们交谈总会有意无意地说自己“穷”，这也是自己思维的反应。**总说自己穷，就会真的觉得自己穷，这也舍不得买，那也舍不得买**。换一种说法，思维也跟着改变了，会想着怎样来积累自己的财富，而不是一味省钱。

以后要时常提醒自己，多用积极、正面、阳光的词汇，为自己赋能，让自己从内而外，从思维到语言、行动，都积极向上。

【小讲堂】大方接受赞美

我们从小被教育要谦逊，要低调。所以，当收到别人夸奖或赞美时，我们不能直接接受，反而要回答“过誉了，不敢当”“不，我还差得远呢”……以示谦虚。

以前，大家可能不觉得这种回应有什么问题。现在学习了言语的魔力以后，是否已感觉到这种应对方式暗藏的潜在问题呢？

当在表达“不，我还差得远呢”的时候，“不”是否定词，“差”是个消极词，整句话都是低能量的。常有小伙伴不够自信，觉得自己不值得拥有更好的。或许这种谦虚的回答也是原因之一。同时，当我们这样“婉拒”对方的时候，原本向我们真诚表达善意的对方，也感觉满腔热情被泼了一盆冷水，意兴阑珊。以后可能便不再夸赞我们了。

西方文化更开放，当遇到他人夸赞，他们会大方地说“谢谢，我接受你的赞美”，甚至更幽默地说“你很有眼光”。我们可以借鉴这种大方接受赞美的做法。当然，在中国根据语境，我们的用语可以更委婉些。

举我的例子。我的微信昵称是“崔律美美哒”。多年前取这个名字时，来自苏晓宏老师在《追寻法律之美》中的“法律是一种美”[3]。没想到，大家把这个昵称解读为“形容崔律长得很美”。于是，很多小伙伴亲密地称呼我为“美美哒崔律”。每当出去讲课分享时，小伙伴们常对我说：“崔律，你本人比头像更美～”。

刚开始的时候，我很不好意思，又不能向每个人都解释一下这个昵称的含义，只得习惯性的谦虚说“没有，没有”。

后来，我认为这是小伙伴们的好意，于是开始接纳“美美哒崔律”这个爱称。说实话，我内心真不觉得自己多美，只能算中等水平，但每当小伙伴夸赞我的时候，我都会很大方地回应一句“谢谢你的赞美，我们英雄所见略同”。然后，和对方相视而笑。或许，不熟悉的人可能会觉得我脸皮有点厚。那又怎么样呢？！我选择相信大部分小伙伴的赞美是出于善意和好意，我接受了他们的好意，并让他们知道我接受了。

再后来，由于太多的人说这句话，太多的人称呼我“美美哒”，我真的感觉自己比之前更美了一点，更喜欢自己了。这也是心的力量。

3　《追寻法律之美》（节选）
法律更是一种美：法律美在哪里？
法律有精确之美：法律上的很多规定和操作都是可以被精确计算的，比如定金；
法律有节奏之美：诉讼的程序就是一种节奏，如同音乐的不同乐章；

03 多写美好的

除了口头表达外，我们还可以多书写积极美好的词语和句子，将其放到“能量宝盒”中。**写下的文字与口头言语相比，它可以保存，经常复读，便能持续产生效果。**下面介绍**能量宝盒**的做法。它取材于两点：

第一，在柳翁的时间统计中，有这样一项统计：

1 年娱乐 65 次，接着是一张清单，列举了看过的戏和电影、听过的音乐会、参观过的展览会。

时间统计的不只是理性的工作和学习，还可以统计温暖的幸福。有一年春节，某节目发起了一项街头调查，随机采访路人“你幸福吗？”你会怎么回答呢？或许你会说“我很幸福”。如果接着问“为什么这样说呢？请举几个具体例子吧。”这时，你脑海中可能浮现的都是有意义的“大事”，比如结婚、升职、旅游……，但每日生活发生的那些让我们幸福的开心的小事你已经不记得了，都流逝了。用笔把它们记录下来，当我们回顾过去的点滴温暖事件时，涌现出的快乐、幸福的情绪，就是在为心力充电。

第二，香港 TVB 电视剧《公主嫁到》中，有这样第一个情节：

陈豪饰演的二少爷体弱多病，忌情绪波动。机缘巧合之下，他捡到了一些纸蜻蜓，上面写着警世名言，比如这句：别人生气我不气，气出病来没人理。看完之后，心情舒畅很多。二少爷用一个锦盒盛放纸蜻蜓。

碰得到、摸得着的实物所带给我们的感觉比电子版更多。结合这两点，我们可以把每天遇到的开心事、小确幸等写在便签纸上，放到一个漂亮的盒子里。在课程中，小伙伴们从网上买了各种漂亮的盒子（见下图）。即使不买新的，使用糕点的漂亮包装盒，旧物利用也是可以的。

冰雪的能量宝盒

邱小猫的能量宝盒

能量宝盒可以收藏生活中的美好。当心情不好时，打开宝盒，随机翻阅，鼓励自己继续努力；当心情好时，还可以打开它，重温过去的美好，带着幸福前行。

【学习者实践】

范丹燕 | 全职妈妈：

这两天跑医院，心情特别悲观，崔律的课总是那么及时地拯救我。因为太忙，今天没来得及实践做宝盒。

日后准备带着孩子给我父亲准备一个能量宝盒，把对我父亲的夸赞和祝福都写下来，等十一的时候可以送给他，并且把这件事情写进我的日清单。

翻翻 | 新晋全职妈妈：

跟着崔律，我变成了一个没那么容易被生活问题打倒的“学霸”。

在日清单的引导下，不排斥难事，完成后还会有一种成就感；在时间记录里能看到自己每个时间段都干了什么，那种自己控制时间的状态特别好；又经过体力和脑力的学习，感觉自己好像已经变成了精时力的管理达人。

然而最近，我迎来了做全职妈妈的新环境，生活节奏全被打乱，有些焦虑。感谢崔律，让我认识到精时力的管理达人是能驾驭各种环境的，要及时调整自己以应对环境的变化。

通过本周心力课的实践，我渐渐地让这个小家从消极过渡到积极，也慢慢影响家人意识到精时力管理的重要性。

无边冰心 | 项目管理：

做任何一件事情都不简单，从精时力课程中慢慢意识到要成为优秀就需要坚持。

以前呆在二三线城市，根本就不需要考虑这些，如今真的有种迫切改变自己的欲望。

既然是我的选择，我还是得继续死磕到底。这期间也反反复复，很多次想放弃，可改变本来就是一个痛苦的过程。无论什么时候开始都不晚，关键是开始后就不能停下。加油！

第三部分　精时力进阶二重奏

第6章　黄金早晨

改变早晨时间的利用方式，改变人生！

【本章重点提示】

早晨时间是所有时间中最独特的一个时间段。

本章的核心点：

（1）充分认识到早晨时间的宝贵性；

（2）尽可能地制造出更长的早晨时间；

（3）在黄金早晨多做与之相符的高价值事。

6-1 今天开始早起

想要用好时间，必须用好早晨时间！

“早睡早起”是生活常识，在此之前大家或许以为这只是为了健康和养生，而早晨时间也无非用于生活事务，诸如洗漱、做饭、吃饭、收拾家务等。其实，在精时力中，早晨是一天中最独特的时间段，是质量最高的时间段，是最有价值的时间段，我们称之为“黄金早晨”。本章解锁早晨时间的高效利用。

01 重新认识早晨时间

早晨时间，一般是指工作日里起床后至上班开始之间的时间段[1]。想想看，你现在的早晨时间有多长呢，是 1 个小时还是 3 个小时呢？

1　在休息日不上班的日子里，早晨时间怎么算呢？

注意：即使在休息日，也要尽量确保自己能享有相同的早晨时间段。其原因有 3 个：

（1）前文已述，休息日的时间和工作日的时间同等重要，需一视同仁；

（2）在体力管理章中已阐述，每天在固定时间起床。所谓的“每天”包括休息日；

（3）休息日和工作日保持相同的节奏，有助于形成身体习惯。

为了帮助大家更好的理解早晨时间的宝贵性，我们比较下同样是工作之余的早晨时间和晚上时间。

假设每天我们有 1 小时的可支配时间用于自我成长。现在有两个方案：方案 A 是利用早晨 1 小时。方案 B 是利用晚饭后的 1 小时。这两个方案中，哪个效率更高呢？

方案A

	周一	周二	周三	周四	周五	周六	周日
6:00							
7:00	1H	1H	1H	1H	1H	1H	1H
8:00							
9:00–11:00	工作时间					3H	3H
12:00							
13:00–17:00	工作时间					5H	5H
18:00							
19:00							
20:00							
21:00							
22:00							
23:00							

方案B

	周一	周二	周三	周四	周五	周六	周日
6:00							
7:00							
8:00							
9:00–11:00	工作时间					3H	3H
12:00							
13:00–17:00	工作时间					5H	5H
18:00							
19:00							
20:00							
21:00	1H	1H	1H	1H	1H	1H	1H
22:00							
23:00							

一般来说，方案 A 的效率更高。因为：

早晨时间的前一项活动是夜间睡眠。体力管理章中大家已经充分了解到，夜间睡眠对人而言如同给手机进行了数小时的充电。在睡眠期间，身、心和大脑得到了修复与放松，垃圾被清理。因此，早晨时，大脑的负担最轻，运转更快。

而**晚饭后时间的前一项活动是白天工作了 8 小时**，身、心、脑都处在疲劳的状态。而且，由于晚上可能还有加班、聚会、应酬等各种活动，时间状态不稳定。

乐天公司 CEO 三木谷浩史曾说“我每天早起 1 小时学习英语。但如果改成从公司回家后的 1 小时，则肯定无法坚持下来。”

早晨时间是一天中最黄金的时间段，其特征如下：

- 早晨是一天中精力最充沛的时间段：前一晚睡眠补充了精力，今天尚未开始消耗精力，更容易专注；
- 早晨是一天中意志力最强大的时间段：前一晚睡眠补充了意志力，今天尚未有事情消耗意志力，更容易抵抗诱惑，坐的住；

- 早晨是一天中情绪最饱满的时间段：前一晚睡眠治愈消极情绪，今天尚未受到消极事件影响，更乐观；
- 早晨是一天中最安静的时间段：家里人尚未起床，外部世界也尚未喧嚣起来；
- 早晨是一天中最私人的时间段：一个人在书房，无人打扰，享受独处；
- 早晨是一天中最稳定的时间段：没有应酬、没有突发紧急事件；

……

老话都说："一年之计在于春，一日之计在于晨"。如今，我们还可以这样说：

- "怎样度过早晨，就怎样度过一生。"
- "掌握早晨的人，方能掌握人生。"
- "早晨，是一段真正属于我们自己的时间。"

02 获得更长早晨时间

如前文所述，早晨的精力水平高，若用于学习或工作的话，效率会更高。用数字举例说明的话，**早晨 1 个小时的产出或许相当于晚上 2 小时的产出。那么，就相当于每天从 24 小时延长至 25 小时！**

我们算一笔账，如果每天多出 1 小时的话，一年多出 365 小时。按每天是 8 小时有效时间计算，相当于多出了 45 个工作日。这意味着，普通人的一年有 12 个月，而每天早起高效 1 小时的人一年有 14 个月。

以此类推，早晨时间越长越好。

为了获得更长的早晨时间，推荐有三个做法：

做法 1：把晚饭后时间置换成早晨时间

如同前面的方案 A 和 B，在睡眠时长不变、日常活动时长不变的情况下，提前 1 小时睡觉，就能把晚饭后的 1 小时置换成早晨 1 小时。这样，早晨时间就多出了 1 小时。

做法 2：减少早晨时间的浪费，获得更多有用的早晨时间

我们把早晨时间分成三大部分：一是有价值时间，诸如读书学习、运动等；二是洗漱、做饭、准备出门等生活事务时间；三是刷手机等浪费的时间。

毫无疑问，有价值时间占比越高，早晨时间的“含金量”越高。只要早晨时间安排得当，我们完全可以增加 30 分钟甚至 90 分钟的早晨时间。早晨时间优化前后的示意图如下，有价值时间的面积扩大了数倍，具体做法在后一节详述。

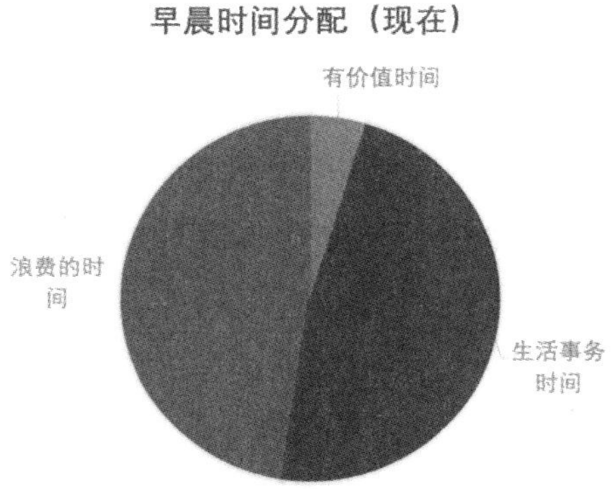

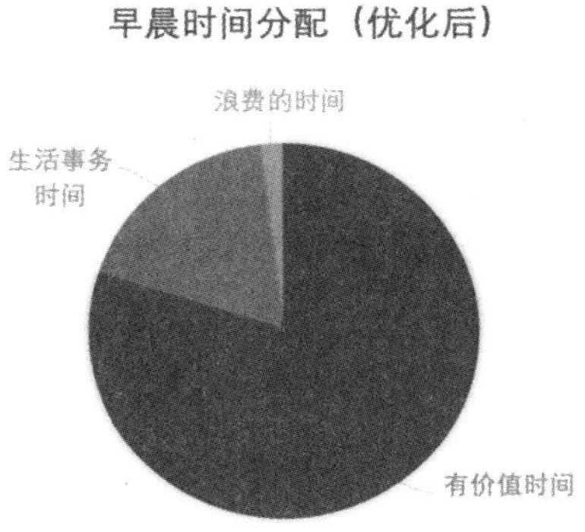

做法 3：更早起，创造更多的黄金时间

前两种做法都是在睡眠时长不变的情况下，而这里的“早起”是指在遵循睡眠规律的基础上，缩短平时的睡眠时间，比平时更早些起床。例如，若平时夜间睡眠 7 小时，现在可考虑将夜间睡眠缩短至 6 小时，既符合睡眠周期，又能多获得 1 小时的黄金时间，同样每年也可多出相当于 2 个月的工作时间。

（1）早起，是一种奋斗或成长方式

有越来越多的研究和名人实例都证明，**早起的人更容易获得成功**。看大家耳熟能详的名人早起例子：

- NBA 科比：凌晨 4 点开始锻炼。广为流传的便是他那句：“你知道洛杉矶凌晨四点钟是什么样子吗？”
- 苹果 CEO 蒂姆•库克：每天 4:30 起来就开始整理发送公司邮件，5:00 就在健身房锻炼身体。
- 中国香港首富李嘉诚：每天 5:59 分起床，看报纸、打高尔夫。这个生活习惯，李嘉诚从工作以来就保持了几十年。而且不管他每天晚上多晚睡，第二天都一定是这个时间起床。

我个人不太建议大家在4:00起床，除非有特殊情况。一般而言，早晨6:00前后起床即可。夏季日出早，可适当提前。

【学习者实践】

龙珠 | 合规风控经理：

崔律的计算方法让我如梦初醒，时间意识除了赋予它意义外还得给予它魅力。每天早起1小时，一年竟然能多出两个月的工作时间。

（2）早起是一种生活方式

早起，不仅是为了奋斗，也是为了更好的生活，过更好的人生。同样的早晨时间段，“一班人”和“二班人”能活出不一样的生活方式。

“一班人”在早晨赖到最后一刻才肯起床。然后，昏昏沉沉地洗漱，抓起面包飞出门，或路边摊上随便买点小吃。匆匆忙忙地啃两口面包后，狼狈地挤在公交车里。周围都是浑浊的空气，夏天充斥着各种汗水的怪味道，随着车身的不停晃动，开始了不愉快的一天……

“二班人”在其他人睡懒觉的那些时间里，已经做完了轻运动，完成了读书学习或重要工作。一边听着音乐或早间新闻，一边和家人品尝着热气腾腾的早餐。身体和大脑在舒适的环境里放松、苏醒，并得到滋润与成长。出门后，坐在空荡荡的车厢里，既干净又能充分利用通勤时间，为接下来的一天积蓄能量……

“二班人”们都在小心翼翼地珍惜早晨时间，并竭尽全力地发挥早晨时间的黄金价值。**1年后，“一班人”们依然在睡懒觉，并没有太多变化。但“二班”那些早起的人们，利用早晨的时间却已经：**

- 读了更多的书；
- 掌握了更多技能；
- 学会了理财；
- 培养了一项兴趣；

• 发展了一个斜杠；

• 生活的更有滋味……

再想象下，10 年后呢？两者的差距会有多少？

你现在过的是哪种情形？今后又选择过哪种生活呢？

【学习者实践】

小芳 | 资深项目管理工程师：

自从上期听崔律的黄金早晨课以来，至今坚持了半年早起，读了很多本书，写了一些文字，对自己的生活有了一些整理，为未来积累了一些好的预期，真的跟以前有很大的不一样，希望自己能坚持下去，取得更大的进步。

03 轻松早起

不论哪种方式，实现黄金早晨的大前提是：起床。

“早起”，既是更早起床的意思，也有早晨起床的意思。

早起不靠蛮力，要讲究方式方法。想要做到早起，需要做好三个方面：

（1）科学睡眠

睡得好，才能起得早。关于睡眠，我们在第 3 章已有阐述。诸如，在睡眠周期结束时起床更轻松。再诸如，我们并不需要睡满 8 小时，破除自己“没睡醒”的心理误区。

（2）找到生活的梦想、早起的目标

“每天早晨叫醒我的不是闹钟，而是梦想”这句话特别在理。不管前一晚睡得多晚，我们都能大清早地爬起来，甚至兴致勃勃、精神抖擞，是因为前方有一个“目标”。

（3）早起小妙招

早起的妙招千千万，萝卜青菜各有所爱，总有一款适合大家。下面推荐两个实用的锦囊妙计：

锦囊①：123 起

在起床的过程中，决定是否成功的一个动作是**从床上坐起来**。

很多人被铃声叫醒后，喜欢在床上再磨叽些时间，常常不小心又睡着了。也有人在冬天温暖的被窝里，长时间地严肃思考一个很深刻的问题“我到底要不要起床”。

闹钟响后，最快捷的做法是：不要磨叽，不要赖床，不管眼睛睁开与否，就像“走你”[2]一样，心里默念“1、2、3，起！”，然后就坐起来穿衣服。

锦囊②：睡前远离手机

手机是影响睡眠和早起的主要罪魁祸首。现在，我们离早起只差一步：上床之前把手机放在远离床头，即伸手碰不到的地方。有三个原因：

原因一：避免睡前在床上刷手机导致晚睡。

原因二：早晨闹铃响起后，需要下床去关手机铃声，督促我们起床。

原因三：出于卫生考虑。一项研究发现，手机携带的细菌是马桶座圈的 10 倍。也有科学家曾在 51 个手机样本中发现 7 000 种不同类型的细菌。通常，我们在上床前的最后一个动作是洗澡。手洗干净后，就不要再碰手机，以免把细菌带到床上。尤其是习惯裸睡的小伙伴。

【学习者实践】

默契 | 数据产品经理：

听了崔律的课，发现早起原来是一个综合性的工程，涉及睡眠、时间管理、精力管理等多个方面。

2 “走你”，网络流行词。随着中国首艘航母“辽宁舰”成功起降歼 -15 舰载机，那个下达起飞指令的动作，也在短时间内掀起网络模仿热潮，被网友戏称“走你”。

6-2 优化早晨时间

早晨时间贵如黄金，请珍惜和重视每一分钟！

前一节大家学到了在客观上早晨时间是最宝贵的。能否发挥出它的价值，还要看我们在主观上如何利用早晨时间。本节解锁优化早晨的技能。

举个例子，某君的早晨时间是从 6:00 至 9:00，共 3 个小时。这段时间她都做了什么呢？

答曰："我早晨忙得很，一分钟都没闲着，洗漱、做早饭、准备出门……啊，衣服都没来得及洗。""碌碌而无为"恰当地描述了这类早晨时间的情形。

下面，我们以 10~15 分钟为单位，分解下某君 3 个小时早晨时间的去向，看看她的时间都去哪儿了？

案例：某君的早晨时间开支

•6:00 起床；

•6:00~6:30 刷手机；

•6:30~7:30 做饭与吃饭；

••15min 思考吃什么，查看家里食材

••15min 煮，炒，厨房忙碌

••15min 吃饭

••15min 洗碗收拾，磨叽

•7:30~8:00 出门前准备；

••10min 化妆

••10min 选衣服，换衣服（有时不满意，可能要换两套）

••10min 寻找钥匙、遮阳伞等小物，放进包里

•8:00~9:00 上班通勤；

•9:00 到达公司，签到打卡。

从上可知，刷手机、生活事务和堵在上班路上，是早晨时间的三大低效与浪费源头。接下来，我们逐一消除。

01 杜绝早晨刷手机

很多人喜欢刷手机，尤其喜欢早晨在被窝里刷手机。大致包括：

- 刷微信联络信息：看看昨晚睡觉之后到早晨的这段时间里，有没有人来找过我，群里又发生了哪些事？回复下朋友的留言……
- 刷热点新闻（头条 / 社会 / 娱乐 / 热点）：想知道昨晚睡觉之后，世界上又发生了哪些大事……
- 刷朋友圈：看朋友们的动态，其实，只是习惯性动作。因为点开朋友圈以后，时间过得很容易，很轻松……

请思考，如果我们推迟 2 小时之后再刷手机的话，会怎么样呢？能带来哪些严重后果吗？

结论是：其实并没有什么不同。

回想下我们早晨刷到的信息：

- 对于微信联络信息，6:00 和 8:00 回复是一样的。即使我们 6:00 回复对方，

对方也不见得能看到，因为他可能在睡懒觉。即使对方醒了，他在早晨也有重要事处理，未必及时回复我们。如果对方回复我们了，我们接着回他，一来一往聊几句，十几分钟过去了……

- 对于头条新闻，不论我们是在 6:00、8:00 或 10:00 获知，结果都一样。地球离了我们，照样转。除非工作性质特殊，比如与热点新闻相关性非常高的职业。
- 对于朋友们的动态，午饭后消食或精力值低的时间段里再刷，也不迟。

……

冷静分析后，大家会发现，**我们在世界上的地位并没有想象中那么重要，昨晚发生的事情也并没有想象中那么重要**。请放心，如果是在晚上睡觉期间有和我们相关的大事发生的话，一定会有人打电话来的。

刷手机的时间过得很快，即使原计划刷 10 分钟的，一不小心 30 分钟、1 小时就过去了，造成时间的大量浪费。另外，人在刚醒来时，是一天里身体内皮质醇水平最高的时候。皮质醇是我们面临压力后，身体分泌的一种应激激素。早晨刷手机带来了扑面涌来的各种信息，会进一步刺激皮质醇的分泌，让我们从一早开始就处在焦虑中。

对此，**正确的做法是杜绝早晨在家刷手机**。可以在通勤路上，再打开手机连接世界。若实在放心不下或工作需要的话，早晨在家的时间只要查看重要的联络信息，并做简要回复，控制在 10 分钟内。群消息、朋友圈、热点新闻等继续放到通勤路上再刷，或者饭后消食的时间再刷。

当然，在上班路上时，不要忘记，先刷完日清单，再刷手机。

【小讲堂】微信联络人临时置顶

在早晨处理微信中的联络信息时，仅做简要的最低限度地回复。而对于未处理完的信息，为避免遗忘以及提醒事后及时处理，可以在微信中把联络人的名片临时置顶。然后，在当天处理完毕后，取消置顶。

举个例子，早晨发现有一条微信信息是上司索要某个文件，我们可以先在微信中回复“我到公司后发送”，告知上司进度；再把上司的微信名片置顶，防止遗忘。到公司里发送文件后，取消置顶。

再举个例子，早晨发现有个朋友发来问候信息。一来一往的聊天需要一些时间。这时，我们可以当下不回复，或告知“我 ×× 时候回复”，然后把他的微信置顶。等待空闲的时候，比如在上班路上或午休时间，再回复他，并且聊上几句。聊天结束后，取消置顶。

【学习者实践】

Jenny | 教师：

以前我早上起来第一件事就是刷手机，听完课后，我要改成路上 / 工作间歇刷，并深刻意识到原来我之前喜欢玩手机不只是习惯问题，更是时间管理的问题。

今天早上起床没有直接看手机，先去做早餐，再洗漱，吃饭，看手机的时间推迟了半小时。虽然还不够但是开始改变了。

02 减少生活事务时间

早晨的生活事务时间也应维持在最低限度，即只做最少、最必要的生活事务。原则有两个：

第一，凡能不在早晨做的生活事务，就不要在早晨做。

诸如，有的女生喜欢在早晨洗衣服，有的男生喜欢在早晨看球赛。这时，问自己一个问题：洗衣服或看球赛可以在其他时间（比如在晚饭后时间）做吗？

如果回答“能”，那么，就改到其他时间再做。

第二，减少“事务性思考”时间。

在某君的案例中，早晨的事务性思考有：

- 打开冰箱，查看家里有什么食材，思考吃什么；
- 翻找衣柜，思考穿什么；
- 整理包，思考带什么；

……

这些时间本质上属于“磨蹭”时间。不知不觉地 10 分钟、20 分钟就过去了。3 个 20 分钟，便是 1 小时。**事务性思考的时间是个隐性杀手**，大家一定要注意。

请注意，早晨可以做思考，但一定是有产出的思考，比如和工作和学习相关的深度思考。上述事务性思考是不带来价值的。

正确的做法是**把它们放到前一晚的睡前时间段完成**。因为晚上睡前时间的精力处在低值，适合匹配做轻松的事。尤其是睡前 60~90 分钟，要为入睡做好准备，不能做太耗精力或让大脑兴奋的事，比较适宜做生活性简单事务。所以：

- 与其早晨花 10 分钟，临时查看天气预报，纠结穿什么衣服，选衣服。不满意再换一套，导致最后急急忙忙地出门。不如晚上花 15 分钟，哪怕花 20 分钟，慢悠悠地选好衣服，拿出来，挂到衣架上。夜晚能美美地入睡，早晨出门前可直接穿走。
- 与其早晨花 30 分钟查看食材并烹饪，不如晚上花 10 分钟计划好次日早晨的菜谱。若气温允许，还可以把食材从冰箱里拿出来放在料理台上，甚至把加热即食的食物直接放进锅里。早晨开火煮开即可，5~10 分钟搞定美味早餐。
- 与其早晨匆匆忙忙地找钥匙、找遮阳伞，不如把第二天出门时要带的小物件全部收拾好，放进包里。早晨拎包即走，再也不用担心遗忘了。

早晨做高价值的事，晚上睡前做轻松的事，完美！

【学习者实践】

紫雨 1314 | 全职妈妈：

早起，迈出改变自己的第一步。

今早起来做面条（家人不喜欢买来的面条），为了节省时间，昨晚将面揉好放入冰箱中，今早起来解冻后就可以直接使用了，在面解冻的期间，自己洗漱完毕，哈哈，为自己赞一下。

03 提早出门

建议大家避开高峰期，提早出门上班。例如，往常8:00出门的话，建议提早到7:00出门。这样做有很多好处：

（1）路上不堵车，节省通勤时间

8:00出门时，正好遇到上班高峰期，车辆行驶缓慢，路上要花比平时更多的时间。可是，若提前至7:00出门的话，路上车辆少，所花时间就会少。

举我的例子。我们事务所的上班时间是早晨10:00，目的也是为避开高峰期。我上下班无须打卡，时间自由，更会安排错峰出行。工作至今10多年，真的是省下了大量的拥堵时间。

如果我出差的话，一般选择7、8点的早班飞机，这样早晨6点多出门。平时到机场需要1小时的车程，清晨只要25分钟即可，而且意外状况少，基本无须再预留机动时间，超高效。

（2）车厢里人少，节省宝贵的精力

在通勤高峰时间，公交车或地铁车厢里人很拥挤。拥挤的通勤，格外消耗体力，到公司后已经疲惫不堪。而且心情烦躁，影响白天工作。

但是，如果我们提早到7:00出门的话，车厢都很空，有位子可以坐下来。这样能节省精力，把有限的宝贵精力用在工作上。

【小讲堂】从精时力的角度来看，年轻人如何选择租房位置

像上海、北京这样的一线城市，房租贵。刚毕业的年轻人为了省房租，多选择住在郊区，单程通勤要2小时。从精时力的角度看，这种做法太不划算了。

我建议宁可房租贵点，也要住的离公司近些，单程尽量不要超过1小时。因为通勤消耗的不仅仅是时间，更是精力，哪怕是坐着。我有一位男生助理，从上海嘉定到市区上班，单程2小时，很年轻但特别瘦，原因之一是每天通勤太辛苦。

我们算一笔账：

假如郊区房租3000元，单程上班2小时。市区房租4000元，单程上班1小时。

平均下来，每天房租约增加 30 元，换来的却是每天多出 2 小时，以及拥有更充沛精力的工作时间。如果大家把这 2 小时用来学习或工作，能换来将来更快的升职加薪。这相当于对未来的投资，超划算。

（3）更高效地利用通勤时间

若是 8:00 出门遇到高峰期，我们只有在车厢里被挤来挤去的份儿，很难腾出空间或心思去做什么，顶多听听音乐。

可若 7:00 出门，车厢里有位置坐下来，活动空间大且安静，我们可以很惬意地支配这段时间。比如，可以带一本纸质书，在路上阅读。还可以专心听课、记笔记。我的精时力线上课在每天早晨 7:00 直播，很多小伙伴便是 7:00 出门，在通勤路上听课，开启元气满满的一天。

【小贴士】

在路上听课或学习时，尽量坐下来。我在新闻中看过一则诉讼案例，有位年轻女士在公交车上单手看手机。在车辆拐弯时不慎摔倒，脊椎骨骨折导致下半身永久性瘫痪。即使这位女士起诉公交公司，获得金钱赔偿，但后半生的生活也受到很大影响。所以，若在公交车里站着学习或听课时，要注意安全，不要长时间拿手机，两手要牢牢扶好把手。

（4）保持衣装干净整洁

大家一定有过下雨天通勤的经历吧？虽然我们会很小心地收起雨伞，不影响他人。但他人的雨伞总会弄湿我们的衣服、包包或鞋子。

如果夏天通勤，不管地铁里的空调温度有多低，空调风有多大，我们总是能闻到各种汗味，自己的衣服也容易被碰脏或被汗水浸湿。

可是，若早一个小时出门的话，这些问题都可以避免。不论天气多恶劣，我们都能神清气爽地到达公司，再也不用担心衣服被弄脏了。

通过前面三步做法后，某君的早晨时间在优化前后分别如下：

优化前的早晨时间	优化后的早晨时间
•6:00 起床 •6:00~6:30 刷手机 •6:30~7:30 做饭、吃饭 ••15min 思考吃什么，查看家里的食材 ••15min 煮，炒，厨房忙碌 ••15min 吃饭 ••15min 洗碗收拾，磨叽 •7:30~8:00 出门前准备 ••10min 化妆 ••10min 选衣服，换衣服（有时要换两套） ••10min 寻找钥匙、遮阳伞等小物，放进包里 •8:00~9:00 上班通勤 •9:00 到达公司，签到打卡	•6:00 起床 •6:00~6:30 富余 30 分钟（可用来读书 / 轻运动） •6:30~7:00 做饭、吃饭（比原来节省 30 分钟） ••10min 煮、炒 ••15min 吃饭 ••5min 洗碗 •7:00~7:15 出门前准备（比原来节省 15 分钟） ••15min 化妆、换衣服 •7:15~7:45 上班通勤（比原来节省 30 分钟） •7:45 到达公司，签到 •7:45~9:00 富余 75 分钟（可用来自我成长 / 工作） 富余时间共计：105 分钟

经过这样的优化后，早晨 3 小时里多出来完整的 105 分钟可自由支配，再有路上通勤 30 分钟也可以利用，两者加起来有 2 个多小时。这些时间用在做更有价值的事情上，早晨时间的含金量会大大提升。

汉语中有“早起的鸟儿有虫吃”、日语中也有“早起三分利”的俗语。早起学习、早到公司的人，都有好运气。请做做看~

【学习者实践】

Smj | 科研人员：

回想以前自己的黄金早晨时间，大概有 20 分钟的时间花费在刷朋友圈和看新闻，有 20 分钟的时间花费在事务性的思考。

仔细优化了自己和孩子们早上的时间后，我居然有时间读书了，孩子们也多了些学英语的时间。

我还把自己学到的知识教给了孩子们，希望能影响到他们。

6-3 元气早晨

元气左右手，助我们开启活力的一天！

前一节中大家学到了提高早晨时间含金量的方法，相信大家在早晨有了更多的可支配时间。有时起床后有很长一段时间不太清醒，无精打采。于是，有人想“或许我是猫头鹰，早晨学习并不适合我”。对此，本节中解锁三个技能，助我们拥有一个元气满满的早晨，继而开启活力满满的一天！

01 真假“猫头鹰”

在睡眠类型中，“猫头鹰”型是指晚睡晚起的人。

到底有哪些睡眠类型或睡眠偏好呢？研究者想出各种测试方法。应用最广的是邀请人们完成一份问卷，被称为问卷评估法，用来评估不同的睡眠类型。根据评估结果，大致存在三种类型：

- 晨型人，又称“云雀”，倾向于早睡早起。例如：在晚上 10:00 左右上床睡觉，在早晨 5:00 前后起床。我有个朋友说她当年学车时，驾校教练在早晨 4 点来接她练车。因为 4 点起床对她而言超轻松。

- 夜型人，又称“猫头鹰”，倾向于晚睡晚起。例如：晚上 12 点以后睡觉，在早晨 7:00 以后起床。他们不会早起工作，宁可晚上熬夜到凌晨 1~2 点加班把工作做完。
- 正常人，又称“蜂鸟”，介于晨型人和夜型人中间，没有特别的倾向。例如：晚上 11:00 之前睡觉，在早晨 6:00 左右起床。

总体而言，晨型人和夜型人只占少数，超 50% 的都是正常人。此外，研究显示，晨型人和夜型人前后相差最多在 2 小时，所以，两者的差别并不像大家以为的那样明显。

很多小伙伴因为早起不了，或者感觉晚上工作更兴奋，便以为自己是“猫头鹰”（夜型人）。其实大部分人都是由于现代生活习惯造成的“假・猫头鹰”。例如，若在床上刷手机看剧到凌晨 1~2 点，睡得晚，早晨自然起不来；再例如，白天工作做不完，需要晚上加班，而加班时不像上班时间那样频繁地被其他人干扰，自然感觉晚上效率更高。

在规律的作息之后，“假・猫头鹰”们都发现了早起的“甜头”。原本晚上要 2 小时才能完成的任务，早晨 1 小时就够了。有小伙伴戏说发现自己原来是“披着猫头鹰皮的蜂鸟”，以前早起不了的小伙伴们，在听早课的过程中几乎都成功实现了早起。相信大家也可以做到。

举我自己的例子。之前，因为事务所 10:00 上班的关系，我一般在 8:00 才起床。即使晚上加班到凌晨，也没想过早起加班处理。

2018 年起，因每天讲早课不得不早起，如今我已经很习惯早起了。写作到这里时，我刚回到青岛老家休假。以前乘坐上午 10:00 的飞机，到家赶上吃午饭，第一天假期就只剩下半天了。而今天我乘坐了早晨 7:00 的飞机，到达青岛机场时才 8:00，相当于在青岛在有一整天的时间，特别棒。

过去，我认为自己是“蜂鸟”，现在已成功转型为“云雀”。这也是习惯的巨大力量。

在破除了“猫头鹰”的错误认知后，我们离元气满满的早晨近了一大步。

元气，在汉语中原是道家哲学术语。如今常用在日式餐饮店招牌中，指有精神、有活力的意思。

接下来，用两个锦囊助大家快速唤醒大脑和身心，同时为接下来的一天注入能量。我将这两个锦囊命名为“**元气左右手**”。左手离心脏最近，寓意是用心感受。右手擅长做事，寓意是自己动手去创造。并且，**把这段提升能量的早晨时间命名为“元气（早晨）时间”**。

02 元气左手：感恩

每天早晨睁开眼睛后，大家脑海中浮现的是什么？是枯燥的柴米油盐一日三餐、高额的房贷还是不想去上班？生活不只有这些压力和无趣，还有很多幸福和美好。

在漫长的人类进化史中，人们习惯更关注危险与不足，忽略积极与亮点。在一段旅行结束后，我们可能会对酒店恶劣的服务、糟糕的食物耿耿于怀，却忘记了在旅途里发生的那些快乐的事。

在今天，人们的外部环境发生了极大的变化。人们更追求生活质量，追求幸福。如果不改变旧有思维方式，只会把自己累垮。发现美好、珍惜美好，可以从感恩开始。

有人以为“感恩”是少部分人的行为。不，这其实是现代每个人都应具备的通用能力。感恩，就是表达谢意。不一定要使用“感恩”二字，说“谢谢”也可以。

感恩的练习是有科学依据的。一项研究表明，只要每天列举三个感恩故事，只需要一周时间就可以显著激发正能量。而且，在练习结束后的几周内，参与者的满足感仍会持续上升。**感恩能让我们从压力、抱怨、消极事实上移开视线，转向那些积极、正向而富有意义的事**。在前面旅行的例子中，与其对糟糕的食物耿耿于怀，不如感恩下“我入住了一个非常别致的酒店，酒店窗外景色很美”，它会让同样的旅行更美好。

早晨有哪些方法可以练习感恩呢？

（1）口头感恩：早晨起床后，我们可能尚未完全清醒，眼睛还迷迷糊糊，仅凭着身体惯性在穿衣服、刷牙。这时便可以同时进行感恩。最好口头说出来，一来声音和嘴巴活动的动作能更轻松唤醒大脑，二来说出来的话语具有“魔力”，可以强化感恩的效果。如果我们和他人同住，不方便打扰他人，或者不好意思说出口的话，可以在心中默念，或者在浴室里对着镜子说。

（2）书写感恩：每天我们要说出几千字的话，容易遗忘。如果忘记，那么感恩就失效了。请把口头感恩的内容，写下来吧。可以写在晨间复盘日志，或放入能量宝盒里。日后时常翻阅，让感恩的内容持续发挥功效。

口头表达与书写文字各自具有不同的强大力量，建议两者组合使用。感恩的内容和次数没有上限，多多益善。

我在长期践行感恩之后，明显的收获是**能更轻松地看到他人的亮点，更用心地说出每一个“谢”字**。

举个例子。餐厅里，当服务员倒满水时，我们会对他说“谢谢”；公司里，当前台小姑娘送来快递包裹时，我们也会对她说“谢谢”……想想看，当我们说这些“谢谢”时，用了几分真心？大多数情况，“谢谢”只是个礼貌用语，道谢只是习惯动作。

而我现在会用心地去说“谢谢”。比如，我会从餐桌上抬头看向服务员，对他真诚地说“谢谢你”。因为他及时地为我倒满水，而不是再等一会儿才来。前台小姑娘送包裹的时候，不论多忙，我也会从电脑上抬起头来，看着前台小姑娘，对她真诚地说“谢谢你”。因为她多走了一段路，才把包裹送到我的办公室。

当说“谢谢”的时候，同时附上一个真诚地微笑。他人愉悦，自己也很开心，正能量 up！

【学习者实践】

牛慧芳 | 教师：

感恩可以调整心态，以更积极的观点看待人 / 事物。特别是崔律强调的，感恩是要内心感受到感恩的情绪，而不是礼貌的、象征性地说一句“谢谢”。我用这个方法改善了我和婆婆的关系。

前段时间和婆婆观点有些分歧，内心里有点小隔阂。通过这几天的思考和练习，真正认可她为家庭的付出，很快就释然了，又回归到以前相亲相爱的状态。感恩崔律的课程，感恩自己的用心实践。

03 元气右手：预创未来

有句话说："现在的我们，是过去的结果"，我特别赞同。人们通常理解为，它说的是过去的努力与否，决定了今天的成就与否。实际上，我更赞同的是**过去的思维方式，决定了现在的生活状态**。

譬如，倘若现在的我们做着自己不喜欢的工作，甚至连自己喜欢什么工作也不确定的话，一定是过去的我们自己造成的。央视前主持人张泉灵在北大的演讲中说：如果，你考大学时选的专业不是你喜欢的，而是你父母喜欢的；你的选修课不是你喜欢的，而是为了多拿一个证书所以选择学分好得的；你求职不是挑你喜欢的，而是待遇好的，请问，你选择时从未拿喜欢当事，凭什么你会从事喜欢的职业呢，并且成为终生的事业呢？凭什么呢？

过去已经无法改变，但将来的生活我们可以自己选择？从今天开始，来预先设想一下我们的未来吧。在早晨时间，我们可以花几分钟，在脑内小剧场里播放一场**"未来微电影"**。步骤如下：

- 坐在椅子上，找一个舒适的坐姿，闭上眼睛，播放一段轻松的音乐。
- 想象下，假如今天是今年年底最后一天（20×× 年 12 月 31 日）。在今年里，我们在工作、生活、成长等方面都取得了哪些成就？至少列举 5 件大事（年目标）。
- 再想象下，假如今天是本月最后一天（× 月 31 日）。在本月里，我们在工作、生活、成长等方面取得了哪些成就？至少列举 3 件大事（月目标）。
- 依次推进，本周周末的情形呢？

- 最后，在今天（× 月 × 日，星期几），理想的一天是怎样度过的？从早晨、上午、中午、下午、傍晚、晚上，依次想象下我们想过的理想生活的情形。

如果闭上眼睛想象时容易走神的话，可以睁开眼睛，拿起笔，在一张白纸上边想边画，或者边想边写下关键词。图画的美不美并不重要，关键是描绘出我们想要的是什么。**图像越具体越好，让未来给我们带来方向和动力**。

【小贴士】

冥想与视觉化的区别在于，冥想是在大脑中进行图像的想象，而视觉化是真正地把它呈现出来，眼睛看得到。

【学习者实践】

诸慧 | 医生：

感恩阳光，给我的情绪充电；

感恩早餐，给我的身体充电；

感恩冥想，给我的心灵充电；

感恩崔律和小伙伴们，给我的头脑充电。

6-4 晨间复盘

每天都要比昨天有进步，哪怕只有1%！

按前一节做完了元气左右手之后，相信大家已经元气满满，准备大干一场了。接下来，是立即开始今天的学习或工作吗？不！在此之前先要做的是复盘。本节解锁晨间复盘的技能。

01 晨间复盘理念

晨间复盘即在早晨进行的复盘，包括晨间日记和复盘两种功能。

首先，看“复盘”。它原是围棋术语，本意是对弈者下完一盘棋之后，重新在棋盘上把对弈过程摆一遍，看看哪几步下得好，哪几步下得不好，哪几步可以有更好的下法等。

从这个过程中我们看到，**复盘时既要关注做得不好的地方，又要关注做得好的地方，还要关注优化。而普通的日记或总结中，人们往往只关注不足的地方。**比如,“一日三省”,“省”多指不足之处。基于此，我使用“复盘”一词，而不使用“总结”“反思”等词语。

“复盘”这个词近几年很火，最早是由联想集团创始人柳传志先生开始的[3]。20世纪90年代末期，他阅读了《曾国藩》一书，书中提到曾国藩有一个习惯，就是做完一件大事之后，点一炷香，把整个过程细细地想一遍。受此启发，他感觉这种做法很符合自己的工作/思考，是一种简单有效地从经验中学习的方法。于是，2001年第一次在联想提出了“复盘”这种说法，并开始在联想公司内部进行推广。

美国军方也有AAR（after action review）的传统。AAR直译为在每次行动结束后进行回顾。但实际上，“行动结束”并不是指一项军事行动或任务完全结束，而是扩大到某项具体的小行动。例如，某项军事行动长达1个月，其中有一个小环节是运输物资。那么，在运输物资这项小行动结束后，便可以立即进行AAR，场地不限。可能是屋子里，也可能是在森林中、山坡上等。

复盘是从经验中学习的有效方法。它区别于从书本中学习。两者都比较适合于成年人学习。

其次，为什么要选择在“晨间”，而非晚上进行复盘呢？当提起写日记或做总结，人们想到的多是在晚上睡前进行，因为睡前意味着一天时间的结束。

我们已经知道，晚上睡前属于精力低值，身体疲累，情绪低落。此时写日记或做总结时，很容易出现诸如“今天工作烦死了”“今天又发脾气了”“我很无能”之类消极的内容。

而经过一晚的睡眠修复后，早晨更冷静、更乐观。对同样一件事，会想到“××事不能全怪助理，我也有责任，下次可以提前提醒他注意。不如今天给他买杯咖啡说声抱歉吧。”

可见，**晚上总结时最关注的是过去——白天里已发生的事；早晨总结时更容易关注的是今天——即将发生的事。后者有助于行动和成长。**

晨间复盘有很多功效：

（1）它是一种日记，是自己和自己的对话。通过书写，整理自己的心情、情绪和想法，写出的内容很真实，这也是很多人喜欢写日记的原因。

3　引用 邱昭良著《复盘+》。

（2）它是一面镜子。让我们更好地了解自己，并通过检视，吸取失败的教训，借鉴成功的经验，这是从自己身上学习、向过去学习。

（3）它是一种记录。想想看，10 年后的我们这样说“我从 2018 年 × 月 × 日开始写晨间复盘，转眼已经过去十年了。这十年刚好是我从 30 岁到 40 岁的阶段，经历了结婚、事业打拼、孩子成长……我记录下工作生活的点滴，是人生中珍贵的资产。”是不是很有成就感呢？

有很多宝爸宝妈们从孩子出生时起，通过拍照、录像等为他们做各种成长记录，在孩子结婚时准备将其作为礼物送给孩子。同样地，晨间复盘是我们送给自己的礼物。

【学习者实践】

Rommel | 留学生：

从小开始到参加工作，虽然一直有写日记，但都是断断续续，未养成习惯。听了崔律的课有所启发。以前写日记都是晚上写，比较疲惫。现在要做一下调整，好好把习惯养成。

02 晨间复盘格式

晨间复盘有很多载体，如纸质笔记本、数字笔记（印象笔记、为知笔记等）、Excel 以及石墨或幕布文档等。大家根据自己的习惯，选择使用，各有优劣。比如，Excel 的优势是把整月的复盘都体现在一个表格中，方便前后对比，以及日后做周复盘、月复盘；其缺点是不方便添加照片。而数字笔记或石墨的优势是可在复盘中插入照片，却不太方便做前后对比。

复盘的格式分两大类：一是针对具体事件（视为纵向复盘）；二是针对某段期间（视为横向复盘），其中又可分为：日复盘、周复盘、月复盘和年复盘。建议两者组合使用。

（1）针对具体事件的复盘

复盘形式多种多样，因人而异，因使用场景而异。简化起见，我建议使用PDCA循环。PDCA即计划（plan）、执行（do）、检查（check）、调整（Adjust）。

常言道，“大道至简”。PDCA最初来自于质量管理，但大量实践证明，它是一种底层逻辑，可用于工作、管理等多个领域。在我们的个人成长中也无时无刻不体现着PDCA。

结合个人成长的具体情况，对于单个事件的PDCA，我优化后的格式如下（见右图）：

事件：
P·目标&计划： 1、 2、 3、
D·实施&结果： 1、 2、 3、
C1·检查亮点： 1、 2、 3、
C2·检查不足： 1、 2、 3、
A·下一步行动： 1、 2、 3、

PDCA不一定仅在活动结束后进行，在活动进行中也同样适用。对PDCA的几个项目简要说明如下：

事件：

用几个字简要概述下事件名称，便于日后搜索查找。

P·目标&计划：

刚开始用这个复盘格式时，很多人在这栏里无内容可写。举个例子，我们一天所说出的话中，有多少是事先打过草稿的呢？粗略估计有高达80%~90%都没有吧。只有很少时候，比如我们要约心仪的女生共进晚餐，或者说服上司加薪的时候，才事先构思打草稿，甚至提前演练。**相较于带着目的性的主动创造，大部分人更习惯被动接受，或者跟着感觉行动。**

当然，不可否认，人生充满了未知，并非每件事都要有明确的目标和计划，这也是人生的乐趣所在。尽管如此，这不妨碍我们在做某些特定事件，尤其是做重要事件时，主动创造。通过不断的PDCA练习，我们可以养成“设目标”“定计划”的习惯。

【小贴士】

在做日清单中的重要事件之前，问问自己：接下来的时间，我要做什么？我的目标（期待的结果）是什么？我的计划是什么？

D・实施 & 结果：

简要阐述过程中发生了什么？我们采取了哪些行动？结果是什么？是否达到预期目标？

建议可以尝试“行动＋情绪”的写法，不要只罗列关键词。研究表明，大脑中的杏仁核在发现突出的情感体验时，会向海马体发出信号，让大脑记住这个时刻。比如，这件事让我欢笑或恐惧。因此，记录行动时，不妨也顺便记录下情绪，更容易唤起对事件的记忆。

C・检查：

分成 C1 和 C2，从亮点和不足两个方面进行检查和回顾。

C1：检查亮点，即做得好、值得点赞的地方，日后可不断复制。

C2：检查不足，即需要进一步改善的地方，日后需不断改善。

这两个方面都很重要。尤其是为自己找亮点的积极做法。在我的精时力课的课后打卡日志中，有一个步骤是寻找当日实践的亮点。小伙伴们纷纷表示，通过一段时间寻找亮点的练习，一点点地提高了自信，收益颇丰。

A・下一步行动：

A 原本是调整，这里被我修改成“下一步行动”，有三层含义：

（1）尽管事先做了计划，但不可避免实际情况与预期会有出入，**在活动中进行复盘**时，可对目标和计划进行相应“调整”，以灵活应对。

（2）对于 C1（亮点），虽然做得不错，但要考虑是否还有更好的方法去提升和优化呢？据此，可制定出下一步的优化行动计划。

（3）对于 C2（不足），查找原因，可做出下一步的改善行动计划。

简易起见，可以在“A”中这样做：首先对 D・实施 & 结果进行打分，满分是

10 分（假如给自己打 7 分）；其次，再问自己“**如果想要将分数提升 1 分（即从 7 分提升到 8 分）的话，需要 / 可以怎样做呢？**”在 A 一栏中把回答（即今后的行动计划）列出来。

另外，在填写 PDCA 时，为了便于直观阅读，可采用图中所示的 123 列表方式。

（2）日复盘

日复盘，即在每天进行的复盘。按前所述，它最好在晨间进行，即每天早晨对前一天（即昨天）进行复盘。经过十几版调整和实践后，对日复盘格式我推荐下图“三个 3”的形式。

<table>
<tr><td>日期：201X年X月X日 星期X、天气X</td><td colspan="2">大肚能容，容天下难容之事；笑口常开，笑天下可笑之人。</td></tr>
<tr><td>事件1：</td><td>事件2：</td><td>事件3：</td></tr>
<tr><td>P·目标&计划：
1、
2、
3、</td><td>P·目标&计划：
1、
2、
3、</td><td>P·目标&计划：
1、
2、
3、</td></tr>
<tr><td>D·实施&结果：
1、
2、
3、</td><td>D·实施&结果：
1、
2、
3、</td><td>D·实施&结果：
1、
2、
3、</td></tr>
<tr><td>C1·检查亮点：
1、
2、
3、</td><td>C1·检查亮点：
1、
2、
3、</td><td>C1·检查亮点：
1、
2、
3、</td></tr>
<tr><td>C2·检查不足：
1、
2、
3、</td><td>C2·检查不足：
1、
2、
3、</td><td>C2·检查不足：
1、
2、
3、</td></tr>
<tr><td>A·下一步行动：
1、
2、
3、</td><td>A·下一步行动：
1、
2、
3、</td><td>A·下一步行动：
1、
2、
3、</td></tr>
<tr><td>【感恩】</td><td>【感恩】</td><td>【感恩】</td></tr>
<tr><td>【小确幸】</td><td>【小确幸】</td><td>【小确幸】</td></tr>
</table>

第一个“3”，对昨天的三件事进行 PDCA。PDCA 的对象事件没有限制，适用于工作、生活的各个方面。可以是日清单中的红色重要事项，也可以是生活中的小事。比如，在网络购物时和商家发生了争议，在争议中我们是如何沟通的，有哪

些是可取之处、哪些是可改善之处？这些皆可 PDCA，供日后再出现类似事件时借鉴。再比如，我们为朋友挑选了一件生日礼物，朋友很喜欢。这让我们对买礼物这件事有所思考，那么也可以对它做个 PDCA。

第二个“3”，每天至少写出三件让你感恩的事情。感恩的内容可来自前一节讲的元气左手的感恩。

第三个“3”，每天至少写出三件小确幸的事情。小确幸是指微小但确定的幸福。村上春树说“没有小确幸的人生，只不过是干巴巴的沙漠罢了。”小确幸是帮大家抓住那些稍纵即逝的美好小事，它的范围很广，凡是让我们开心、让我们愉悦的事都可以写。例如，昨天在外滩商店橱窗里看见一款非常漂亮的婚纱；昨天吃了一款很美味的甜品；昨天来了一位新同事 A 君，我喜欢 / 佩服他的点是……

它们让人生的每一天都充满了温度，暖暖的幸福在身边。每天都快乐的人的工作学习效率一定远超那些每天伤春悲秋、满腹牢骚的人。

【小贴士】

感恩与小确幸也可以通过手写，写完后将其放入能量宝盒里。

另外，在日复盘的首行日期的后面可以写上激励话语或名人名言。例如，“大肚能容，容天下难容之事；笑口常开，笑天下可笑之人”，用这句话提醒自己宽容，或者笑口常开。“宝剑锋从磨砺出，梅花香自苦寒来”可以提醒自己刻苦。每天早晨可以用相同或不同的话语，在休息时反复默念几次，给自己注入能量。

【小贴士】

鉴于早晨时间宝贵，晨间复盘无须太长时间，控制在 10~15 分钟即可，否则容易坚持不下来。在刚开始实践时，有的小伙伴是发散型思维，一个 PDCA 要写半小时，根本停不下来。对此，我建议，若 15 分钟内只写 1 个 PDCA 也是可以的。限时练习本身也能强化思维，随着实践次数增多，越来越熟练后，所需时间会越来越短，思维也会越来越敏捷。

也有小伙伴说一时想不起三件事。那么，在平时使用 aTimeLogger App 记录事件时，可以在 App“备注”栏中写上几个关键词（如亮点和不足），次日早晨做

PDCA 时更快捷。

（3）周复盘、月复盘和年复盘

结合年计划、月计划和周计划，定期进行每周、每月、每年的复盘，方法同“日复盘”，这里就不再详述。

【学习者实践】

匿名 qian：

过去没有写日记的习惯，对做过的事认为过去了就过去了，没有认真思考过是什么，为什么，怎么办？今后要通过复盘，多和自己说说话，问问自己是不是还可以做得更好，给自己一个更清晰、更明确的思路。

03 活用晨间复盘

在学校读书时，很多人都有一个“错题本”，专门收集之前做错的题。平时常翻，考试前更会多看，所以要不断地温故、不断地强化。

这样做是有科学依据的。从脑神经层面上讲，我们每重复一次，与记忆相关的突触连接就会加强一次，使它能够抗拒来自其他记忆或记忆衰退的干扰。同时，能调动与注意系统相关的神经网络，让大脑对它们有更多关注。

因此，**复盘的内容也需要时常复读，温故而知新**。活用过去的经历，不断用行动去改善，才能真正获得成长。很多人在内心里是抗拒复读的，其实是不愿意面对那个不完美的自己、那个懒散的自己。从这个角度上想，为了让自己更愿意复读，现在开始请认真过每一天吧！

【学习者实践】

周颖 | 公务员：

每天三件事的复盘，正是让自己每天进步一点点的做法。看似普通的事情，只要认真思考都是成长。

6-5 早晨三大喜

黄金早晨时间，做与之相符的高价值事！

按照前三节的内容，大家省下了被浪费和低效的早晨时间，完成了元气左右手和晨间复盘，接下来，本节解锁黄金早晨的三大高价值事。

古有“洞房花烛夜，金堂题名时”，今有早晨三大喜：滋养身心、增进关系、发展事业。当然，这三大事并非在每个早晨都要全部做一遍，根据早晨时间的安排情况，自由选择即可。

01 滋养身心

滋养身心包括滋养自己的身体和心灵。滋养身体主要指运动，滋养心灵主要指心灵成长和兴趣爱好。

有一次我带 6000 多人拆《沃顿商学院自我管理课》这本书时，大家对这样一段话特别有触动：

“很多人觉得自己没有时间打理自己，或者他们觉得这样做很可耻。但实际上，分配出时间来让自己更有活力可以增加你生活各个方面的效率，这不光是为自己，同时也有利于你周围重要的人。”

这里的“打理自己”，不是指打理自己的着装，而**是关爱自己，滋养自己**。滋养自己如同给植物施肥浇水。大多数人都无师自通地具备“浪费时间”这项技能，却很少有人具备“爱自己”这项能力。

每天早晨拿出 20~30 分钟，我们可以做这些：

第一，有目的有计划地投资自己，例如运动、读书、学习等。

第二，不考虑收益，纯粹地做自己喜欢的事。“自己喜欢的事”可再分成两小类：

第 1 类：需要高专注力的事，比如写作、摄影或发展某个兴趣。

我们很幸运地生活在一个能充分发挥个人才能的时代。只要我们付出足够的努力，功不唐捐，这个时代就会有足够多的机会在等着我们。即使当下没有收益，不代表将来也没有收益。在我们所接触的人当中，我们发现，很多人最初是源于喜欢或开心，把一件事做好，自然而然同时收获了金钱、地位、影响力等。

任何兴趣或技能的精深，都需要专注力。以写作为例，若在下班后写作的话，对我们的脑力和意志力是很大的考验。而在早晨写作，更容易执行，而且效率和质量更高。早晨既适合做输入，也适合做输出。

第 2 类：真正让自己全身心放松的事。

人们似乎每天都在“用尽全力”地生活。以全职妈妈为例，她们好像一天 24 小时都有事情要做：要准备早餐和晚餐，要打扫卫生，要为家人清洗衣物……类似的事情总是没完没了，根本停不下来。还要应对各种突发状况，例如孩子突然受伤了，家里人生病了。妈妈们的重心全在家庭和孩子，客观上难以找到滋养自己的时间，主观上又常常忽略关爱自己。而忙碌的职场人士也面临同样的境地。

长期得不到滋养的身心容易滋生不良情绪，如不满、抱怨、暴躁和易怒等。当早晨家里人还没有醒来时，当一天的忙碌还没有开启时，给自己一个滋养身心的时间段。不论做是手工或者做毫无产出的事，哪怕是在书房里欣赏纯音乐，只要能让身心得到真正的滋养，便是有意义的。不仅是我们自己，我们的家人也会因此受益颇多。

正所谓“我好，全家都好”。若从投入产出比（ROI）而论的话，关爱自己是一件非常值得“投资”的事。

【学习者实践】

匿名钱：

中年危机和焦虑陪伴着我，我想学习、想努力工作和锻炼其实都是带着功利的目的，看电影也是以陪孩子为理由，所以真正留给自己放松的时间和机会很少。

其实我没有必要把自己逼那么紧，可以彻底给自己一些时间放松，让自己享受。

匿名高：

一直以来都是以家庭为重，上街买礼物都是想着老公和孩子，多贵都觉得值。可如果给自己买贵的东西就觉得内疚，所以总是挑便宜的买。

其实对自己好一点不是自私，而是让自己的心态平衡一点。做一个有品质的女人而不是保姆，这既是对自己好也是对家人好。自己的心情好了，爱人和孩子也不用每天都痛苦地看我的“臭脸”。

02 增进关系

人人都要吃早餐。研究表明，与早餐相比，人们在吃晚餐时情绪会更加明显，主要是因为受到白天工作等事件的影响。另外，在晚餐时间，由于加班、应酬、聚会等常有家人缺席，而早餐时阖家团圆的概率更高。因此，早餐时间是陪伴家人、增进关系（包括夫妻亲密关系、亲子关系、和父母关系等）的最好时间。

如果大家经常晚上缺席家庭晚餐，或者常把工作中的情绪带回家的话，那么请

务必把早餐时光利用起来。

精时力课程的一位小伙伴 @ 荣荣 - 昆山，是我们圈子里的早餐达人。她每天在朋友圈里晒出超赞的健康早餐图片，更赞的是她的早餐烹饪时间只要 10~15 分钟。

我邀请荣荣来课程里和大家分享她的经历。她说，一年前，她也不会下厨。和大部分人一样，早晨摁掉无数次闹钟，勉强醒来后，匆忙下楼买豆浆和肉包子给儿子吃，吃完再急急忙忙送儿子到学校。直到有一天，儿子把咬了一口的肉包子递给她，生气地说："我以后再也不想吃肉包子了"。

那一刻，荣荣非常后悔、自责。于是，她开始研究早餐。通过做早餐，亲子关系越来越亲密融洽。现在，荣荣和儿子经常在晚上讨论更新早餐清单，每月去一次星级酒店品尝早餐，早晨一起听学习类音频或喜欢的音乐……通过早餐，荣荣的心态变得更积极乐观，生气抱怨的事情越来越少。早餐吃得好，大人和孩子的精力更充沛。

听了荣荣的分享后，@ 小芳 - 苏州的小伙伴也借鉴这种做法，通过做早餐、讨论早餐，拉近与女儿的关系。

早餐不仅可以用于增进亲子关系，也可用于增进亲密关系。晚饭时，夫妻两人可能都处在筋疲力尽的状态；而早餐时，精力充沛，情绪饱满，夫妻两人可以互相关心对方的事业或发展，也可以讨论家庭中的重要事务或一起规划家庭的未来。

这里，请注意：把时间花在家务或与家庭相关的事情上，与陪伴家人是不一样的！

增进关系，陪伴家人，不是靠身体的陪伴，而是要靠用心陪伴。简言之，注意力要集中在对方身上。在这个时代，有太多事情会分散我们的注意力。例如，和家人一起边吃早餐边刷手机 / 看电视剧时，注意力在手机 / 电视剧，嘴里随便应付着家人的话，这就不是用心陪伴。

过去，我们可能以为"早餐"不过是一顿饭，一顿"习以为常"的饭。现在，"早餐"时间是一段有意义的时间，用心去准备早餐、用心和家人共进早餐，享受家庭的早餐时光吧 ~

【学习者实践】

崔旋 | 公司经理：

因为有孩子，早上总觉得很紧张，安排好后立刻减少了焦虑。

早餐在我家一直都很重要，虽然爸爸吃的会早些，因为要出去运动，但也会等到大家开始吃早餐后，说几句话，聊一会才会出门。在我家，全家人都在的时间就是早餐，我们偶尔会说一下今天的安排，还会开开玩笑，一天心情都特好。

03 发展事业

如果你是一个工作狂，或者你总有做不完的工作，现在突然发现一天中多出了1~2个小时的早晨时光，那么你打算怎么安排这段时间呢？会用它来工作吗？会把它当作一天8小时工作时间的延长，用来收发邮件、处理工作事务吗？

如果回答“是”的话，我猜，你的“一日三分法”可能没有得到彻底执行。

早晨时间当然可以用来做与工作相关的事，但**不要处理**诸如收发邮件等在白天8小时也能做的**工作中的常规任务，而要做有利于事业发展的重要任务**。例如：

- 需要高度专注的任务；
- 需要创造力的任务；
- 需要整块时间来思考的任务；
- 与未来相关的任务；
- 带来80%价值的那20%任务。

当白天坐在办公室的时候，我们会受到很多干扰和打断，例如开会、见客户、电话、沟通。而早晨是一天中难得的清静时间段，没有干扰。如果只是把早晨时间当作白天工作时间的延长，处理些不重要的事务，相当于把黄金卖出了铜铁的价格。

谨记，早晨时间是特别的，是独立于白天8小时之外的，结合早晨时间精力充沛等特点，将**早晨的时间安排更重要、更有意义、更有价值**，最大化发挥其黄金价值。有位大学教授在白天处理行政性工作，而把写作和重要的研究型工作放在早晨的几个小时去完成。有位成功人士说："我在早晨时间取得的成绩胜过了以前一整天所能做到的。"希望大家也能取得这样的好效果。

【小贴士】早晨程序

早晨时间较为稳定，建议大家为早晨时间设定一套固定程序。具体这样做：请以10或15分钟为一个时间单位，详细规划出每个时间单位内要做的事，这是0.8版本。

经过几天的实践，不断调整，直到找到最佳的程序。然后形成规律，每天自动执行。这能减少思考时间，减少行动的阻力，提升时间的利用率。

【学习者实践】

果莉 | 财务总监：

我习惯早起，以前有很多磨蹭时间。现在，我优化后的早晨程序：

06:30~06:40 烧水 + 刷牙

06:40~06:50 喝水 + 打豆浆

06:50~07:00 洗脸 + 敷面膜

07:00~07:40 听精时力课程

07:40~07:50 整理家务

07:50~08:00 换衣服上班

提早到达公司后，可以在公司里复盘和学习或提前开始工作。

Dolphin | 国企职员：

我在本周（黄金早晨篇）的学习中，最明显的三个进步与收获：

（1）睡前想好事务性事情，大大减少了早晨思考的时间。

（2）通过感恩，让自己不焦虑，每天都回忆发生了哪些需要感恩的事与小确幸，幸福感爆棚。

（3）通过早餐增进关系，在早餐时认真的和家人聊天，而不再刷手机了。

Annie | 保险经纪人：

把需要大块时间的大任务，进行分解，进而能够在早晨较短的黄金时间分步完成，这一点很受启发。大任务化成分阶段小任务的好处：首先，不会因为所需时间较多对该事情产生畏难情绪；其次，每天做一点，每天都会有成就感；再次如果确实需要在早上黄金时间尽快完成，与其感叹早晨时间太短，不如干脆再早点起床，直截了当延长了黄金时间，这样效果更会立竿见影。想要得，先要舍。

第7章 四化

流程化、模板化、清单化与优化，高效利用我们的每一点精力！

【本章重点提示】

本章的核心点："3+1"化，具体指：

（1）流程化；

（2）模板化；

（3）清单化；

（4）优化。

7-1 今天开始四化

精力有限，请珍惜使用每一点精力！

在第 4 章中我们把工作内容分为 3 种类型：事务型、常规型和高价值型。对于高价值型任务，主要使用专注力与创新力。那么，对于常规型任务以及事务型任务，如何应对才能事半又功倍呢？本章介绍“四化”（严格而言是“3+1”化），即流程化、模板化、清单化以及优化。

01 高重复任务的时代

随着现代职业的专业化分工，每个人的岗位职责中都有高比例的常规型任务。而且，专业化分工越细的行业，常规型任务占比越高。以口腔医院为例，洗牙、补牙、修牙、拔牙分别在不同的科室，看一颗牙齿要流转几个科室和多位医生。

除常规型任务外，每个人在工作中都避免不了做事务型任务。有的事务型任务是配合或服务于常规型任务的，例如销售人员的主要任务是销售，附随事项包括向客户寄送资料。有的事务型任务是出于公司要求，例如每天提交工作日志。

有项统计结果称，“刚开始工作的职场新人，工作内容中，有 85% 的任务都是重复性工作；工作 3~5 年的职场人，也仍要面对 30% 以上的琐碎日常任务。”该统计中“重复性工作”和“琐碎日常任务”的定义没有明确，我们大致可以将“重复性工作”理解为常规型任务，将“琐碎日常”理解为事务型任务。

我们估算一下，**假如常规型任务和事务型任务共占据了所有工作时间的 80%，那么每天便是 6.4 小时**。想象一下，如果有办法将处理这些任务的时间缩短 50%，即变成只需 3.2 小时。那会是怎样一个情形呢？

- 不必加班，有更多的时间陪家人、学习与成长；
- 有更多的时间和精力去做高价值型任务；
- 收获领导的青睐，更快升职加薪；

……

如果既能减少所花的时间，又能让产出的成果更佳，那真的是“太棒了！”

时间有限，我们需要节省不必要的时间支出；精力有限，我们要节省不必要的精力浪费。四化可以帮我们实现这些，省下的精力可以用于更有价值的任务。

02 “四化”缘起

四化源于我多年的涉外律师职业生涯。主要有两大来源：

第一，思维来源：法律中的程序思维（在第 3 章中已提及）。

四化在本质上是程序性思维的应用。它是自动驾驶，无须每次重复地、从零开始摸索。

第二，行为来源：涉外（日）律师工作中的公司设立业务。

在十多年前，外商在我国投资火爆，业务量很大。那时的公司登记手续尚未像现在这般简便，需要很多步骤。我们团队律师的成长之路都是从办理外资公司设立登记业务开始的，我也如此。

在办理登记业务时，我们要向客户提供三类文件：

第 1 类：流程图

日本企业初到中国，对中国法律一无所知。为了向客户说明整个登记流程，比如需要经过几个部门、多少时间等，我们会绘制一张流程图，让客户了解全貌。下图是其中一种流程图（因含有日期，也称作“日程图”）。

中国现地法人设立日程(草案)

200X年X月

序号	事项名称	提供方/负责方	200X年5月																			
			w1					w2					w3					w4				
			2 月	3 火	4 水	5 木	6 金	9 月	10 火	11 水	12 木	13 金	16 月	17 火	18 水	19 木	20 金	23 月	24 火	25 水	26 木	27 金
1.1	确定新公司名称	A方																				
1.2	制作公司名称申请资料	B方																				
1.3	签署公司名称申请资料	A方																				
1.4	公司名称核准登记	B方、工商局																				
2.1	制作公司登记申请资料	B方																				
2.2	签署公司登记申请资料	A方																				

第 2 类：申请文件

我们依据中国法律，为客户制作提交政府部门用的申请文件。这些文件中，一部分是标准格式文件，比如，工商局指定的申请书表格（下图左）；另一部分是没有标准格式，但有基本要求，需自行制作，如设立申请书、股东会决议等文件（下图右）。

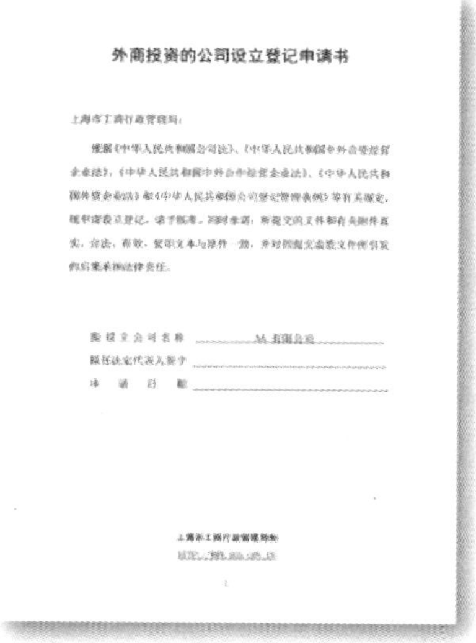
外商投资的公司设立登记申请书

上海市工商行政管理局：

根据《中华人民共和国公司法》、《中华人民共和国中外合资经营企业法》、《中华人民共和国中外合作经营企业法》、《中华人民共和国外资企业法》和《中华人民共和国公司登记管理条例》等有关规定，现申请设立登记，请予核准。同时承诺：所提交的文件和有关附件真实、合法、有效，复印文本与原件一致，并对因提交虚假文件所引发的后果承担法律责任。

拟设立公司名称 ____AA有限公司____

拟任法定代表人签字 ________

申请日期 ________

上海市工商行政管理局制

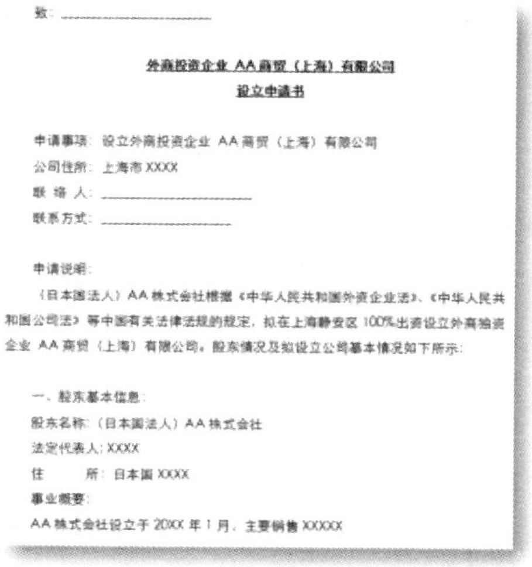
致：________

外商投资企业 AA 商贸（上海）有限公司

设立申请书

申请事项：设立外商投资企业 AA 商贸（上海）有限公司

公司住所：上海市 XXXX

联 络 人：________

联系方式：________

申请说明：

（日本国法人）AA 株式会社根据《中华人民共和国外资企业法》、《中华人民共和国公司法》等中国有关法律法规的规定，拟在上海静安区 100%出资设立外商独资企业 AA 商贸（上海）有限公司。股东情况及拟设立公司基本情况如下所示：

一、股东基本信息：

股东名称：（日本国法人）AA 株式会社

法定代表人：XXXX

住　　所：日本国 XXXX

事业概要：

AA 株式会社设立于 20XX 年 1 月，主要销售 XXXXX

第 3 类：签字盖章文件一览表

所有申请文件都需要客户签字或盖章。因此，发给客户申请文件时，需同时附一份《资料一览表》，载明所需份数以及签字盖章的要求。示例如下：

外资公司设立申请资料一览表

20X年X月X日

序号	名称	提供方	签字盖章	份数
1	《企业名称预先核准申请书》（原件）	B方	全体投资人签署	2
2	经公证认证的外国投资者主体资格证明（原件）和法定代表人护照（复印件）	A方	//	1
3	设立申请书（原件）	B方	各投资方签字并盖章	2
4	《外商投资的公司设立登记申请书》（原件）	B方	拟任法定代表人签字	2
5	《企业名称预先核准通知书》（复印件）	B方	//	1
6	《法定代表人登记表》（原件）	B方	拟任法定代表人签字	2
7	《法定代表人审查意见》	B方	审查人签字盖章	2
8	可行性报告（原件）	A·B方	各投资方签字并盖章	2

因为当时的登记类案件很多，作为律师新人，每天的工作几乎都是处理这类业务。有些人只是机械地套用旧文件，于是，几年如一日都是律师助理，迟迟不能成长为独当一面的律师。

而我的做法是：当第一次做 A 公司的登记业务时是“**模仿**”，套用前辈们的文件，依葫芦画瓢（当然，会有高级律师的指导与确认）。第二次做 B 公司的登记业务时是“**上手**”，加入自己的一部分想法。好比原本只有一个光秃秃的葫芦，在此基础上加片叶子，使其更美观、更完整。第三次做 C 公司的登记业务时，便努力成为“**我的**”，知其然并知其所以然，找到最合适的对应方案。比如，公司股东的背景情况不同，适用法律不同，相应的处理方式也会随之调整。简言之，工作要“**用脑 + 用心**”。

仅短短几个月，我便跳过了初级助理阶段，升级承办更难的法律案件，并开始带助理，指导助理办理登记类业务。

前面三类文件表面看起来虽很简单，但处理起来却比较复杂，让我成长也很快。

在处理业务的过程中，通过制作流程图，我形成了**流程化**的思维和习惯；通过制作申请文件，我形成了**模板化**的思维和习惯；通过制作签字盖章文件一览表，我形成了**清单化**的思维和习惯。而且，我喜欢每做一次便完善一次，而不是一成不变地套用以前的模型和内容。因此，也形成了不断**优化**的思维和习惯。

再后来，虽然我已经不再处理登记类业务，但在其他更复杂的业务（诸如诉讼案件）中继续践行着四化。

03 “四化”扩大应用

四年前，我走出法律世界，开始拆书、讲课、做分享，在法律世界之外，我继续践行着“四化”，并将其推广给身边的小伙伴们。实践证明，它在工作、生活和个人成长等方面，对大家非常有用。

我每次课程的开篇语是：“**会道的，一缕藕丝牵大象；盲修者，千钧铁棒打苍蝇。**”四化便是那“一缕藕丝”，助我们用巧劲牵动大象。

四化中的任何一个“化”，既可以单独使用，又可以几个“化”组合使用，很灵活。

由于法律职业的特殊性以及保密性，本章中主要以四化在拆书中的应用为例进行阐述。

【小讲堂】自制流·模·清

本书中所讲的流程、模板和清单（以下合称“流•模•清”），并非指由公司统一制定或提供的流•模•清，而是指我们自己制作的。这两者在原理上是相同的，都能起到提高效率、节省时间等共通作用，但却有两点明显的不同：

（1）公司提供的流•模•清均是站在整个组织层面上的，是为组织服务的；而我们所讲的流•模•清均运用在个人的工作、学习与成长中，是为我们个人服务的。自己在制作时，可以结合自己的风格和习惯，更有针对性、更个性。

（2）即使大家是在世界500强公司，有公司提供的流•模•清，但那些仅占我们工作内容的很少一部分。公司没有覆盖的个人业务部分以及个人学习和生活的部分，是本书四化的重点应用领域。

使用流•模•清和制作流•模•清，两者有大不同。

使用流•模•清，是指在已有流程、模板和清单的基础上，通过填空、打钩等增加具体内容。偏向于“劳力”，属于“执行力”的范畴。制作流•模•清，是指从无到有地去生成流程、模板和清单。要动脑筋、花心思，是“劳心”，属于“创造力”范畴。

可以说，当我们在使用流•模•清时，属于做常规型任务；而当我们制作流•模•清时，属于做高价值型任务。简言之，四化便是自己先“动脑”去制作流•模•清，然后再“省脑”去使用流•模•清。

四化本身不是生搬硬套，而在于融会贯通。希望大家能多多发挥自己的创造力，参照本书中给出的示范例子，举一反三地应用。

此外，尽管四化主要用于有重复性的任务。实际上，任何事情，哪怕只做一次也可以用四化。

【学习者实践】

龙珠 | 企业合规风控：

课程学完后，现在最喜欢的是随时随地流•模•清。今天向两个同事建议工作模板化，还教了他们步骤和我的想法，同事如梦初醒，还特别感谢我的建议。现在一旦发现某项工作需要重复，在分配工作时都让同事先做清单。

目前做了出游核查清单、现场检查核查清单、发邮件前核查清单、拆书现场准备清单、宝宝出门前必备物品核查清单（上学、补习、艺术课、外出活动）……我有可能以后会被大家说成是清单狂，有点上瘾的感觉。

7-2 流程化

流程是个筐，什么都能装！

每个人每天都要做很多事，这些事情像一颗颗珍珠，散落在我们的周围。一眼望过去，大小不一。所以，人们总感觉忙乱、千头万绪。如果能用一根根线把散落的珍珠按照一定的规则串起来，然后再把这些线按一定的顺序分组排列或者把它们编织成网，是不是就变得井井有条了呢？本节将解锁流程化的力量。

01 何为流程化[1]

我们工作中的任务，大部分都要经由数个、甚至无数个动作才能完成。可以说只要有任务，就会有流程。但是，有的人仅依靠惯性的作用，凭感觉做事，不规范、不固定，像自然河流，哪里低向哪里流；也有的人刻意设计了水道，规划了路程，像大运河，一切井然有序又目的明确。自然后者更高效。

流程化是将自然河流改成大运河，将诸多事项或步骤按照一定顺序排列形成流程的过程。

1　流程，原指水流的路程。引申用作事物进行中的次序或顺序的布置和安排；或指由两个及两个以上的业务步骤，完成一个完整的业务行为的过程。“化”字，字典中的解释——化：甲骨文，从二人，像二人相倒背之形，一正一反，以示变化。本义是变化，改变。举个例子，“汉语化”指将非汉语的姓名或名称，以汉字来表示，并转变为汉语名称的过程。

在日常实际应用中，流程常见的形式有 3 类：

（1）流程图

按照一定的规则和顺序，将流程显性化、具象化、可视化、书面化。特点是更直观，有利于流程的传播、重组和优化。流程图作为简明扼要的“缩略俯瞰图”，能帮助我们快速了解业务是如何运转的。

下图左是商标局公布的商标注册流程简图（部分），下图右是喜乐分舵每周举办拆书活动的流程。流程图可繁可简。

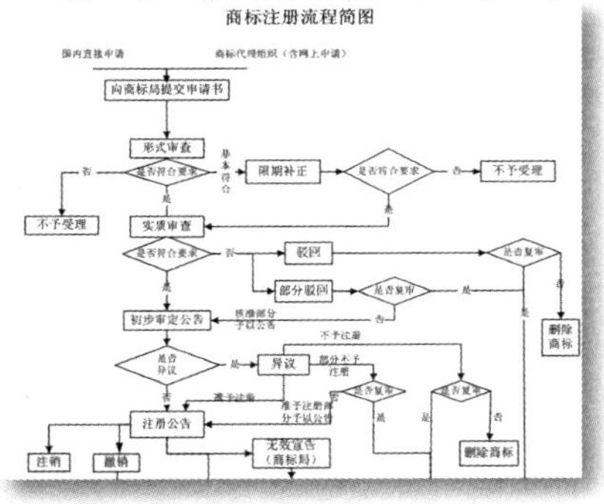

喜乐·2015年版（每周1场）

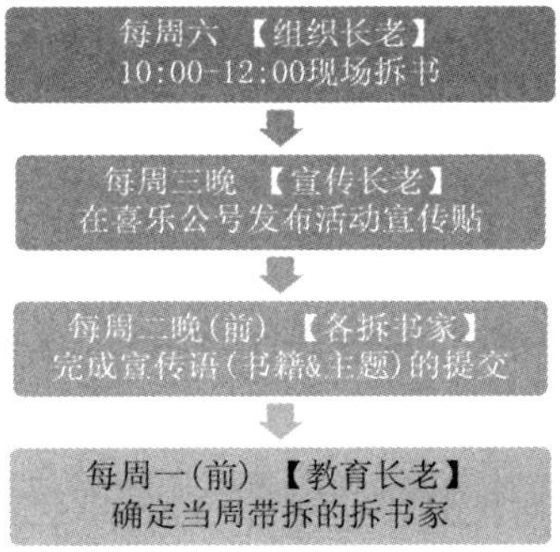

（2）流程表

用表格呈现的流程。特点是比流程图的内容更具体，若说流程图是框架，流程表便是骨干。它通常包含这些关键词：谁，什么时候，在什么条件下，需要做什么事情……

上图右的喜乐分舵拆书活动如果用流程表来体现，具体如下：

NO.	时间/期限	负责人/部门	流程环节	备注
1	每周一前	教育长老	确定周末带拆的拆书家	
2	每周二晚前	各拆书家	提交带有书籍和主题的宣传语【有模板】	
3	每周三晚	宣传长老	制作活动通知，并在喜乐公众号中发布	
4	每周六上午	组织长老	现场拆书活动	

（3）纯文字的流程

多用于配合流程表或流程图做详细解说使用（左脑＋右脑），尤其用于向其他人说明时使用。

下图是我制作的面向喜乐拆书家的说明文件（注：若纯自用的话，一般无须如此详细解说）。

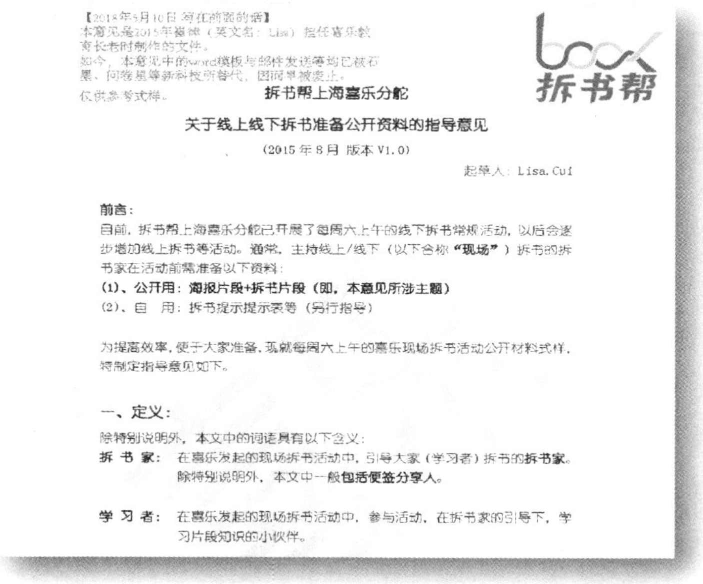

【2018年5月10日 写在前面的话】
本意见是2015年崔律（英文名：Lisa）担任喜乐教育长老时制作的文件。
如今，本意见中的word模板与邮件发送等均已被石墨、问卷星等新科技所替代，因而早被废止。
仅供参考式样。

拆书帮上海喜乐分舵

关于线上线下拆书准备公开资料的指导意见

（2015年8月 版本V1.0）

起草人：Lisa.Cui

前言：

目前，拆书帮上海喜乐分舵已开展了每周六上午的线下拆书常规活动，以后会逐步增加线上拆书等活动。通常，主持线上/线下（以下合称**“现场”**）拆书的拆书家在活动前需准备以下资料：

（1）、公开用：海报片段+拆书片段（即，本意见所涉主题）

（2）、自　用：拆书提示提示表等（另行指导）

为提高效率，便于大家准备，现就每周六上午的喜乐现场拆书活动公开材料式样，特制定指导意见如下。

一、定义：

除特别说明外，本文中的词语具有以下含义：

拆书家： 在喜乐发起的现场拆书活动中，引导大家（学习者）拆书的**拆书家**。除特别说明外，本文中一般**包括便签分享人**。

学习者： 在喜乐发起的现场拆书活动中，参与活动，在拆书家的引导下，学习片段知识的小伙伴。

【小贴士】

这三种流程形式各有优势，可单独使用，也可组合使用。

02 流程化基本步骤

在多年实践中，我使用最多的组合是“流程图＋流程表”，既可自用，也可展示给他人。

具体的制作步骤如下：

Step1：梳理——手绘流程草图

这个环节是头脑风暴和整理思路的过程，免不了要修改，因此建议使用便于修改的工具来绘制草图。诸如：

- 会议室白板类：便于涂写和修改。
- 便利贴：将流程中的重要节点写在便利贴上，然后贴在墙上。通过调整位置，增减便利贴等，来实现修改。
- 若是流程步骤较简单的，可使用铅笔在 A4 或 A3 纸上画。

本步骤需要独立思考的时间和空间，一般不建议直接使用电脑绘制软件。因为人们使用电脑时，容易习惯性把焦点放在文字对齐、图片颜色上，舍本逐末，而且注意力也会变得不集中。

【小贴士】

绘制草图时，无须考虑画得是否美观，只需考虑流程的完整性和简便性即可。

梳理思路时，一般有两种做法：

• 方法 1：若对某项业务非常熟悉，各业务步骤清晰的，可直接按照时间发生的先后顺序，从头依次开始向后画，或者从后依次向前倒推。

• 方法 2：若业务不熟悉，不能一口气画出全部步骤的。可以先画出几个关键步骤，然后参照日清单“连锁任务”的方法，以各关键步骤为核心，向前推和向后推，不断增加其他衔接步骤。

【小贴士】

切忌画流程图时的“完美主义”。流程和工作一样，没有“最好”，只有“更好”，先完成后完美。所以，先画出第 1 稿，日后慢慢修改。

Step2：呈现——整理成电子版流程图

将前述手绘的流程草图，通过电脑软件整理成电子版流程图，便于日后保存、复制、修改和使用。

用于绘制电子版流程图的软件有很多，例如，基础版有 Word/Excel/PPT，专业版有 visio，网页版有 ProcessOn 等。大家使用自己比较熟悉的软件即可，无须为此专门去学习。其中，ProcessOn 网页版目前免费，比较容易上手。

关于颜色，为节省时间，通常使用黑白即可。但下列情况下，可以使用彩色，因其具有特殊的意义：

（1）不同颜色代表不同的主体等。例如，有的流程图中有两个主体 A 和 B，这时分别使用两种颜色，可以明显区分 A 和 B。再比如，有的流程图中有两条线，那么也可以使用两种颜色以示区分。

（2）关键步骤用颜色。例如，在某个流程图中，步骤 5 是关键节点，那么，可以单独把步骤 5 用红色表示，以示突出。

Step3：具化——制作流程表

制作流程表时，更容易发现流程图中的前后衔接问题，流程表可以帮助完善流程图，因此建议增加流程表。

此外，如果某个业务的流程特别简单，比如组织常规拆书活动只需 4~5 个步骤且线性单向推进，这时可以跳过前面第 2 步，省略画流程图，直接从草图做流程表。

Step4：打印

不论是流程图还是流程表，都能帮我们把控全局。建议用 A3 或 A4 纸打印出来，粘贴在墙上等醒目位置，便于时时确认进程和推进工作。

Step5：可选步骤

根据业务需要，判断是否增加文字版的详细流程说明。

【学习者实践】

Enya 鸳鸯 | 产品经理：

我在实践中感受到的流程化的好处是：有固定流程，在做事情的时候有参照，不容易遗漏；按照流程一步步做，能省掉重复思考的时间，提高效率；尤其在医疗工作当中更能体现专业性。

Sylvia | 公职人员：

目前主要体现在和领导沟通交流上。

一方面，通过流程化图示可以更直观地看到项目内容，在讨论中可以延展到一些细节，便于领导理解掌控，并适时给予帮助；

另一方面，在大项目需要增加人手时，流程化图示可以清晰地呈现切割出任务点相应需要配备的人手，屡试不爽，从未被拒绝过增加帮手的提议。

03 三类常用流程

（1）宏观与微观图

对于某一类业务，如果手里只有 2~3 个项目，每个项目的进展我们或许能做到心中有数，或者稍微翻阅一下资料便可掌握。可如果手里同时有十几个、甚至几十个同类项目呢？是不是很容易陷入忙乱和焦虑，也很容易出现遗漏和错误呢？

这时，我们需要一张总图，来汇总所有项目的进展情况。为示区分，我们将单个项目的流程图称为**微观图**，将总图称为**宏观图**。

我一般使用 Excel 来做宏观图。“行”是各微观流程环节或重要节点，“列”是所有的项目。

以拆书为例，每年我和出版社合作带拆的书籍有几十本，而且大多数时候都是同时并行的。那么，如何来管理呢？有两种做法：

做法 1：宏观图 + 微观图，共两个流程图。

宏观图只显示关键步骤，具体细节与进度看微观图。

优势：宏观图简洁，便于一目了然抓住重点。

我们可以使用两个不同的工具进行管理。如下页图，因手机便于携带，可以随时查找进度，我用手机 App（下图中用的是生活清单 App）做微观图。因电脑便于进行整年的统计和总结，我使用 Excel 做宏观图。

做法 2：两图合并为一个总图，即只有宏观图。

换言之，将微观图的步骤全部纳入宏观图里。

优点：一张图管理，简洁。

适用场景：限于微观图流程步骤简单时使用，以免总图过于庞大。

将前述出版社合作书籍的宏观图与微观图合并后如下图：

2016年10月出版社合作书籍

书籍	来源	领书日	选片段	宣传语	预备表	拆书日	实录	完成日
《XXX》								
《YYY》								

【小贴士】

在实际使用时，随着项目的推进，需及时修改宏观图中的进展状态。

【学习者实践】

瑶 | 质量总监：

将崔律的实用工具尝试运用于周末两天生活的安排，因为女儿上初三，围绕着她展开周末两天的生活内容基本固定，时间紧，内容多，其中又有一些比如做饭、做家务的细节步骤，周末经常比工作日还忙乱。流程化管理后变高效了。谢谢崔律的提醒，让生活品质更高！

（2）甘特图

通用的流程只需考虑步骤的顺序或次序即可。而很多时候任务通常还需要与时间相挂钩。这时，最常用的是甘特图。

A. 横向，表示时间

时间分为两大类：

① 确定的具体的日期，即注明年月日；

② 期间确定，但日期不确定。如第 1 周，第 2 周。这意味着：第一，目前该项目启动的时间点还不确定，什么时候启动，什么时候开始算；第二，这个流程表可用于此类型的所有业务。

从甘特图中可知项目所需的整体时间。因此，如果有确定的终点（即截止期限），便能逆向倒推得出开始日期。这种倒推也是战胜拖延的利器。

B. 纵向，表示步骤（见下图）

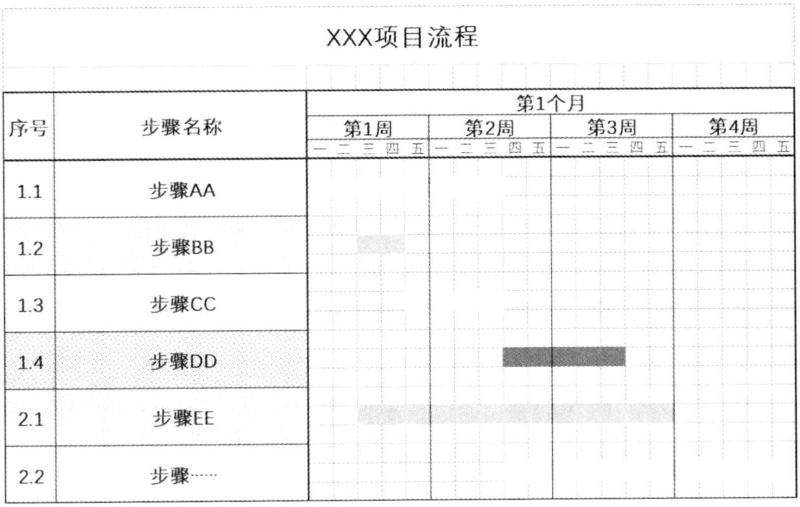

【小贴士】

要注意的是，在绘制甘特图时，每个环节都需要有时间余量，或预留出机动时间，以防突发事件，防止某个环节的拖延造成整体项目的滞后。

【学习者实践】

荣荣 | 社区项目工作者：

最近家里墙壁翻修，找装修师傅，租房子、准备搬家等，脑子里有些混乱，做了甘特图和清单，心里轻松很多。

另外，正因为有崔律和100天精时力训练营，我发现我不再想将就自己的生活，拖了2年终于决定翻修房子；同时租的房子选择了经济承受范围内最喜欢的，我不舍得浪费自己的每一天，每一天的时间都想要认真的度过。

（3）泳道图

现代公司都是团队协作，大部分的工作很难全部由我们一个人完成，都少不了他人或其他部门的配合，哪怕只是财务部门的配合。为此，在绘制整个流程时少不了有其他部门或人员负责的环节。

此时，可以使用“泳道图”，即一种外观像泳道的流程图。泳道图有横向和纵向两个维度组成。横向表示部门 / 岗位 / 公司间流转，呈现的是不同部门或岗位，即执行主体。用一个个“泳道”区分出了不同的部门 / 岗位 / 公司所负责的范围。纵向表示活动流转，一般是从上向下推进流程。

右图是A部门制作文件，B部门负责审核和盖章的简单流程。泳道图能够很好地体现部门 / 岗位 / 公司之间在流程中的职责以及前后的协作关系。表达清晰，一目了然。若我们是A部门的新人的话，仅看此图，便能快速了解我们的业务流程。

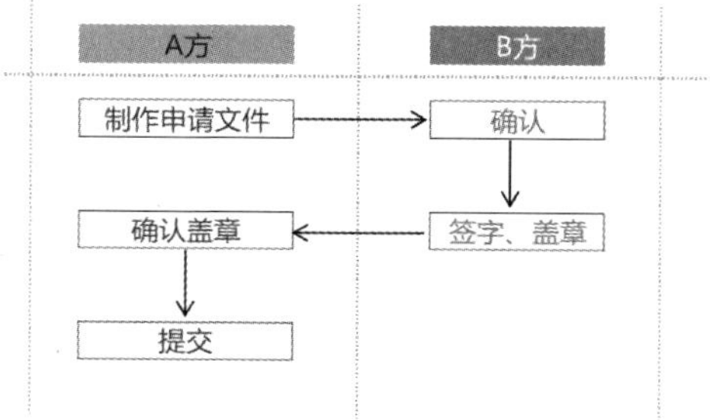

对于由他人 / 他部门负责的环节，需要留意三点：

① 即使某个环节由他人或他部门具体执行，但整个项目的主动权仍应该在我们

手里。我们负责跟进、催促，确保最终成果。

② 若整个流程中涉及较多他人或他部门的，在流程设计之初能与他人或他部门达成共识后执行的话，会更好。可以由自己制作流程草稿后，请他人确认其各自负责的部分，也可以共同协商制作流程。这样既能减少后期在执行中的沟通时间，又能预防摩擦和争议。

③ 在向他人展示泳道图时，请务必注意沟通的方式。尤其在我们与同事（平行关系）或上司（对上关系）沟通时，可用提醒或建议的方式，而非强制的方式，更容易达到愉快分享高效工具的目的。

除了工作中，在业余活动、生活里也常出现多人协作的情形。比如，多人合作举办一场聚会，举办一场线下活动，家庭共做一件事等，都可以做成泳道图的形式。

【小贴士】

流程图做完之后，尤其是有具体日期的甘特图完成之后，可以和日清单搭配，把相关事宜列入日清单去执行。

【学习者实践】

梁乐乐 | 拆书家：

今天原本打算读一本书，找到 TF2-1 的拆书片段。但是看了《拆书家成长手册》之后，发现这个级别要考核的新知识点特别多。所以我据此设定了一个流程图：

熟悉拆书 TF2-1 级别的技能考核点→选书→选片段→确认学习目标→思考反面案例→写逐字稿→师父反馈→改稿→找观察家→模拟练习→回顾总结。

若按过去我的思路，一般是简单粗暴地找片段、直接写，最终的结果多半是“失败（未成功通关）”。通过流程图的方法，理清了自己的思路，以后按照这个框架过级应该会顺利很多。

7-3 模板化

编制模板，属于创造力；填写模板，属于执行力！

前一节里大家学到了流程化的思维与应用，主要用于解决需要多个步骤的业务。本节中解锁模板化，主要用于解决单个文件的制作。

01 何为模板化[1]

模板化的释义请看下面的脚注，本书中，我采用“模”（mó）的含义，其范围包括三类：

① 规范型、标准型模板：此类模板一般具有固定的格式（例如表格式申请书），使用时相当于做填空或选择题。用数据表示的话，此类模板的固定化内容约超过50%，甚至可达到80%或90%。

---

1 词典中，模板的读音为 mú bǎn，指浇灌混凝土用的模型板，一般用木料制成（即，在土木工程中，于混凝土浇置前，先制成结构体的模型外围板，使混凝土能于此围板中凝结成设计的结构体）。在网络中，模板是将一个事物的结构规律予以固定化、标准化的成果，它体现的是结构形式的标准化。现代人亦称之为 mó bǎn。因为“模”是多音字，当读为 mó 的时候，意指①规范、标准，②仿效，③特指模范。

② 示范型文本、样式：此类模板为参考式，主要用于模仿，通常给出大致的项目以及少部分固定的内容，根据实际情况增减项目以及具体内容。用数据表示的话，此类模板的固定化内容约低于 50%。

③ 优秀样本：本质上属于前述②示范型文本、样式，但程度上比②更优秀、更完善。可再细分为两种情况：一种是同类内容下的优秀样本，例如我们想做一份会议记录，则可参照 500 强公司等的优秀成熟版本作为样本；另一种是不同内容下的优秀样本，即迁移。诸如法院的判决书正式、带有权威感，是优秀的样本。我们可以向其学习制作非法律的普通商务文件，这便是迁移。

模板化，便是编制模板、使用模板、不断优化模板的过程。其制作步骤如下：

在编制模板时，建议先从模仿开始。

外部的优秀样本主要包括：

（1）通过网络搜索优秀样本。网上资料库丰富，若大家会外语的话，还可以到国外网站上搜索外文版本。

举我的例子。我会日语，以前常到日本 yahoo 等网站去搜索日式相关样本。因中日习惯不同，若文件是面向日本公司使用的话，可以直接保留日式的格式。若文件是面向国内公司或机构的话，则会保留其中的内容要素，但在格式上修改成符合中国人习惯的格式。

（2）在不同场合见到的优秀样本。大家在平时要养成搜集优秀样本的好习惯。

举我的例子。律师要发律师函，我有自己的惯用律师函模板。但是，当我见到其他律师的律师函时，我都会去留意和观察，学习它的格式、它的要素构成等，好的地方便吸收和借鉴到我自己的律师函中。这些律师函有可能是客户收到的律师函，可能是诉讼证据中见到的律师函，也可能是其他同事律师签发的律师函。

再比如，我们的客户很多是世界500强公司，有的文件文本格式非常棒。这时，即使文件类型不同，但我也会借鉴到我向客户提供的案件分析报告、律师函等文件里。

【小讲堂】模板化注意事项

工作中，大家一定遇到过把之前做过的类似文档拿出来，然后在上面直接修改内容的情形。我不太赞同这种做法。因为：

• 在旧文档上的内容修改非常容易出现遗漏和错误。

• 一旦一次出错，后面的文件可能会一直错下去。

• 旧文件是单个具体案件，会限制我们的思维，让我们忽略本案的个性或新特点。

本书中建议的模板，是不含有任何具体信息的、单独保存且命名为“XX 模板”的通用空白文件。日常在使用模板时，是在做“填空”，而非“修改”。

当然，在制作和使用模板时，切记要多检查、勤修改。

【学习者实践】

侯蕾 | 家庭教育讲师：

提前制作模板，其实是主动设置了一个思考的时间，提醒自己有意识地去更新版本、增加内容，客观上起到了定期复盘迭代的效果。这已经不仅仅是高效，而且是智慧的省力，不仅是形式上的完善，更是主动给“重要但不紧急”的任务留出时间的思路，这才是主动成长的正确姿势啊！

02 三类模板

任何一份模板都包括两大部分：格式和内容。根据应用场景的不同，大致可以分为三类文件模板：

第一类：对外模板

对外模板中的“外”是指公司 / 组织外部，即要向公司 / 组织外部人员出具或展示的文件模板。**对外文件在内容上要求较高的严谨性，在格式上要求较高的规范性兼美观性，整体呈现正式性的特点。**

类型 1：对外文件基础模板

基础模板是带有公司抬头、水印与 logo 等的信纸模板。该类文件通常由公司统一提供，但在如今“大众创业、万众创新”的时代，初创公司千头万绪，领导者风格不同，不一定会注意到这些细节。这时，建议大家自己动手自制信纸模板。必备基本款是 Word 文档。

此类模板制作过程简单，公司抬头放在页眉，插入水印、logo 等即可。完成之后，凡对公司外部出具的文件，请记得使用此信纸。该模板不宜频繁更换，所以在启用新模板前要多番修改，要慎重。

在前一节的喜乐指导意见（即文字版流程）中，可以看到当时 2015 年我制作的喜乐分舵文件基础模板。

类型 2：对外文件专用模板

在基础模板的基础上，结合具体的应用场景，便形成了专用模板。例如《寄送文件清单》《签收单（客户用）》《签收单（我方用）》以及《传真文件封面》等。

下图为寄送文件清单模板。

拆书帮

寄送文件清单

致：XX

关于 XXX，随附寄送以下文件，请查收。

序号	文件名称	份数
1	XXX	X 份
2	XXXX	X 份

祝好！

拆书帮上海喜乐分舵

20XX 年 X 月 X 日

联系方式：XXXX

使用《寄送文件清单》，是我工作中的习惯做法。即**在快递文件等资料时，将其作为封面，连同文件，一起放入快递文件夹内。目的是方便收件人接收时确认文件数量。**

为什么需要这样做呢？说一件真实的事情：

某天，我收到一个快递。助理帮我打开后，取出里面的合同，连同快递外壳一起交给我。我习惯性地再次打开快递外壳，确认里面有无遗漏。结果发现里面竟然还有一张发票。原来，因发票纸张太薄有静电，吸附粘连在了快递壳内壁上。如果不是我特意打开看的话，很难发现，差点被助理给丢掉。

其实，只要在寄送时能在快递里放一张《寄送文件清单》，上面的混乱便可避免。清单上记载有收件人、寄件人信息以及寄送文件名称和份数，方便收件人确认资料，并及时回复寄件人。反之，假如我们寄给客户一张发票，但因为没有附《寄送文件清单》，导致客户没有发现发票便连同快递壳丢掉了。然后怎么办呢？只能重新补发票，费时费力，而且容易引起客户的不满意。**模板化的做法，便是把失误与错误防患于未然，这是最高效的时间管理方法。**

在制作好这些常用模板后，日后每次使用时，只要填写具体内容即可，方便快捷又美观，而且显得很正式。用过之后，大家一定会爱上它们。

【学习者实践】

OUrstory | 管培生：

寄送文件清单好棒啊！这个完全没想到，以前实习寄东西只知道用便签写一下，如果做这样一个模板，真的会给人眼前一亮的感觉，以后要经常想一想，是不是可以做得更好，即使是最小的事情是不是也可以做到极致？

hu_ying | 互联网企业职员：

对于事务性的工作，都不难。但是如果考虑得不周全，一件工作因错误而出现返工的话，就会浪费时间。

上周需要同事提供文件，我确认自己说过提供文件并还要加盖公司公章，但同事整理过来的文件就只有打印的资料没有盖章，我只好把所有的文件再全部寄回公司，这一来二往，很简单的一件事却被延迟至少 3 天。如果我做得仔细点，附上一份说明材料提醒同事也就不会发生这样的情况。（之前用的是便签，估计她看完就扔掉了。）

第二类：对内模板

顾名思义，是指公司内部使用的，诸如提供给上司看，供同事看，内部讨论用的等。与对外文件模板相比，对内模版更注重内容，轻形式（尤其是 logo 等）。

按照内外有别的思维，在对外文件中使用带有公司名称和 logo 的信纸，以表示我们是 ×× 公司的人。若在公司内部依然使用这种信纸的话，同事或上司看到后，可能会感觉“见外”，意思是我们把他们当“外人”看待了。

因此，在对内文件的模板化时，无须前述对外模板中的 logo、公司抬头等信息，而只要保留文字格式和基本内容框架即可。对内文件可用于汇报类文件，如周报、月报；业务类文件，如方案报告、数据分析等。

第三类：自用模板

顾名思义，仅仅是供自己看的文件。

自用文件模板比前述公司内用文件的格式要求更低，可以说几乎不需要格式，只强调内容。如果使用格式的话，唯一目的是为了突出表示，例如，标题加粗或采用不同颜色，更容易识别和阅读。

为大家列举几个我自用的模板示例：

（1）个人成长中的自用模板

以拆书为例，根据线上拆书和线下拆书的不同，在备课方面有诸多不同。甚至，同样是线上拆书，用文字带拆和用语音带拆也有很多不同。此外，不同的平台，不同的授课目的，在准备内容时更有不同的侧重。因此，我分别自制了不同的模板。其中，下图是在一块听听平台上的拆书备课模板。

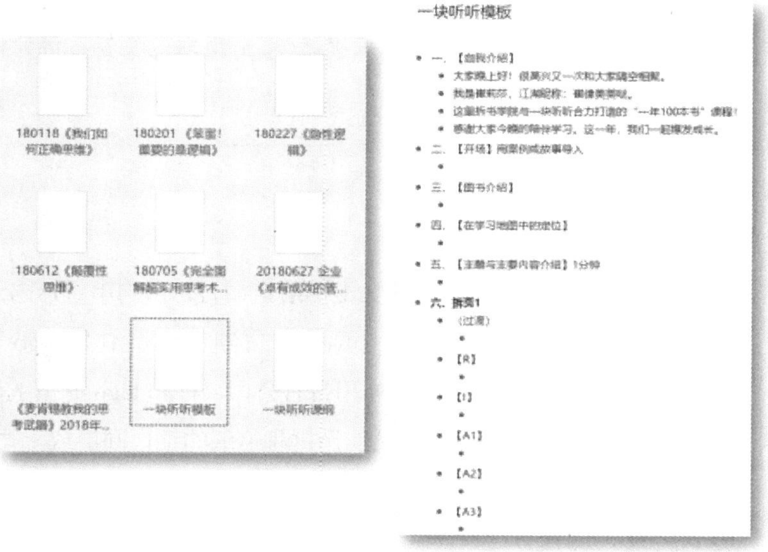

【小贴士】

拆书的模板可以和流程配合使用。例如，“60 分钟文字线上拆书模板”是和流程化思维中的“60 分钟文字线上拆书流程”相配套的。

（2）琐碎日常中的模板

大家以为只有像项目、报告这样的“大块头”文件才会用模板吗？不，我们可以随时随地地用模板。

谨记原则：**凡是可以重复使用的项目、格式、文字都可以模板化，哪怕只是一家公司名称**。想象一下，一般公司命名规则为 ×× 市 ×× 商号 ×× 有限公司，在 10 字左右。如果一天当中用到 10 次的话，便是 100 个字。诸如此类，每天都有大量的重复使用信息。如果是手动输入，则属于不必要的精力和时间浪费。所以，建议模板化处理。

不要小看这点事，日积月累，积少成多，节省出的时间是很可观的。并且，这些时间与闯红灯过马路节省出的时间可不同。闯红灯时虽节省了一点点时间，却承担着巨大的风险；而通过这些小事节省出的时间，完全没有风险，而且相当于将每天 24 小时延长到更长。这样的事可以多做一些。

【小剧场】勿以时间小而不省

我的这种在小事上省时间的意识，来自于企业管理中的省成本。十多年前，一位导师给我讲了个小故事，至今印象深刻。

话说，美国人习惯上用创业者的姓氏为公司命名。沃尔玛本应叫“沃尔顿玛特”（Walton-Mart），但创业者沃尔顿在为公司定名时把制作霓虹灯、广告牌和电气照明的成本等全都计算了一遍，他认为省掉“ton”三个字母可以节约一笔钱，于是只保留了“WALMART”七个字母。

后来，沃尔玛中国总店的管理者们对沃尔顿玛特的本意心领神会，他们没有把 WALMART 译成“沃尔玛特”，而是译成了“沃尔玛”。

虽看起来只有一字之省，可 4 000 多家沃尔玛连锁店全都节省一个字，那么整个沃尔玛公司在店名、广告、霓虹灯方面就会节约一笔不小的费用。

我的工作与生活中处处皆模板，示例如下：

示例 1：工作常用信息模板

有些信息，我在工作中会频繁用到。例如，诉讼案件的基本信息。包括：原告名称、地址、法定代表人信息；被告名称、地址、法定代表人信息；案号，法院名称……这些在起草和修改诉讼文件时，频繁用到。

我的做法是：在 wiz 笔记中建立一个名叫“常用信息”的笔记，**上面记载着正在进行的所有案件和项目以及常用顾问单位等公司的基本信息**。这个笔记全天处于打开的状态，便于快速复制和粘贴，每次无须手动输入，同时避免了每次翻找资料的时间。

示例 2：微信常用信息模板

如今，不论是公事还是私事，微信成为必不可少的联系工具。我在微信中的常用信息有：收件地址，发票抬头和税号、常去餐厅链接、常用路线图等。

我的做法是：

① 先把信息内容与格式编辑好，在微信中自己发给自己，然后点击收藏，该信息便进入了“收藏”中。

② 在使用时，从“收藏”中调出即可。另，根据需要，可设置标签以便分类查找。

我的收藏截图（电脑版微信）如下：

【小贴士】

尽管微信中有“文件传输助手”，可在电脑和手机间传送信息，但也有缺点，例如，不方便删除记录。

建议使用上图所示在微信中发给自己的方法。它的优点是：①可以把自己的聊天窗口置顶（如上图），方便快速使用。②聊天对话可一键清空记录，减少垃圾。

工作生活中还有很多模板化的拓展应用，例如，对于常办案的法院、常寄送文件的客户，我会让助理一次性打印数份 EMS 底单。这样，每次邮寄时，即取即用，特别方便。

最后说明的是：尽管，原则上模板用于重复性的任务，但其实我的习惯是**遇到新文件或新任务时，哪怕只做一次，也先做模板，再制作内容**。既有助全面思考，也能提升效率，而且通常后期总会出现第二次、第三次使用。请试试看吧。

03 模板化的好处

经过模板化的长期实践，发现它具有下列好处（流程和清单也有相同的好处）：

- 省脑省力，大大提升工作效率；
- 防遗漏，减少偏差；
- 让我们多想一步，多进步一点；
- 增强专业性，赢得更多信任。

【学习者实践】

逯晓风 | 机关工作人员：

我的收获包括两大方面：

（1）道的方面：对于所有的常规性、事务性工作，都进行流程化、模板化，能够将时间节省下来，放在高价值型的工作上。

（2）术的方面：微信中的常用标签管理琐碎模板；对外的寄送文件模板等。

实践上，四化，特别是模板化，对于我现在公文处理的工作特别有效。因为公文的格式，包括字号、字体、段落等，都有很严格的规定，需要套文头的公文还要在电子版中留好套文头的空位。

做好一个合格的公文模板，能够节省至少三分之一的工作时间，而且显得更专业，更严谨，不会出错。

7-4 清单化

过去，由台账式清单见证！现在，由核查式清单陪伴！将来，由备忘式清单提醒！

我们生活在一个快节奏时代，每天无数的大事小事在身边此起彼伏。一些不起眼的“小事”可能被我们忽略或忽视，但这不代表它们已消失于无形，反而让它们化身成了不定时炸弹，不经意间一个个“爆炸”，于是我们又陷入疲于补救的状态。

前两节大家学到了流程化和模板化，本节解锁清单化，让“小事”排排队、站站好，让我们在这个时代悠闲地生存。

清单，原指记载有关项目的明细单。有人会马上想到“购物清单”，没错它属于清单的一种，但是，它是最简单的清单，我称之为低配版清单。本节中含有更多高配版清单。

为便于大家理解和应用，我将清单分成三大类：

- 第一类：台账式清单（指向过去）；
- 第二类：核查式清单（指向现在）；
- 第三类：备忘式清单（指向将来）。

这三类清单并非完全独立，中间有可能会交叉，比如有的清单会同时具有两类或三类的特性。通常而言，我们根据一个清单最主要的特性进行归类。当然，其实归为哪一类都可以，但归类不是目的，无须过于纠结，应用最重要。

01 台账式清单（指向过去）

什么是台账呢？过去的账房先生把经常使用的账放在柜“台”上，时间一长，大家就称之为“台账”了。台账，原本是指财务账。久而久之，台账在多个领域均有涉及。比如，公司的机器设备台账。

台账虽起源于商业，但在个人的工作、生活中，台账式清单都必不可少。苏格拉底说“没有检视的人生不值得活”，台账类清单类似于时间记录，是客观地记录，以事实和数据说话，便于统计和查找，也方便回顾和总结。

等将来回头看时，我们会发现，自己做过的、拥有的，比想象中的要多得多。日子便是这样一天天过出来的，人便是这样一点点成长起来的。台账式清单便是我们时间的见证。

台账式清单的应用范围很广（如下）。由于篇幅关系，这里不展开详述。感兴趣的读者可关注我的微信订阅号“一缕藕丝牵大象”，输入“清单化”获得具体应用示例（以下将该文件称作“清单化电子版”）。

（1）工作中的台账式清单；

（2）个人成长中的台账式清单；

（3）生活中的台账式清单。

02 核查式清单（指向现在）

核查式清单，顾名思义，便是由一项项需要核查，即需要打钩的事项汇总而成的清单。这是常见的清单形式。小至老师上课点名的花名册，大至设备保养清单、工作交接清单。本书中提到的《签字盖章文件一览表》《寄送文件清单》，都属于此类。打钩是核查式清单的一个重要用法。

核查式清单在工作中应用非常广泛，尤其用在医疗、航空等步骤繁多而且每个步骤事关生命的领域里。当然，在日常生活中，也能随时用到它。快节奏时代，人们既希望把事情做好，又希望把事情早点做完，“又快又好”是我们的追求。这时，使用到了核查式清单。它是一面镜子，用于：

- 任务开始前，先制定清单。原理同流程，梳理接下来的程序和内容。
- 任务进行中，对照清单进行操作，并留意需注意的事项。
- 任务即将结束前与结束后，对照清单进行全面复查，看是否有执行不到位或遗漏的事项。
- 随时补充和完善清单，以供下次使用。

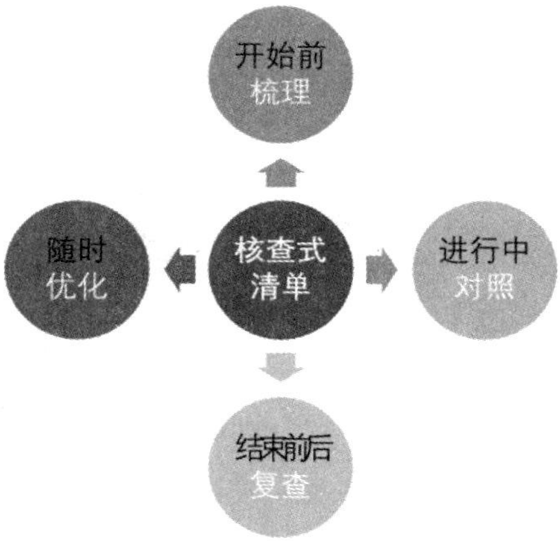

根据核查式清单所列的项目是否有先后顺序，我把核查式清单又细分为两小类：

（1）无先后顺序的并列式清单（简称“并列清单”）

制作并列清单的要点在于勿遗漏，来看下面这个示例。

示例 1：资料一览表

一览表中的文件一般是没有先后顺序（即使偶有顺序，一般对顺序的要求很低）。清单中虽写有序号或编号，仅供便于阅读和核对总数使用。

我在发送要签字盖章的文件之前，会附上《资料一览表》（如下图），便于：

①客户按照一览表，打印和准备相应份数，然后签字盖章。

②客户将所有文件寄出之前，再按照一览表进行逐一核对。

③我们收到客户资料后，按照一览表进行逐一核对。

这样，可最大化地避免遗漏文件等错误的出现。

外资公司设立申请资料一览表

20X年X月X日

序号	名称	提供方	签字盖章	份数
1	《企业名称预先核准申请书》（原件）	B方	全体投资人签署	2
2	经公证认证的外国投资者主体资格证明（原件）和法定代表人护照（复印件）	A方	//	1
3	设立申请书（原件）	B方	各投资方签字并盖章	2
4	《外商投资的公司设立登记申请书》（原件）	B方	拟任法定代表人签字	2
5	《企业名称预先核准通知书》（复印件）	B方	//	1
6	《法定代表人登记表》（原件）	B方	拟任法定代表人签字	2
7	《法定代表人审查意见》	B方	审查人签字盖章	2
8	可行性报告（原件）	A·B方	各投资方签字并盖章	2

示例 2：会议讨论事项清单

假设明天要出席某个会议，讨论几个议题。这时，便可以做一份会议讨论事项清单，把待讨论的事项记录下来。开会时，不断打钩确认清单事项的进展。同时，若他人的发言让我们突然想到某个新议题时，可及时添加到新清单中。

最后在会议快要结束前，再次查看清单，尤其是未打钩的事项，看有无必要再讨论。

（2）有先后排序的清单（简称“有序清单”）

排序是指按照一定的规则，将项目进行排列。常见的排序方法有三种：

① 按时间或流程上的先后顺序；

② 按重要程度的排序；

③ 按照自己设定的其他规则排序。

正是由于排序，有序清单才达到 1+1>2 的效果。

按流程化制成的清单形式，通常都属于有序清单。这类清单兼具了“流程”与“清单”两者的优势，本质是做计划，预先安排行动路线。它让我们在开始前便能避免很多错误。

在制定有序清单时，一定要注意顺序上的合理性。不能有遗漏，不能有往返，不能有重复。**有时是按时间排序**，例如，日清单中，8 点、9 点、10 点要处理的任务依次推进；**有时是按方向排序**，例如，下班前的空调门窗确认清单中，按照从办公室的最东侧走向最西侧依次经过的房间，检查所有房间的空调与阳台门窗情况；**有时是按流程排序**，例如，出差物品清单，先做前一晚的行李箱打包，当天早晨出发前再做最后零散物品的确认。对有序清单的设计过程，便是对流程或步骤的精简与优化的过程。

在本书中，我们已经频繁见到了一种有序清单，即“日清单”。日清单不是待办事项清单，就是因为它的有序，它是按照时间的先后顺序依次向前推进的。

【学习者实践】

小 Q | 银行 IT 技术支持：

我想到的是，待办事项是无序核查清单，但加入时间、重要程度的日清单就是有序的；出差物品准备清单是无序的，但加入时间（出门前）等信息的清单就是有序的。

有序清单可以更有逻辑性，因为会有一条隐形的线把那些清单事项串起来。所以，**以后在需要做清单的时候都需要再进一步想一想：有什么逻辑线在里面？可以怎么将其变成有序清单。**

示例：出差物品清单

在出差方面，我分别制作了“当日出差物品”清单、“住宿出差物品”清单（见右图），以及偶尔才用的“长期出差物品”清单和“出国物品”清单。有了这些清单后，每次收拾行李的时间特别短。以最近一次出差为例，因为出差前一晚处在忙碌的状态，没时间收拾行李。在出发当天早晨 7:30 讲完早课后，我打开“住宿出差物品”清单，对照着清单用了不到 30 分钟便迅速收拾好了行李箱，直奔机场。

物品的顺序是按照整理入箱的顺序：从衣服到化妆品，再到出门前带走的物品。

更多活动组织（例如：拆书帮分舵）使用的清单，比如拆书活动流程清单、年会日程活动清单、主持人清单等，请见清单化电子版。

【学习者实践】

匿名梦梦：

出差物品清单，线上带拆流程清单，年会活动日程，活动主持人清单……这些都完美地解决了我现在的困扰，我入会仪式的主持流程目前都在石墨上，流程不够清晰一直没有理顺，现在有方法了，开心。还有培训项目的流程梳理也可以用到今天所学，这样的清单可以不断流转下去，其他人一看就会，在带新人的时候也更省时省力。

03 备忘式清单（指向将来）

清单不仅可用于过去和现在，更可以用于规划未来，是帮我们设计未来的思维工具。简单来说，备忘式清单是为避免遗忘而记录下来、以供将来使用的清单。

备忘式清单和前一节核查式清单很相似。最重要的区别在于：

- 核查式清单更侧重于打钩确认即执行，以更高效、更便捷、更完美地完成某件事为目的。凡列出来的事项通常都需要全部执行。例如，日清单的目的便是全部打钩完成，日事日清。
- 备忘式清单侧重于收集和记录将来要做的事，尤其那些未必一定要执行的事项。即，将来视情况可做取舍，可做可不做。例如，购书清单。平时记录下想买的书籍，但最后未必需要全部购买。

仅这一点点的不同，便能很好地缓解大家的焦虑。提升清单的利用效率。

【学习者实践】

萧英 | 中医内科主治医师：

特别喜欢备忘式清单，之前说到清单就感觉任何一种清单都是需要我们像对待作业一样完成，所以难免说到清单就有压力。

而备忘式清单，它是一种既没压力且又给人希望和激励的清单。它可以用来记录你此刻能想到的美好的、有意思的或是未来想去做的一些事情。比如看一部错过的经典电影、去此刻自己没时间去的旅游地。

根据不同的用途和目的，列举以下两种常见的应用情景。其他示例请见清单化电子版。

（1）批处理

示例：购书清单

【小贴士】

在列购书清单中，除书名和作者外，后面最好加上别人的推荐语、这本书的看点或为何要买这本书等信息，帮助日后购买时做判断。不然，等到日后购买时，我们已经忘记当初为什么要买此书了。

（2）引导与激励

示例：休闲 / 学习清单

作为职场人，每年总有那么几段时间特别忙。

举我的例子。有一次我带逻辑力的知识体系精深营中，因为要搭建体系的知识量庞大，整整一个月，都在阅读逻辑力书籍；再比如，最近写书，自然顾不上休闲娱乐和学习。于是，这期间遇到想玩的、想学的，便会记入休闲清单或学习清单。

例如，有一次我听了李玉刚在日本东京艺术剧院巡演中《葬心》里的古筝演奏，勾起了我练习古筝的想法。家里有古筝，可惜搁置好久了。于是，古筝便列入了休

闲清单。再比如我看了电影《功夫瑜伽》，于是特别想学瑜伽。此外，想看的影视节目、想见的朋友……都会在当时记下来。日后时间允许的时候，我便会安排去学瑜伽、练古筝、约朋友。

除了玩乐，经常接触到想学习的领域，比如催眠，也会记入学习清单。

当列完清单后，第一，自己松了一口气，这些事情不必老是记在大脑里，想做却没时间做，心里特别不是滋味；第二，生活有个“盼头”。只要想想在忙完之后，就能去玩，去学习，就感觉忙碌的日子不是那么苦。

【小贴士】

“言出必行”这四个字，不仅用于他人，也包括自己。我们写下的这些休闲和学习清单，未必将来 100% 全部实现，但是仍尽量要去做。否则，会对自己失去信用。日后再遇到忙碌的时候，再和自己说“这段时间先忍一忍，等忙完再玩”的话，我们已经不相信自己了。

【学习者实践】

侯蕾 | 家庭教育讲师：

当我看到崔律的“写书后玩”的清单时，有一个吓到自己的觉察：我也一直很喜欢古筝，不止一次地说过“等我有时间了要去学古筝”，但“有时间了”是什么时候？

7-5 优化

小步快跑，不断迭代！

前几节阐述了流程化、模板化和清单化，这三者都离不开优化。本节解锁优化的功能和优势。

“小步快跑，不断迭代”是我们在当今时代每个公司、每个人的必备技能。

01 从 0 到 0.8 版本

本书多次出现了 0.8 版本（V0.8）。它是怎么来的呢？

“从 0 到 1”这个词很多人都有所耳闻，它来自于彼得·蒂尔的商业畅销书《从 0 到 1：开启商业与未来的秘密》。书中记载：

“人类历史的发展分成两种，一种叫水平进步，另一种叫垂直进步。”

水平进步就是从 1 到 N，简单来说就是复制，照搬已取得的成就的经验。举个例子，有人先开了第 1 家餐饮店，然后很多人把它复制出 10 家、100 家店。

垂直进步则是从 0 到 1、从无到有，尝试从未做过的事，探索新的道路。举个例子，人类史上第一家开餐饮店的人，就是从无到有。再比如，爱迪生发明电灯、互联网、3D 打印机等，都是从 0 到 1，极大地改变了我们的生活。

从 1 到 N 复制容易，而从 0 到 1 却是个艰难的过程。

举个例子，在学习了前面的流程化内容后，有的小伙伴说“流程图太棒了，恨不得把所有的事情都流程化”。可是，想想看，若要把所有的事情都流程话，显然需要大量的时间，一时半会儿难以全部完成。再者，即使做出最初的流程图，很多是半成品，需要时间慢慢打磨。于是，小伙伴开始焦虑，产生挫折感，有的索性就放弃了。

那么，如何破解呢？

据说，思科公司有个 0.8 原则：不管项目周期有多长，都必须在 3~4 个月内提出第一版原型。这个原型不一定成功，不是 1.0 版本，但“0.8”意味着必须交出点什么，即使没有完成的也可以。

有句话说“完成比完美更重要”，而 0.8 版本则告诉我们“去做”比“完成”更重要。

0.8 版本是完美症和拖延症的克星。**不要期待一出手就是震撼众人的 1.0 版本，只要 0.8 版本即可。**甚至，若觉得 0.8 版本还有难度的话，不妨先做出个 0.5 甚至 0.3 版本。然后在此基础上，一步步完善。

写到这里，我想起一个故事：如果把一只小猫从温暖的屋子一下子抱到室外冰冷的雪地上，它会马上惊慌的逃回屋内。可是，如果把它放在门口，在屋子与雪地的边界处的话，它会拿出一只爪子尝试碰触雪地。待确认安全后，再迈出一条腿。于是，这样一步步地，便走到了雪地里了。

回到前述流程化的例子，先做出第 1 个流程图的 0.8 版本，然后完善。接下来，有空再做第 2 个流程图、第 3 个流程图。随着时间的推移，不知不觉我们已经做出了 10、20 个流程图。从点滴开始，流程化思维、流程化习惯已经形成了。

此外，我们的能力是在逐步提高的。正是在一步步的优化过程中，我们一点点地成长起来。

【学习者实践】

贝子晨 |IT 工程师：

如果 100 分是满分的话，开营前我给自己打 70 分，现在可以达到 85 分。若执行的好得话，可以到 90 分。尤其是跟着崔律学习后，在思维上的巨大变化以及四化带来的效果是很深的。

02 小步快跑，快速迭代

有了 0.8 版本，然后呢？

如果停滞不前、故步自封，是“**僵化**”。与之相反，不断地更新版本、完善和进步，这才是“**优化**”。

“小步快跑，快速迭代”意味着我们不是等到有翻天覆地的巨大变化，等到出了 1.0 版本、2.0 版本、3.0 版本时才更新版本，而是意味着哪怕是细小的进步也可以更新，例如 0.9 版本、1.0 版本、1.1 版本，甚至可以 1.1.1 版本。

“小步快跑，快速迭代”中的两个“快”字表明我们处在快节奏的时代，时间不等人，时代不等人，每天都要进步。看下面两个励志公式，如果做不到每天的乘法进步，至少要做每天的加法进步。

$$1.01^{365}=37.8$$

$$1+0.01\times365=4.65$$

在前面的流程化、模板化、清单化中，处处皆可优化。诸如：

（1）优化流程中的步骤

例如：加减步骤。所谓减法，即化繁为简，简化步骤。包括删除不必要的步骤，或者合并相关步骤等。

所谓加法，即根据具体情况，增加更多的可能性或选择项，以确保流程能应对各种场景。

（2）优化工具

例如：使用新的手机 App。在智能手机诞生之前，人们依靠的是最原始的纸笔以及计算机。如今手机已取代很多需要电脑上完成的任务。比如，以前用纸笔记录核查式清单，现在用手机 App 均可取代。以前须在笔记中一个字一个字地记录家里的藏书，现在用晒书房 App，只要扫码便能一键录入书籍信息。

（3）优化外观

例如：更新模板的格式。以第 7-1 节中《资料一览表》为例，最初是 Excel 简易版，经过优化后，改用带有事务所抬头的水印模板，个别地方使用蓝色字体或加黑粗体，方便客户一目了然地抓住重点。这些便是格式上的优化。

另外，时代在变，人们的审美观和潮流也在变。以公司官网为例，以现在的眼光看 5 年前的网页，大家会觉得“很土”。因此，我们设计好的模板的格式（诸如字体、风格等），不是一成不变的，也要注意及时更新。

（4）优化内容

例如：出差物品清单。我的出差物品清单中有些带有“（出门前）”字样的事项，是缘于有一次出差，夏天炎热，平时在家里不会穿西装外套，但外出和客户开会时是要穿的。可是那天出门匆忙，西装虽已挂在门口衣架上，但仍然忘记带了。此后，我便在出差清单中增加一项：**西装外套（出门前）**。

还有一次，我在国外旅游。国内出发时是夏天，而当地是冬天，特别干燥。我没有带冬季用的润唇膏。于是，在出差物品清单中，便增加两类：

夏：防晒霜，蚊虫叮咬露

冬：护手霜，润唇膏

虽然，我从来没有出现重要物品的遗漏，但这些小物品的遗漏，也会带来诸多不便。正是一次次不断地完善，才形成我现在近乎完美的出差物品清单。

除了在前面的流程化、模板化、清单化中使用优化，不断迭代和升级之外，工作生活的各种大小事都可以用到优化。优化其实代表了进步。本书中也处处体现了优化的身影：例如，晨间复盘的 PDCA。

03 工具的优化

想要高效，离不开手机 App 等工具。关于“工具”的优化，有小伙伴疑问道：在学习 App 应用的过程中需要花费大量的时间，反而会消耗很多时间和精力，这与我们精时力管理的理念会不会背道而驰呢？

我对此的看法是：**凡事皆有“度”，不能一刀切。**

首先，看“目的”。学习和使用 App 的目的是作为工具，用它提升效率，输出更多成果。为了这个目的，花合适的时间，属于**磨刀不误砍柴工**的范畴。可是，若是天天磨刀就是对时间的浪费了，陷入了“手段目的化”的误区——为了研究工具而研究工具。

以 Office 为例，据说普通用户平时使用 Office 时只用到了 1% 的功能。尽管只有 1%，功能基本够用，最多多花一点时间研究至 2%。但绝对没有必要研究到 100%。

其次，看“方法”。我测试新 App 都是在碎片化时间，比如通勤路上。这些时间里与其刷手机刷朋友圈，不如研究一下 App。而如果用大把的工作时间或早晨时间来研究，显然时间成本太高。

最后，没有一个 App 是绝对完美的，如同硬币的两面，有利有弊，有长处有短处，技术日新月异，无须太期待用一个 App 完美解决所有问题。即使能做到，那个 App 的功能可能因为过于烦琐，而被弃用。因此，在使用 App 或其他工具时，如同用人，要多发挥它的优势，并与其他 App 搭配使用。

【学习者实践】

Yura | 程序员：

把前几天刚做的流程图和流程表修改后，打印上墙。

流程表中的备注很关键，可以写要求、注意事项、目标，做事更有效率，防止忘记。

做流程图时发现有时间安排不合理的地方，及时调整；实践的时候，又发现不合理的地方，处在不断优化的状态。

在制作流程图的过程中，经历了一个过程：发散和专注切换→步骤排序→优化1→简化→实践→优化2，工作思路更加清晰。

【小讲堂】时间管理App矩阵3+1

至此，已经讲述了我常用的时间管理App矩阵。日清单类App、日历类App、待办清单类App，是我的时间管理三板斧。

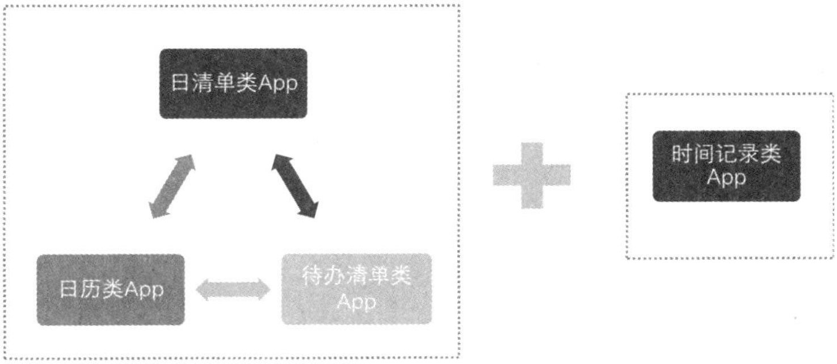

时间管理App矩阵 3+1

在日清单章中，一再强调千万不要把日清单做成待办事项清单。因凡列入日清单的任务，原则上都是必须要完成的。而列入待办清单的，则不一定必须要完成，可做可不做。

在碎片化时间里，第一：我时时刷日清单类App，把日历类App中的日程按连锁任务分解到日清单里；第二：每隔几日我会刷待办清单类App，挑选一些近期可以做的事项转移至日清单里完成。例如，临近写作尾声时有些空闲时间了，便可打开休闲清单，挑出其中的舞蹈任务，为它规划好日期和时间，列入日清单里，然后去执行。

【学习者实践】

匿名梦梦：

指向将来的备忘式清单与日清单相互配合管理日常事务，完美地释放了大脑所需的记忆空间，也降低了日清单沦为备忘清单的可能性。

3+1 的时间管理模式不仅管理了时间，管理了低级事务性工作，同时还可以戒掉刷手机的习惯。

谢谢崔律，我完全理解了之前为什么日清单要配合日历来使用，也为 3+1 的方式感到赞叹。

萧英 | 中医内科主治医师：

感恩遇到、认识崔律，崔律的精时力管理课程，让我这个时间管理的小白变成了时间管理的实践者。崔律本人的暖心，也让我更坚定和崔律一直学习和成长下去！谢谢（发自肺腑之言）！

小 Q | 银行 IT 技术支持：

学习精时力前的我 VS 现在的我（假设满分 100 分，给自己打分）：

如果打分的话，比较难打。因为分值可能没变，之前是七八十分，现在还是七八十分。但这里有个区别，就是如果今天回过头来去看以前的那个状态，我只能给那个时候的自己打五六十分而已——因为评分标准变了。

Smj | 科研人员：

和崔律学习之前，我给自己最起码打 70 分的，自我感觉还可以。上课后发现崔律学霸群里小伙伴们个个卧虎藏龙，简直把自己带到了一个全新的世界。这才发现自己跟社会都有很大的脱节了，之前的自己其实是不及格。

通过这 100 天的学习，接触到好多新的知识和理论，慢慢的转变为实践，发现给自己带来了太多的改变。最主要还是时间意识的养成、思维方式的改变，当然还有一些地方没有做好，给现在的自己打 70 分吧，也给自己一个上升的空间。

后记：精时力的学习是无止境的

当大家看到这里的时候，大约已经读完本书了吧。那么，大家的精时力管理能力提升了多少呢？有人读书速度快，可能没来得及全部实践。没有关系！这本书不是阅读一遍后，即束之高阁的。建议大家时常翻阅，温故而知新，多多践行，真正把本书的知识内化成自己的精时力能力。

精时力的学习是无止境的，精时力的精进是一辈子的事。

举我的例子，尽管过去我已经搭建了较好的精时力管理系统。但在本书写作过程中，我的精时力管理能力又提升了一个台阶。以小睡为例：

在本书写作初期，我只在上午写作，晚上是不写作的。用数据来阐释的话，通常晚饭后我的精力值在 70~80 之间。若是一般的公号文章写作，所需精力值只要 70+，而出版写作需要 90+ 的精力值。所以，晚饭后的精力足够完成普通文章的写作，却不足以支撑出版写作。

大家已经知道了日间小睡对精力提升的巨大作用。于是，我从原本的**每天一小休（午后或傍晚）**，变成**每天的两小休（午后 + 傍晚）**。这样，晚饭后时间我也能写作了。

可是，每次小睡控制在 20 分钟 ~30 分钟，一天两次就近 1 小时。于是，我开始缩短小睡时间，**用微睡眠，每次只睡 10 分钟**。经过一段时间的刻意练习后，我躺下秒睡，无须闹钟也能在 10 分钟后自然醒来。

在掌握了微睡眠的方法后，我把它又扩大到上午。我发现，每天早晨 5:00 备课至 7:30 讲课结束，这段时间里大脑处于兴奋的状态，精力水平很高。可是，讲完课之后，会有一些疲惫感。于是，在**早晨讲课结束后，我也会微睡 10 分钟**。

至此，我养成了**一天三次微睡**的习惯：第 1 次，在早晨 7:30 讲完早课后微睡，确保上午有充沛的精力；第 2 次，在午后微睡，确保下午有充沛的精力；第 3 次，在傍晚微睡，确保晚饭后有充沛的精力。因为每次只睡 10 分钟，睡醒后没有睡眠惰性，喝一杯水，2 分钟便可进入专注状态。当然，特别累的时候，偶尔小睡会延长至 20 分钟。

手机是充电 5 分钟，通话 2 小时；我是小睡 10 分钟，高效 3 小时——这是精时力的“快充”的提升。

就这样，每天我的写作时间从最初的 3 小时，至后期时已能提升到 9 小时。微睡眠让我全天的精力值都能维持在超高的 90+。如此，一日三分后，不再是三个质量不同的时间段，而几乎是三个不相上下的高质量时间段。每天的产出得以成倍增加，相当于每天的时间延长了数倍。

“会道的，一缕藕丝牵大象；盲修者，千钧铁棒打苍蝇”。我们懂得学习的巧劲，我们也不吝惜汗水，我们是终身学习者。与大家共勉！

作者 崔莉莎
2019 年 5 月